JN090745

Jw_cad
建築施工図入門

Jw_cad8対応版

櫻井良明

著

**本書をご購入・ご利用になる前に
必ずお読みください**

●本書の内容は、執筆時点（2021年5月）の情報に基づいて制作されています。これ以降に製品、サービス、その他の情報の内容が変更されている可能性があります。また、ソフトウェアに関する記述も執筆時点の最新バージョンを基にしています。これ以降にソフトウェアがバージョンアップされ、本書の内容と異なる場合があります。

●本書は、「Jw_cad」の解説書です。本書の利用に当たっては、「Jw_cad」がインストールされている必要があります。Jw_cadのインストール方法はp.10を参照してください。

●本書で解説しているフリーソフト「Jw_cad」については無償のため、作者、著作権者、ならびに株式会社エクスナレッジはサポートを行っておりません。また、ダウンロードやインストールについてのお問合せも受け付けておりません。

●本書は、パソコンやWindows、インターネットの基本操作ができる方を対象としています。

●本書は、Windows 10がインストールされたパソコンで「Jw_cad Version 8.24a」（以降「Jw_cadバージョン8.24a」と表記）を使用して解説を行っています。そのため、ご使用のOSやソフトウェアのバージョンによって、画面や操作方法が本書と異なる場合がございます。

●本書は、Windows 10に対応しています。

●本書で解説しているJw_cad以外のソフトウェアの動作環境は、各ソフトウェアのWebサイト、マニュアル、ヘルプなどでご確認ください。なお、本書ではWindows 10でJw_cadバージョン8.24aを使用した環境で動作確認を行っております。これ以外の環境での動作は保証しておりません。

●本書を利用したことによるいかなる損害に対しても、データ提供者（開発元・販売元・作者など）、著作権者、ならびに株式会社エクスナレッジでは、一切の責任を負いかねます。個人の責任においてご使用ください。

●本書に直接関係のない「このようなことがしたい」「このようなときはどうすればよいか」など特定の操作方法や問題解決方法、パソコンやWindowsの基本的な使い方、ご使用の環境固有の設定や機器に関するお問合せは受け付けておりません。本書の説明内容に関するご質問に限り、p.8の「FAX質問シート」にて受け付けております。

以上の注意事項をご承諾いただいたうえで本書をご利用ください。ご承諾いただけずお問合せをいただいても、株式会社エクスナレッジおよび著作権者はご対応いたしかねます。あらかじめご了承ください。

Jw_cadについて

Jw_cadは無料で使用できるフリーソフトです。そのため株式会社エクスナレッジ、著作権者、データの提供者（開発元・販売元）は一切の責任を負いかねます。個人の責任で使用してください。Jw_cadバージョン8.24aは、Vista/7/8/10上で動作します。本書の内容についてはWindows 10での動作を確認しており、その操作画面を掲載しています。また、Microsoft社がWindows Vista/7のサポートを終了しているため、本書はWindows Vista/7での使用は保証しておりません。ご了承ください。

◉ **Jw_cadバージョン8.24aの動作環境**

Jw_cadバージョン8.24aは、以下のパソコン環境で正常に動作します。

OS（基本ソフト）：上記に記載／内部メモリ容量：64MB以上／ハードディスクの使用時空き容量：5MB以上
モニター解像度：800×600以上／マウス：2ボタンタイプ（ホイールボタン付き3ボタンタイプを推奨）

カバーデザイン：会津 勝久／編集制作・本文レイアウト：鈴木健二（中央編集舎）
Special Thanks：清水 治郎＋田中 善文／印刷所：シナノ書籍印刷

はじめに

　2013年に初版を出版してから早8年が経過しました。このたび、バージョンが8.24aに更新されたことと、OSも「Windows10」が主流になっていることに対応し、解説画面をすべて刷新、解説の一部を見直し、バージョン8.24aを付録CDに付け直し、「Jw_cad8対応版」として、再出版することにしました。読者の皆さまの理解度がさらに深まることを期待しています。

　長年にわたり、工業高校建築科の教師として、製図やCADの授業を担当してきました。CADの指導ができるようになったのは、ゼネコン勤務時代に現場事務所で、その当時主流だったDOS版JW_CADを勉強し、ひたすら目の前で進行中の建築物の施工図を作図していたからです。その当時は、施工図を作図するための参考書などもなく、先輩や施工図屋などが作図した施工図を見よう見まねで真似をし、自分なりに改善しながら、誰が見てもわかる、できるだけ見やすい施工図を作成できるように努力していた気がします。あれから十数年の月日が流れましたが、いまだに施工図を実践的に作図できる手引書がほとんどないのが現状です。

　そこで、Jw_cad（Windowsパソコン用のCAD。フリーソフトウェア）を使って、建築の施工図を作図できるようになるための入門テキストが必要と考え、本書を執筆しました。ただし、誌面の関係上、Jw_cadの基本操作がある程度できることを前提に執筆しています。もし、基本操作が不安という方は、拙著「高校生から始めるJw_cad」シリーズなどを学習された上で、本書に取りかかるようにしていただきたいと思います。

　本書では、仮想の工事である鉄筋コンクリート造3階建「○○様　共同住宅新築工事」の「意匠図」と「構造図」をもとに、コンクリートの躯体工事の施工図を、工事の順番に合わせて作図していきます。

　1章「Jw_cadの準備」では、Jw_cadのインストールの方法をはじめ、起動・終了の操作方法、画面構成と各部名称、図面を開いたり保存したりする方法、印刷の方法、付録CDデータについてなどを解説しています。

　2章「建築施工図の基本」では、施工図の役割や種類、作図の流れを説明し、本書で実際に作図する12種類の「施工図」を掲載しています。また、施工図作成のために参考にする建築物の「意匠図」と「構造図」も掲載しています。

　3章「建築施工図の作図準備」では、4章から行う建築施工図の作図の準備として、本書に合わせた基本設定の変更や用紙サイズ、縮尺、線属性、レイヤなどの確認を行います。

　4章から9章は、あらかじめ作図された鉄筋コンクリート造3階建「○○様　共同住宅新築工事」（仮想工事）の「意匠図」と「構造図」を照合しながら、躯体工事の施工図（伏図、見上げ図、断面図）を、工事の順番に沿って作図していきます。

　最後の10章は、4章～9章で作図した施工図では表現できない外階段の施工図をまとめて作図します。

　是非、本書を活用して、建築の施工図が作図できるようになるためのきっかけとなることを願います。

　最後になりましたが、本書の執筆にあたって、参考図面を多数快く提供していただいた（株）平成総研＜意匠図＞、岡本憲尚氏（岡本構造研究室）＜構造図＞に深く感謝申し上げます。ありがとうございました。

2021年6月　櫻井 良明

※ 本書は、2013年に刊行された『Jw_cad建築施工図入門』の画面刷新と一部修正を行い、さらにJw_cadバージョン8.24aを収録したものです。

CONTENTS

FAX 質問シート

Jw_cad 建築施工図入門 [Jw_cad8 対応版]

以下を必ずお読みになり、ご了承いただいた場合のみご質問をお送りください。

- ●「本書の手順通り操作したが記載されているような結果にならない」といった本書記事に直接関係のある質問のみご回答いたします。「このようなことがしたい」「このようなときはどうすればよいか」など特定のユーザー向けの操作方法や問題解決方法については受け付けておりません。
- ●本質問シートで FAX または e-mail にてお送りいただいた質問のみ受け付けております。お電話による質問はお受けできません。
- ●本質問シートはコピーしてお使いください。また、必要事項に記入漏れがある場合はご回答できない場合がございます。
- ●ご質問の内容によってはご回答できない場合や日数を要する場合がございます。
- ●e-mail で送信する場合は、書誌名と必要事項を必ずお書きください。
- ●パソコンや OS そのもの、ご使用の機器や環境についての操作方法・トラブルなどの質問は受け付けておりません。

ふりがな

氏名　　　　　　　　　　　　　　　　　　　年齢　　　歳　　　性別　男 ・ 女

回答送付先　　　　　（ FAX 番号または e-mail アドレスのいずれかをご記入ください。送付先ははっきりとわかりやすくご記入ください。判読できない場合はご回答いたしかねます。なお、電話による回答はいたしておりません ）

FAX 番号：

e-mail アドレス：

ご質問の内容　　　　（ 例：146 ページの手順 4 までは操作できるが、手順 5 の結果が別紙画面のようになって解決しない ）

【 本書　　　ページ　〜　　　ページ 】

ご使用のパソコンの環境　　（ パソコンのメーカー名・機種名、OS の種類とバージョン、メモリ量、ハードディスク容量など質問内容によっては必要ありませんが、環境に影響される質問内容で記入されていない場合はご回答できません ）

1章

Jw_cadの準備

1章では、フリーのCADソフトである「Jw_cad」を、本書の内容に沿って使用するための準備を行います。付録CDからパソコンへのJw_cad バージョン8.24aのインストール、起動・終了、画面構成と各部名称、動作環境、図面ファイルを開く・保存・印刷などについて説明します。また、本書での練習に利用する付録CD収録の図面ファイルや図形データを紹介します。図面の枚数が多くかつ複雑な施工図を細部まで紹介することが本書の主旨です。ページ数の制約上、Jw_cadの基本操作方法の説明は本書では割愛しています。それについては、筆者が手掛けた『高校生から始めるJw_cad』シリーズ（エクスナレッジ刊）などをご参照ください。

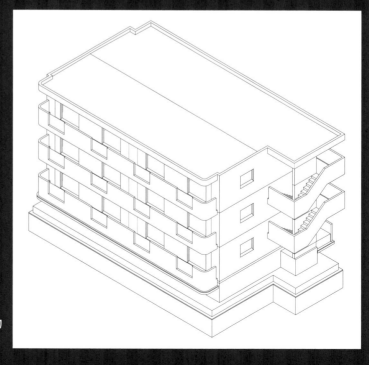

本書のモチーフとなる建築物
（基礎からR階までのアイソメイメージ）

Jw_cadのインストール、起動、画面構成

付録CDに収録したJw_cad（本書執筆時点での最新バージョン8.24a）をWindowsパソコンにインストールします。また、Jw_cadの起動方法、本書での画面構成例および各部名称を紹介します。なお、Jw_cad作者のWebページ（http://www.jwcad.net/）から最新バージョンのJw_cadをダウンロードできます。

1.1.1 Jw_cadのインストール

付録CDに収録したJw_cadバージョン8.24aを、Jw_cadのインストールプログラムに従って、既定位置である「C:」ドライブの「jww」フォルダにインストールします。

1 付録CDをパソコンのDVD/CDドライブにセットします。Windows付属のエクスプローラーが起動して、デスクトップにウィンドウが開きます。

2 「jww824a」アイコンを🖱🖱（左ダブルクリック）して実行します。

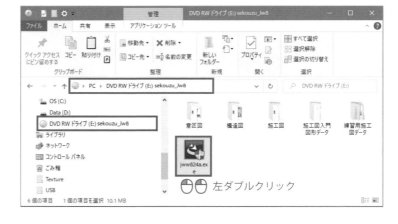

3 「Jw_cad用のInstallShieldウィザードへようこそ」ダイアログが開くので、「次へ」ボタンを🖱します。

4 ダイアログが切り替わるので、使用許諾契約書をよく読み、同意したら「使用許諾契約の条項に同意します」を🖱して黒丸を付けます（◉の状態にする）。

5 「次へ」ボタンを🖱します。

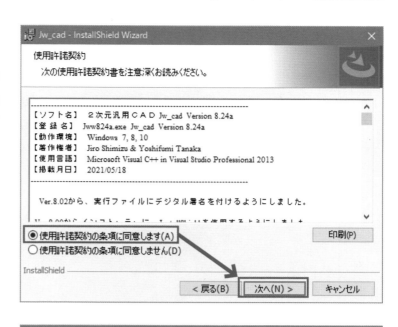

6 ダイアログが切り替わるので、「Jw cadのインストール先:C:￥JWW￥」の表示を確認したら、「次へ」ボタンを🖱します。

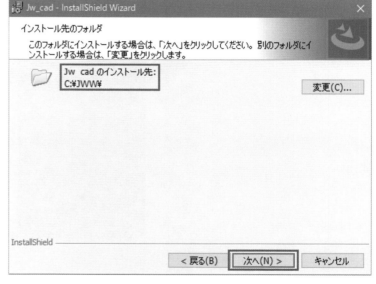

7 ダイアログが切り替わるので、「現在の設定」の「インストール先フォルダ:C:￥JWW￥」の表示を確認したら、「インストール」ボタンを🖱します。

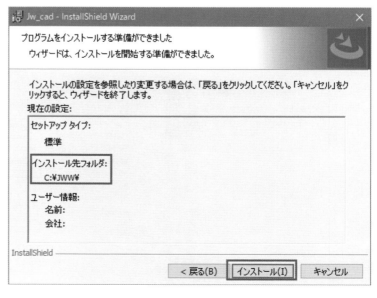

8 インストール実行中のダイアログが開くので、少し待ちます（個人用ノートパソコン程度の性能ならば数十秒程度）。

9 完了するとダイアログが切り替わるので、「完了」ボタンを🖱しします。

10 「C:」ドライブに「jww」フォルダがインストールされたことを確認します。

> 「C:」ドライブという名称は、パソコン機種やWindowsバージョンによって異なります。

1.1.2 起動用ショートカットアイコンを作り、Jw_cadを起動

インストールしたJw_cadを起動する方法にはいくつかありますが、デスクトップに起動用ショートカットア
イコンを作っておくと便利です。

1 画面左下隅のスタートボタン
を🖰して開くスタートメニューに
「Jw_cad」があるので、これを
🖰(右)します

> スタートメニューの「Jw_cad」を
> 🖰すると、Jw_cadが起動します。
> なお、Windows 10以前のバー
> ジョンではスタートメニューに
> 「Jw_cad」が表示されない場合
> は、スタートメニューの「すべての
> アプリ」(すべてのプログラム)を🖰
> し、開くメニューの「Jw_cad」(フ
> ォルダ)を🖰すれば表示されます。

2 メニューが開くので、「その他」
を🖰し(マウスポインタを合わせ
ても可)、さらに開くメニューで
「ファイルの場所を開く」を🖰し
ます。

スタートボタン

3 「Jw_cad」ウィンドウが開くの
で、「jw_cad」アイコンを🖰(右)
し、開くメニューの「送る」を🖰し
(マウスポインタを合わせるだ
けでもよい)、さらに開くメニュー
の「デスクトップ(ショートカットを
作成)」を🖰します。

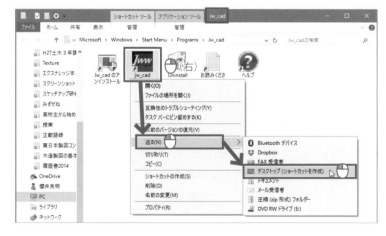

4 デスクトップにJw_cad起動用
のショートカットアイコンが作ら
れたことを確認し、🖰🖰します。

5 Jw_cadが起動して、新規の図面ファイル「無題」（「無題.jww」）が開きます。

「- jw_win」はJw_cadの図面ファイルを示している

6 「Jw_cad」ウィンドウはもう使わないので、右上隅の ✕ （閉じる）ボタンを🖰して、「Jw_cad」ウィンドウを閉じます。

1.1.3 ツールバーの追加表示、Jw_cadの終了（図面ファイルを閉じる）

本書の内容に沿って作図するために、ツールバーを1つ追加表示します。必須条件ではありませんが、追加表示しないと、いくつかのコマンドの選択が面倒になります。最後に、Jw_cadを終了します。

1 Jw_cadを起動し、メニューバー「表示」を🖰し、開くメニューから「Direct2D（2）」コマンドを🖰してチェックを外します。

2 再度メニューバー「表示」を🖰、「Direct2D（2）」コマンドのチェックが外れていることを確認し、「ツールバー」コマンドを🖰します。

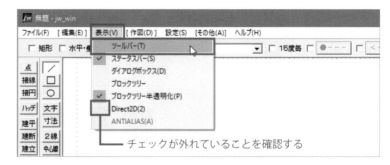

チェックが外れていることを確認する

3 「ツールバーの表示」ダイアログが開くので、「初期状態に戻す」を🖱してチェックを付けます。

4 「ユーザー(1)」を🖱してチェックを付けます。

5 「OK」ボタンを🖱します。

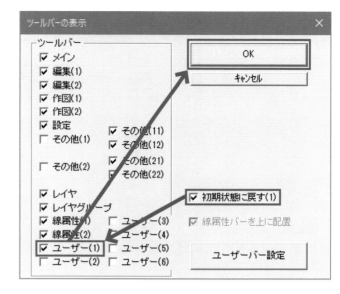

6 作図ウィンドウに「ユーザー(1)」ツールバーが追加表示されたことを確認します。

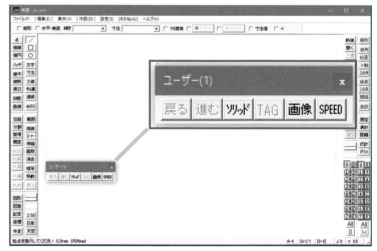

以上で、作図ウィンドウに「ユーザー(1)」ツールバーが表示されます。ただし、このままでは、このツールバーが作図の邪魔になるので、コントロールバー右端部に移動します。

7 「ユーザー(1)」ツールバーのタイトルバー部でマウスの左ボタンを押し、そのまま移動（左ボタンのドラッグ）して、図の位置付近でボタンをはなします。

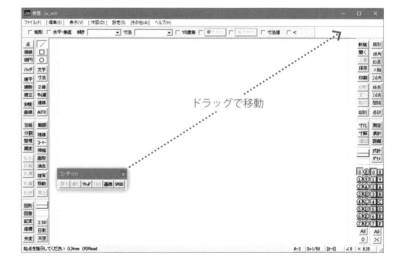

以上で、ツールバーの追加表示設定は完了です。本書に掲載した画面のツールバーはこの状態になっています。

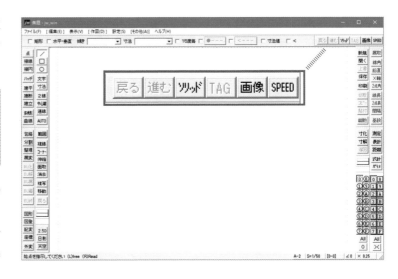

> ツールバーは、変更や初期化が自由にできます。「ユーザー（1）」ツールバーには、本書での解説では欠かせない「進む」や「ソリッド」コマンドがあり、便利です。

下図に、これまで設定したJw_cadの画面構成例を示します。
なお、画面右上隅にある閉じるボタンを🖱すると、図面ファイルを閉じ、同時にJw_cadが終了します。

タイトルバー：図面ファイルの名前　　　　　　　　　　　　閉じるボタン：図面ファイルを閉じ、Jw_cadを終了

メニューバー：全コマンドを7メニューに分類配置　　コントロールバー：実行中コマンドの詳細機能設定

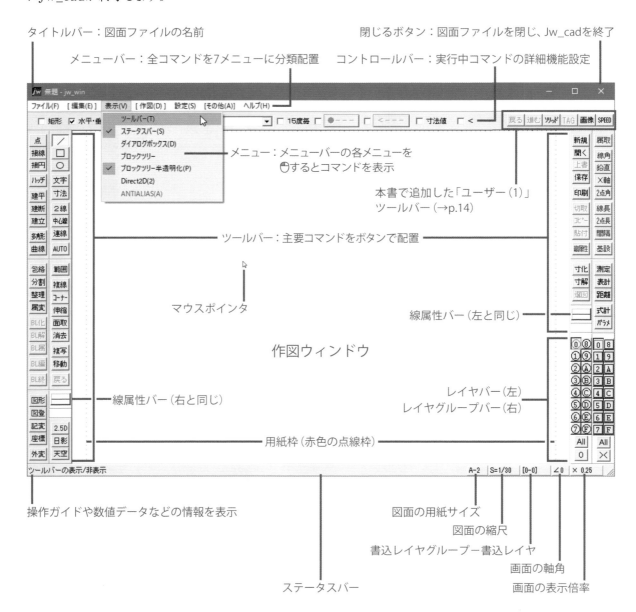

メニュー：メニューバーの各メニューを🖱するとコマンドを表示

本書で追加した「ユーザー（1）」ツールバー（→p.14）

ツールバー：主要コマンドをボタンで配置

マウスポインタ

作図ウィンドウ

線属性バー（左と同じ）

線属性バー（右と同じ）

レイヤバー（左）
レイヤグループバー（右）

用紙枠（赤色の点線枠）

操作ガイドや数値データなどの情報を表示

図面の用紙サイズ

図面の縮尺

書込レイヤグループー書込レイヤ

画面の軸角

画面の表示倍率

ステータスバー

1.2

付録CDのデータを準備

1.2節では、付録CDに収録した各種データを、前節1.1でJw_cadをインストールした「jww」フォルダに
コピーし、3章以降で使用する準備をします。

1.2.1 付録CDのデータを「jww」フォルダにコピー

1 付録CDに収録されている5つのフォルダ（図で赤く囲んだフォルダ）を、順次、「jww」フォルダの
中に、フォルダごとコピーします。各フォルダの内容は次項に示します。

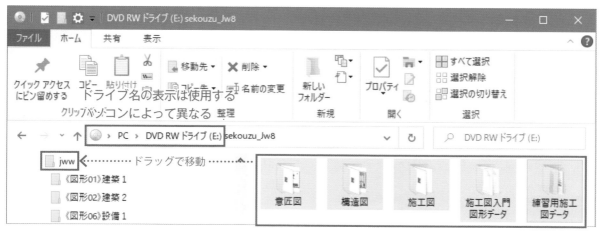

それぞれフォルダごとにコピー

1.2.2 各フォルダの内容

「施工図入門図形データ」フォルダ

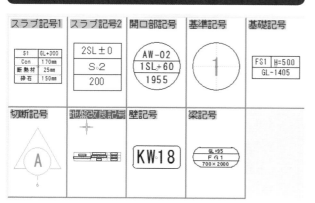

「図形」コマンドで図面に貼り付けられる本書オリジ
ナルのJw_cad用図形（jws）データを収録。

「練習用施工図データ」フォルダ

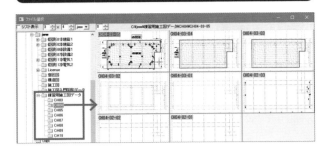

施工図の作図途中のJw_cad図面（jww）ファイルを3〜10章に分類して収録。本書の説明に沿って図面をかかなくても、これらを開いて参照することで、本書を読み進めることができます（図の例は「CH04」（4章）フォルダの中身）。

(CD) 練習用施工図データ／CH04／CH04-03-05.jww

「意匠図」フォルダ

📕 D-05 仕上表・器具リスト.pdf	📘 D-05 仕上表・器具リスト.jww
📕 D-11 1階平面図.pdf	📘 D-11 1階平面図.jww
📕 D-12 2階平面図.pdf	📘 D-12 2階平面図.jww
📕 D-13 3階平面図.pdf	📘 D-13 3階平面図.jww
📕 D-14 R階平面図.pdf	📘 D-14 R階平面図.jww
📕 D-15 立面図1.pdf	📘 D-15 立面図1.jww
📕 D-16 立面図2.pdf	📘 D-16 立面図2.jww
📕 D-17 矩計図1.pdf	📘 D-17 矩計図1.jww
📕 D-18 矩計図2.pdf	📘 D-18 矩計図2.jww
📕 D-19 階段平面詳細図.pdf	📘 D-19 階段平面詳細図.jww
📕 D-20 階段断面詳細図.pdf	📘 D-20 階段断面詳細図.jww
📕 D-21 賃貸住戸平面詳細図.pdf	📘 D-21 賃貸住戸平面詳細図.JWW
📕 D-27 1階建具案内図.pdf	📘 D-27 1階建具案内図.jww
📕 D-28 2,3階建具案内図.pdf	📘 D-28 2,3階建具案内図.jww
📕 D-30 鋼製建具表1.pdf	📘 D-30 鋼製建具表1.jww
	📘 開口部部分詳細図.jww

→p.38

意匠図とは、建築物の各部の構成、外観の状態および材質、色彩などの指示を具体的かつ詳細に示した図面のことで、おおむねの建築デザインを伝達することができます。おもに、仕上表、配置図、平面図、立面図、断面図、矩計図、展開図、各種詳細図、建具表などで構成されます。pdfおよびJw_cad図面（jww）ファイルの2種類を収録。

「構造図」フォルダ

📕 S-07 基礎伏図.pdf	📘 S-07 基礎伏図.jww
📕 S-08 1階伏図.pdf	📘 S-08 1階伏図.jww
📕 S-09 2階伏図.pdf	📘 S-09 2階伏図.jww
📕 S-10 3階伏図.pdf	📘 S-10 3階伏図.jww
📕 S-11 R階伏図.pdf	📘 S-11 R階伏図.jww
📕 S-13 軸組図1.pdf	📘 S-13 軸組図1.jww
📕 S-14 軸組図2.pdf	📘 S-14 軸組図2.jww
📕 S-15 軸組図3.pdf	📘 S-15 軸組図3.jww
📕 S-16 軸組図4.pdf	📘 S-16 軸組図4.jww
📕 S-17 基礎リスト.pdf	📘 S-17 基礎リスト.jww
📕 S-18 地中梁リスト.pdf	📘 S-18 地中梁リスト.jww
📕 S-19 柱リスト.pdf	📘 S-19 柱リスト.jww
📕 S-20 大梁リスト1.pdf	📘 S-20 大梁リスト1.jww
📕 S-21 大梁リスト2・小梁リスト.pdf	📘 S-21 大梁リスト2・小梁リスト.jww
📕 S-23 壁リスト.pdf	📘 S-23 壁リスト.jww
📕 S-24 スラブリスト.pdf	📘 S-24 スラブリスト.jww
📕 S-25 A通架構配筋詳細図1.pdf	📘 S-25 A通架構配筋詳細図1.jww
📕 S-26 階段配筋詳細図.pdf	📘 S-26 階段配筋詳細図.jww
📕 SS-01 雑配筋詳細図1.pdf	📘 SS-01 雑配筋詳細図1.jww

→p.38/49

構造図とは、建築物の構造に関する図面です。柱や梁などの部材や接合部の形式など、実際の建物を建てるための情報が表現されています。おもに、伏図、軸組図、各種詳細図やリストなどで構成されます。pdfおよびJw_cad図面（jww）ファイルの2種類を収録。

「施工図」フォルダ

📕 施工図01.pdf	📘 施工図01.jww
📕 施工図02.pdf	📘 施工図02.jww
📕 施工図02A.pdf	📘 施工図02A.jww
📕 施工図03.pdf	📘 施工図03.jww
📕 施工図03A.pdf	📘 施工図03A.jww
📕 施工図04.pdf	📘 施工図04.jww
📕 施工図04A.pdf	📘 施工図04A.jww
📕 施工図04B.pdf	📘 施工図04B.jww
📕 施工図05.pdf	📘 施工図05.jww
📕 施工図05A.pdf	📘 施工図05A.jww
📕 施工図06.pdf	📘 施工図06.jww
📕 施工図07.pdf	📘 施工図07.jww

→p.24

施工図とは、設計者が作図した設計図書（意匠図、構造図、設備図などの設計図および仕様書）を基に、必要に応じて、施工者が現場を円滑に進めるために作図する図面のことです。pdfおよびJw_cad図面（jww）ファイルの2種類を収録。

1.3

図面ファイルを開く、保存する、印刷する

1.3節では、Jw_cadで図面ファイルを開く方法、保存する方法、印刷する方法を説明します。

1.3.1 図面ファイルを開く

前述したとおり、Jw_cadを起動すると、新規の図面ファイル「無題.jww」が開きます。ここでは、Jw_cad起動後（任意の図面ファイルを開いている時）に、別の図面ファイルを開く方法を説明します。

1 「ファイル」メニューの「開く」コマンド（またはツールバーの「開く」ボタン）を選択します。

2 「ファイル選択」ダイアログが開くので、左側のフォルダツリーで図面ファイルが保存されているドライブを🖱して選択し、右側のファイルサムネイル一覧で開く図面ファイルを🖱🖱します（ここでは4章「CH04」フォルダの図面ファイル「CH04-03-04」。開いた図面の掲載は省略）。

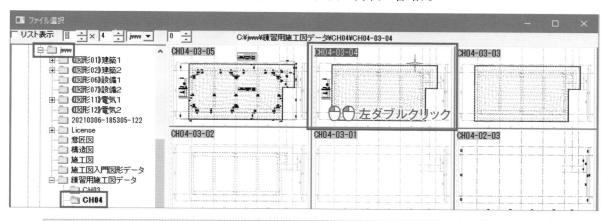

> **point** ☞
> 新規に図面ファイルを作成する場合は、「ファイル」メニューの「新規作成」コマンドを選択します。Jw_cad起動時と同じように「無題.jww」が開きます。

> **point** ☞
> 開いている図面ファイルがハードディスクなどに保存されていない状態で「開く」コマンドや「新規作成」コマンドを選択すると保存確認のダイアログが表示されます。保存する必要がある場合は、次項の図面ファイルの保存を行います。

> **point** ☞
> Jw_cadは同時に1つの図面ファイルしか開いておくことができません。2つ以上の図面ファイルを同時に開いておきたい場合は、図面ファイルの数だけJw_cadを起動します。Jw_cadは複数起動（起動用ショートカットを🖱🖱するたびに別のJw_cadが起動）できるので、図面間のコピー&貼付が簡単になります。

1.3.2 図面ファイルの保存

作図した図面ファイルを保存します。現在とは別の名前を付けて新しい図面ファイルとして保存する「名前を付けて保存」コマンドと、現在と同じ名前で更新する「上書き保存」コマンドを使い分けます。

1 「ファイル」メニューの「名前を付けて保存」コマンド（またはツールバーの「保存」ボタン）、あるいは「ファイル」メニューの「上書き保存」コマンド（またはツールバーの「上書」ボタン）を選択します。

2 「名前を付けて保存」コマンドを選択すると「ファイル選択」ダイアログが開くので、保存する場所（通常は任意のフォルダ）を選択してからダイアログ上部の「新規」ボタンを🖱し、さらに開く「新規作成」ダイアログで、図面ファイル名を入力して、「OK」ボタンを🖱します。

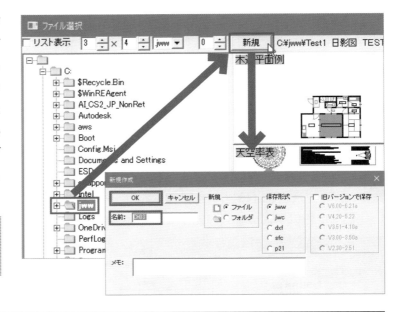

「上書き保存」コマンドを選択した場合は、ただちに更新されます（画面上の変化はありません）。

1.3.3 図面ファイルの印刷

作図した図面ファイルを印刷する一般的な例で、印刷手順の概要を紹介しておきます。

1 「ファイル」メニューの「印刷」コマンド（またはツールバーの「印刷」ボタン）を選択し、「印刷」ダイアログが開いたら、「プリンタ名」ボックスで使用するプリンタを選択し、「OK」ボタンを🖱します。

2 印刷範囲枠が表示されるので、適正ならばコントロールバー「印刷（L）」を🖱して印刷を実行します。変更はコントロールバー「範囲変更（R）」を🖱して、マウス移動で行います（枠の位置の変更のみ）。
枠の形の変更は、印刷する用紙のサイズや向きの設定で対応します（コントロールバー「プリンタの設定」を🖱して開く「プリンタの設定」ダイアログで行います）。

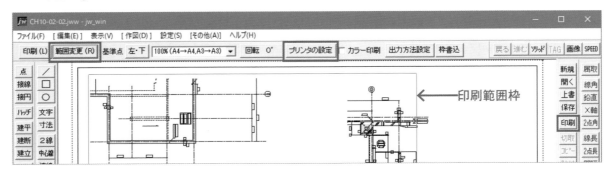

2章
建築施工図の基本

2章では、建築施工図を作図するうえでの基本的な考え方などを説明します。4章からの建築施工図の作図に役立ててください。

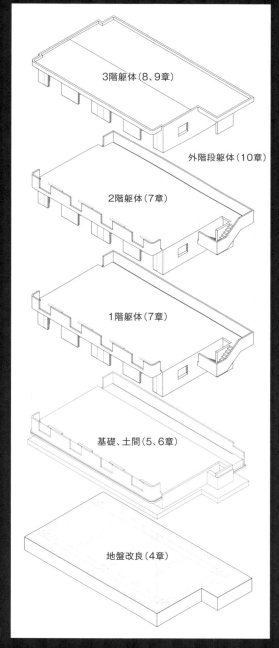

3階躯体（8、9章）

外階段躯体（10章）

2階躯体（7章）

1階躯体（7章）

基礎、土間（5、6章）

地盤改良（4章）

本書で取り上げる建築物の躯体を下から
コンクリート打設順に分解したイメージ図

2.1

建築施工図の概要

2.1節では、建築施工図（以降「施工図」）の役割や種類、作図の流れを説明します。本書で実際に作図する12種類の「施工図」を掲載しましたので、まずはじっくりと見てください。

2.1.1 施工図とは

◎ 施工図は、設計者が作図した設計図書（意匠図、構造図、設備図などの設計図および仕様書）をもとに、必要に応じて、施工者が現場を円滑に進めるために作図する図面のことです。

◎ 施工図は、設計図書に示された設計者の意図を、施工者の立場で理解できるように表現し直し、不十分なところを補って、現場の作業員が速やかに理解できることを目的に作図されます。
設計者が作図した設計図は、建築物の完成した姿を表現したものであるため、施工現場で直接使用するには不向きです。

◎ 施工図は、職種・工種および目的に応じて、施工段階ごとに必要な施工図を作図します。

本書では、数回にわたるコンクリート打設ごとの躯体の施工図を作図します。

2.1.2 施工図の作図手順

本書では、意匠図、構造図を中心に相互の図面を照合しながら施工図を作図します。

❶ 施工図の作図にあたっては、まず、設計図書類の細部に至るまで目を通し、施工を想定した図面の検討を行います。

❷ 意匠図、構造図、設備図および仕様書に食い違いなどがある場合、質疑を出し、設計者の意図を確認し、調整します。

❸ 設計図に例示された情報だけでは判断し尽くせない部分や納まりがある場合、質疑を出し、設計者の意図を確認し、調整します。

❹ 施工の合理化案などがあれば提案します。

❺ ❶〜❹までの検討・調整ができたら、予算・工期・施工条件などを考慮のうえ、施工図を作図します。

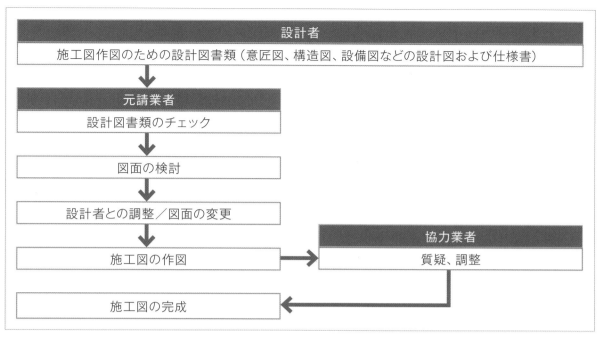

施工図の作図手順例（元請業者が施工図を作図する場合）

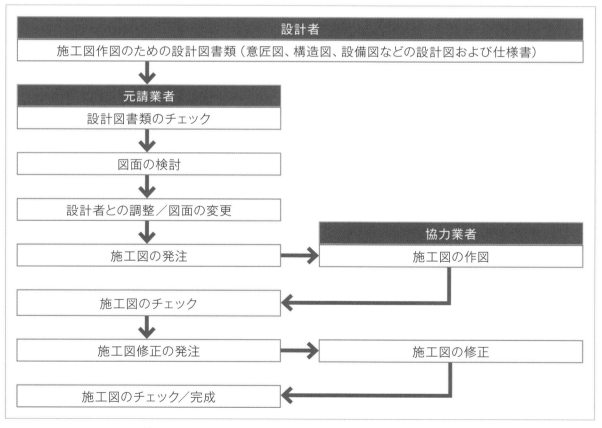

施工図の作図手順例（協力業者が施工図を作図する場合）

2.1.3 施工図の種類

施工図を工事ごとに分類すると以下のようになります。

本書で作図する施工図は、鉄筋コンクリート(RC)造(本書では3階建)の躯体工事の施工図です。関連する図面は、杭工事(地盤改良)、コンクリート工事、型枠工事、鉄筋工事です。

工 事 分 類		図 面 名 称	図 面 の 作 成 者		
			元請業者	協力業者	いずれか
躯体工事	土工事	掘削図	○		
	杭工事	杭伏図	○		
	コンクリート工事	寸法図	○		
	型枠工事	施工図(工作図)	○		
	プレキャスト工事	割付図		○	
		詳細図		○	
	鉄筋工事	施工図(工作図)			○
	鉄骨工事	アンカープラン		○	
		軸組図		○	
		梁伏図		○	
		詳細図		○	
仕上工事	内装工事	平面詳細図	○		
		天井伏図			○
		床伏図			○
	外装工事	外装施工図			○
	木工事	木工事施工図			○
		木製建具施工図		○	
	石工事	石割付図			○
		詳細図		○	
	タイル工事	タイル割付図			○
	金属工事	手摺工事施工図	○		
		詳細図	○		
	金属製建具工事	スチール製建具施工図		○	
		アルミ製建具施工図		○	
		シャッター施工図		○	
設備工事	機械設備工事	各階躯体スリーブ図		○	
		各階タイプ別衛生図		○	
		各階タイプ別換気図		○	
		MB回り詳細図		○	
		エレベータ施工図		○	
		各階系統図		○	
	電気設備工事	各階電気施工図		○	
		各戸タイプ別施工図		○	
		幹線系統図		○	
		弱電系統図		○	
		自火報系統図		○	
		RF避雷針施工図		○	

薄い青色で示した図面が本書で作図する施工図の躯体関連工事

2.1.4 本書で作図する施工図

次ページの図は本書で作図する施工図とその作図手順概要です(➡ 各図面の完成図例はp.26〜)。

4章の地盤改良伏図の作図から始め、その図面の基準線や位置を利用して建築物を上に積み上げるように作図を進めます。各伏図または見上げ図の作図では、合わせて、該当個所の断面図（右図のファイル名に「A」や「B」が付いている図面）も作図します（屋根伏図を除く）。

施工図06（9章）：屋根伏図

施工図07（10章）：階段平面図・断面図

施工図05（8章）：3階見上げ図

施工図05A（8章）：
2階・3階断面図

施工図04（7章）：1階（2階）
見上げ図

施工図04B（7章）：
2階断面図

施工図04A（7章）：1階断面図

施工図03（6章）：土間伏図

施工図02（5章）：基礎伏図

施工図03A（6章）：土間断面図

施工図01（4章）：地盤改良伏図・
断面図

施工図02A（5章）：基礎断面図

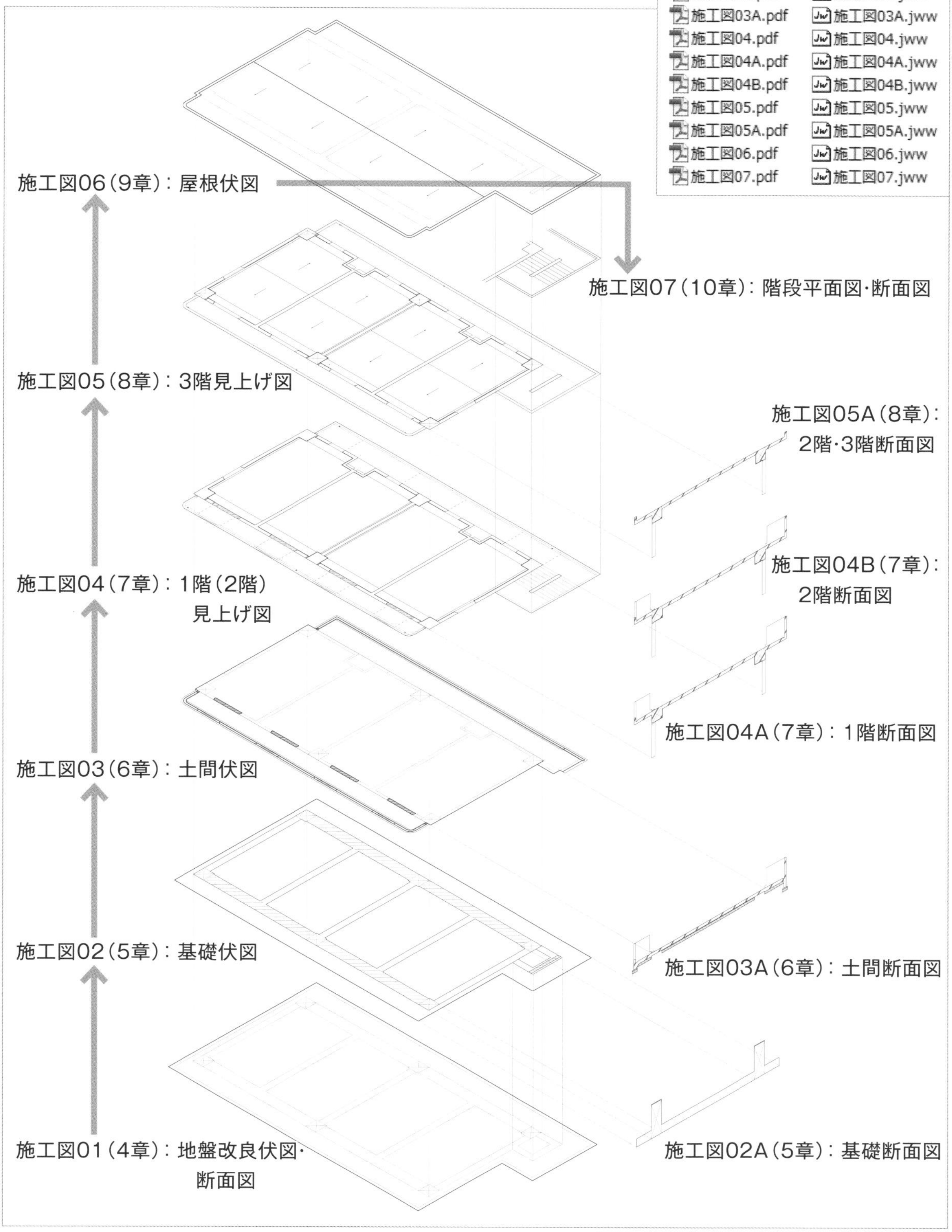

施工図01[地盤改良伏図・断面図]

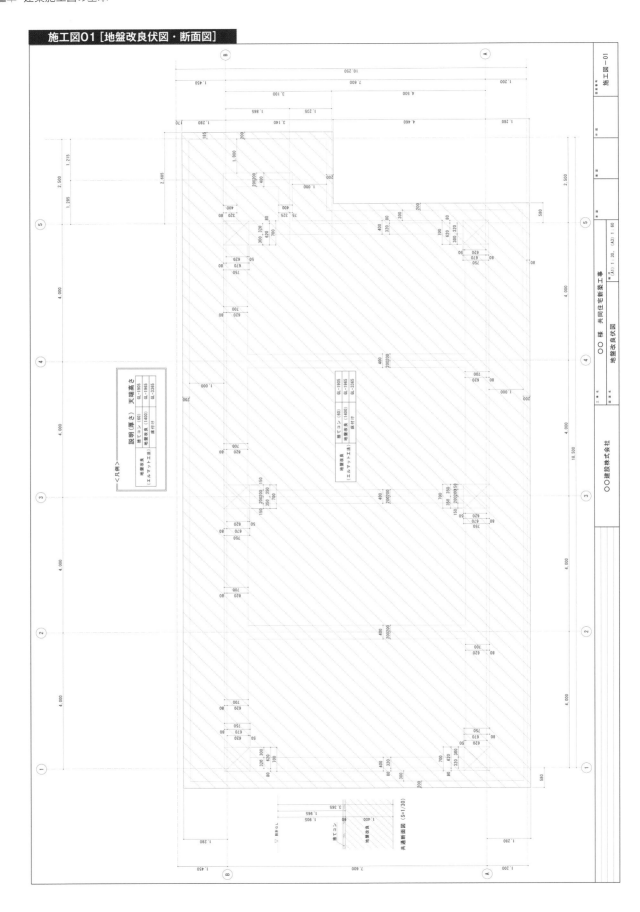

施工図02［基礎伏図］

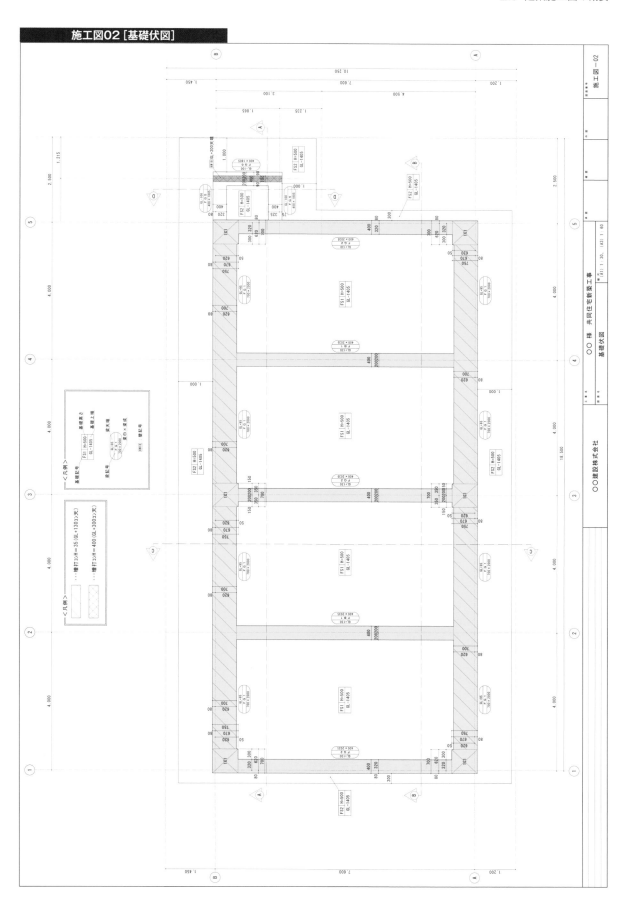

施工図02A［基礎断面図］

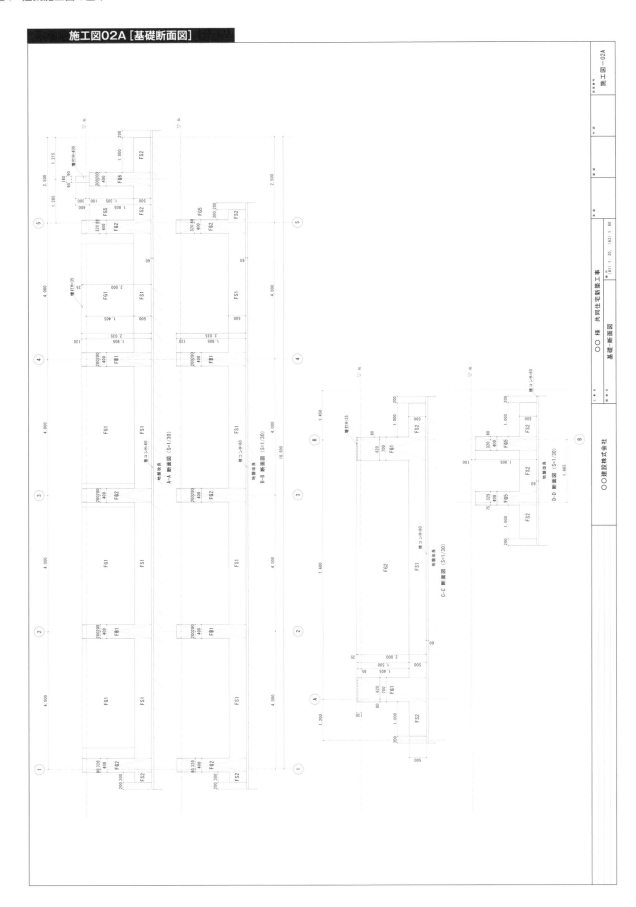

施工図03［土間伏図］

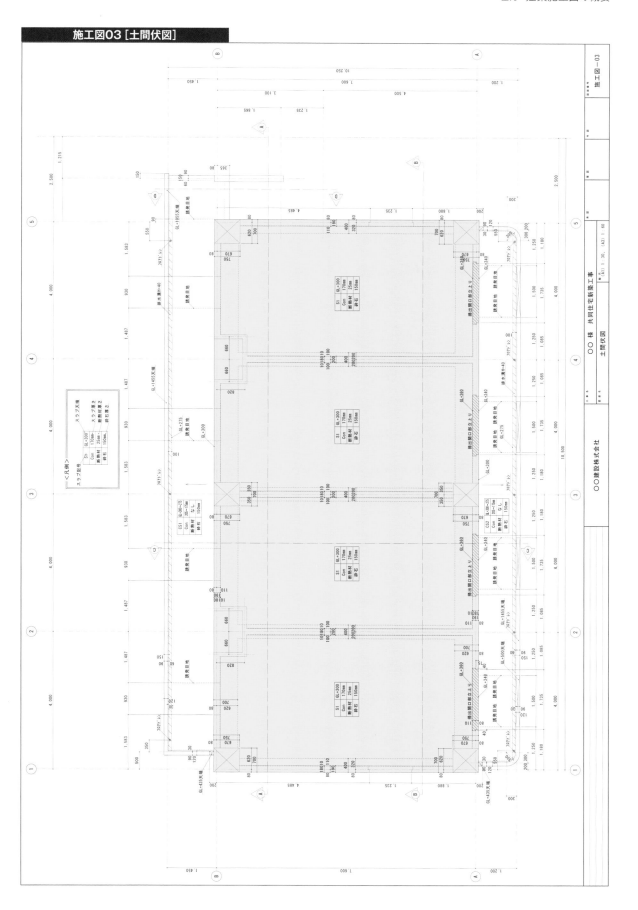

施工図03A [土間断面図]

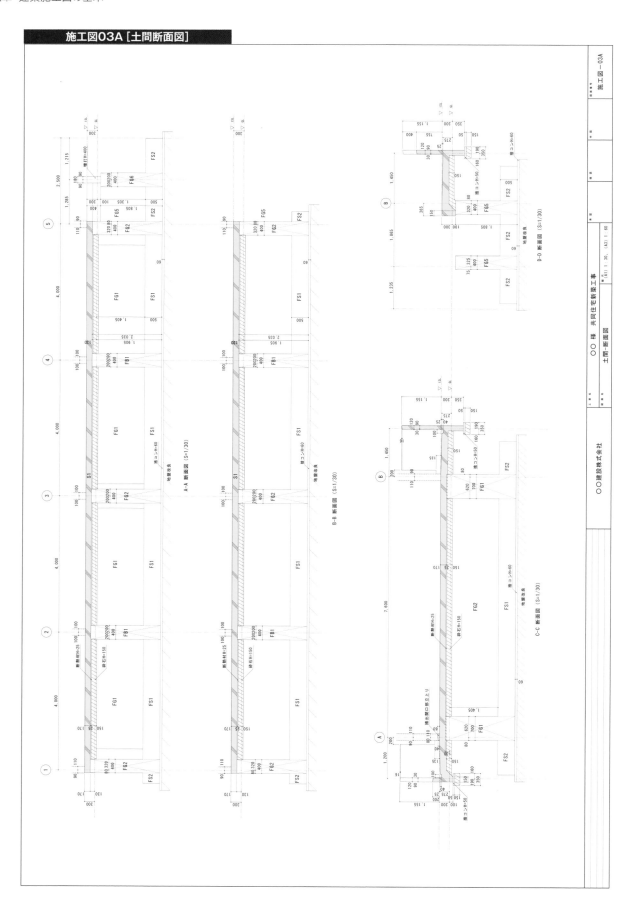

施工図04［1階・2階見上げ図］

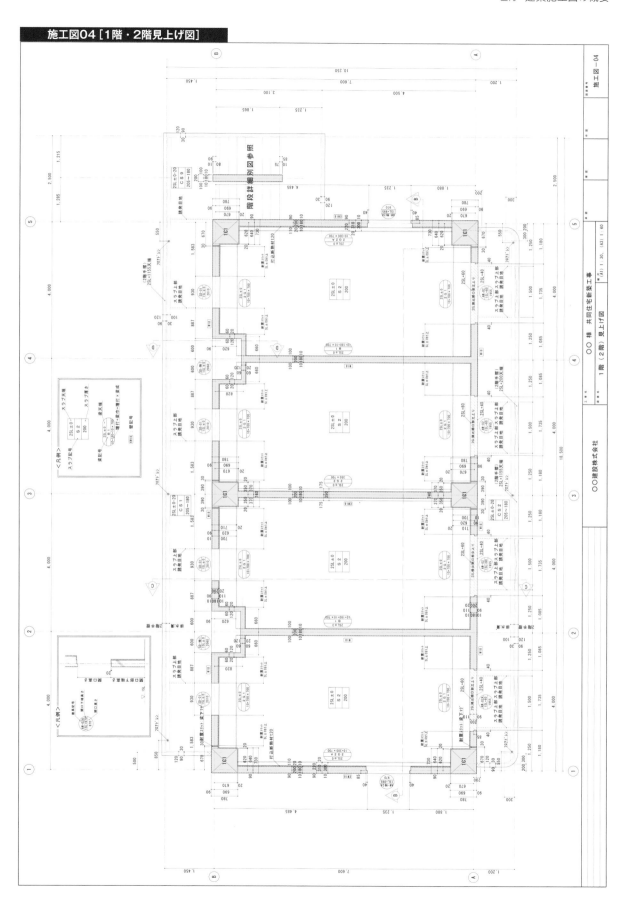

施工図04A［1階断面図］

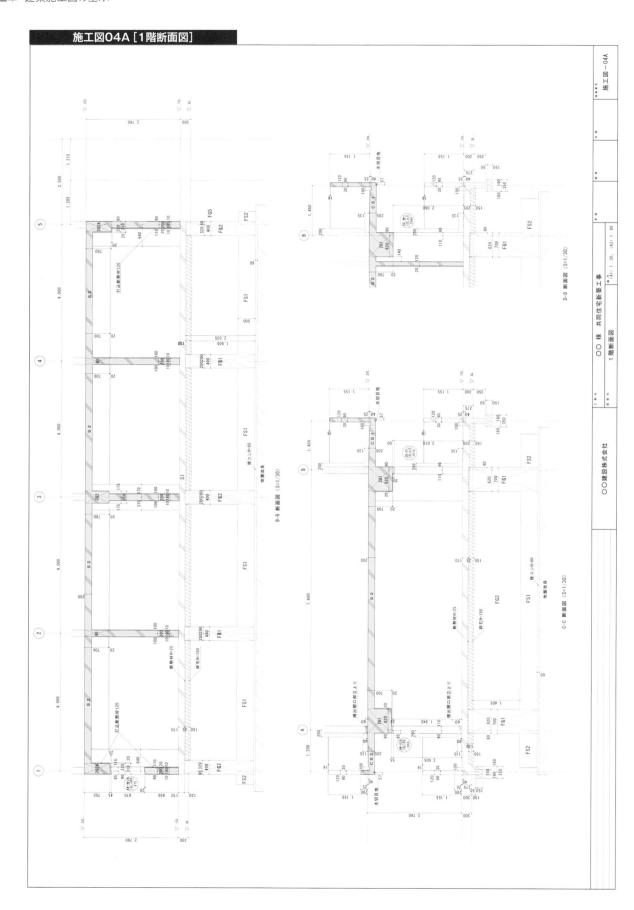

施工図04B [2階断面図]

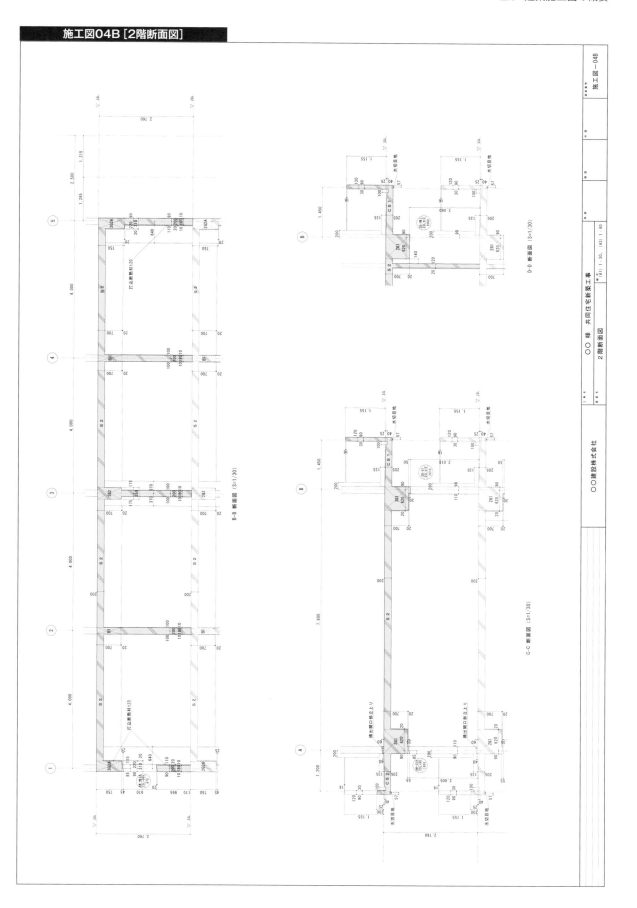

施工図05［3階見上げ図］

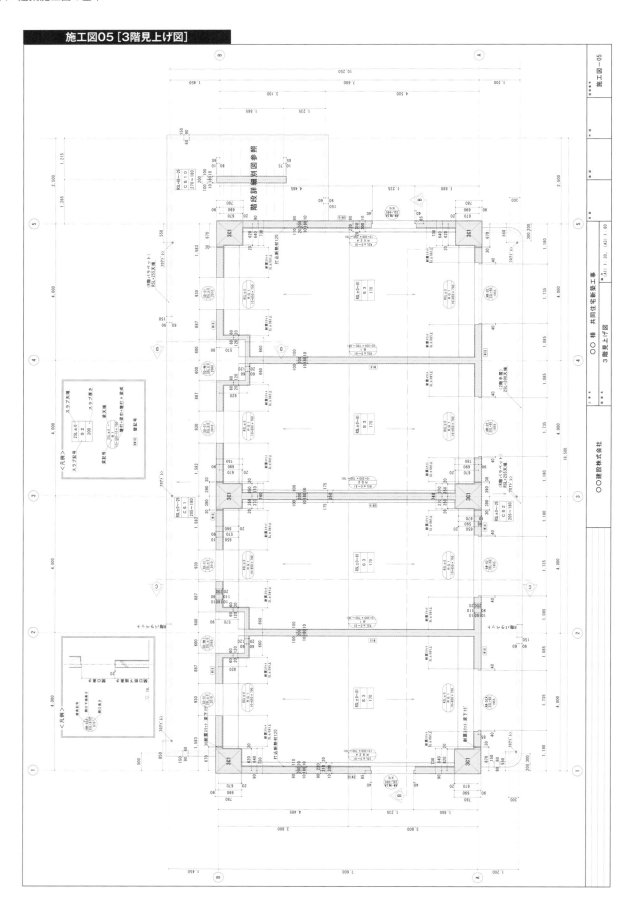

施工図05A［2階・3階断面図］

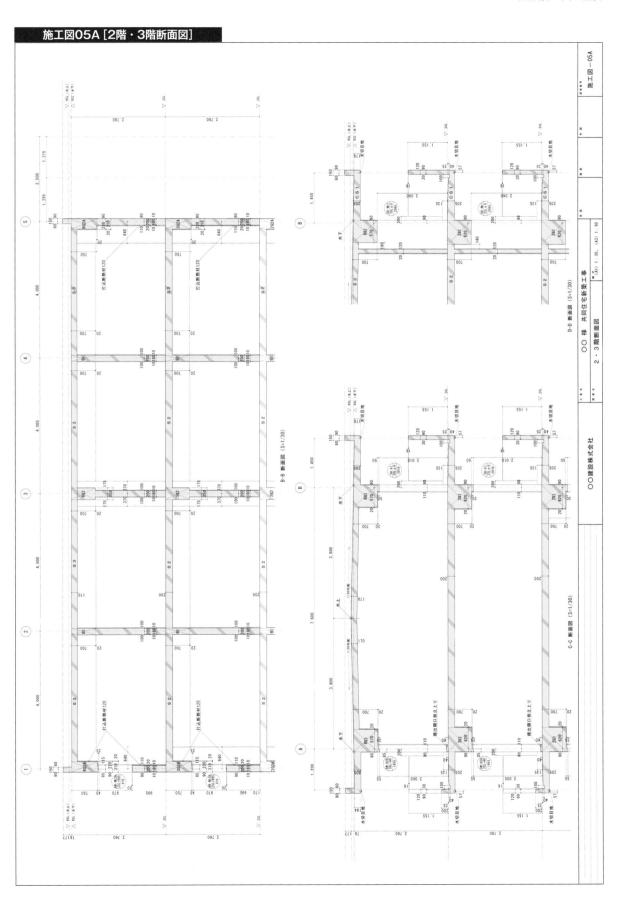

施工図06[屋根伏図]

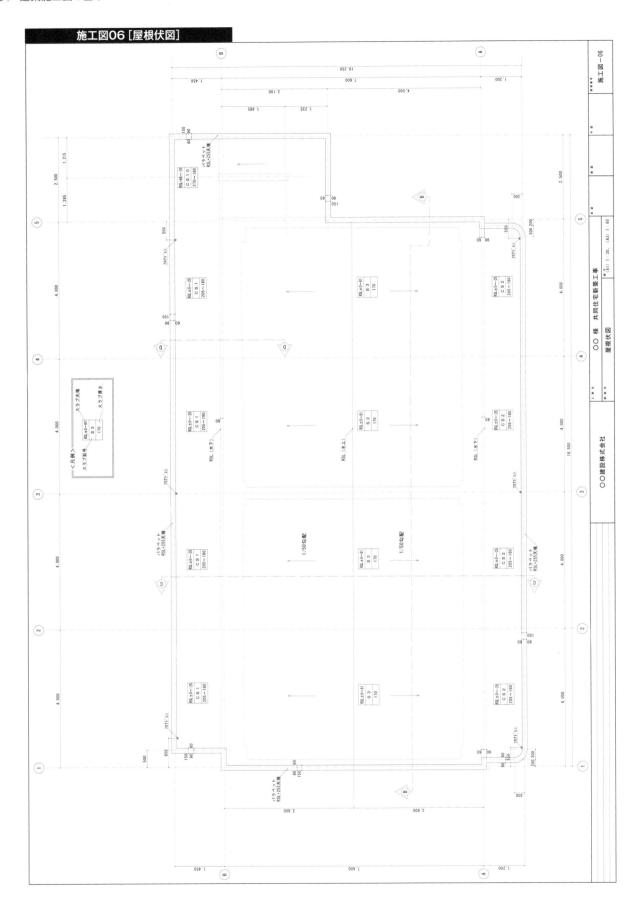

施工図07［階段平面図・断面図］

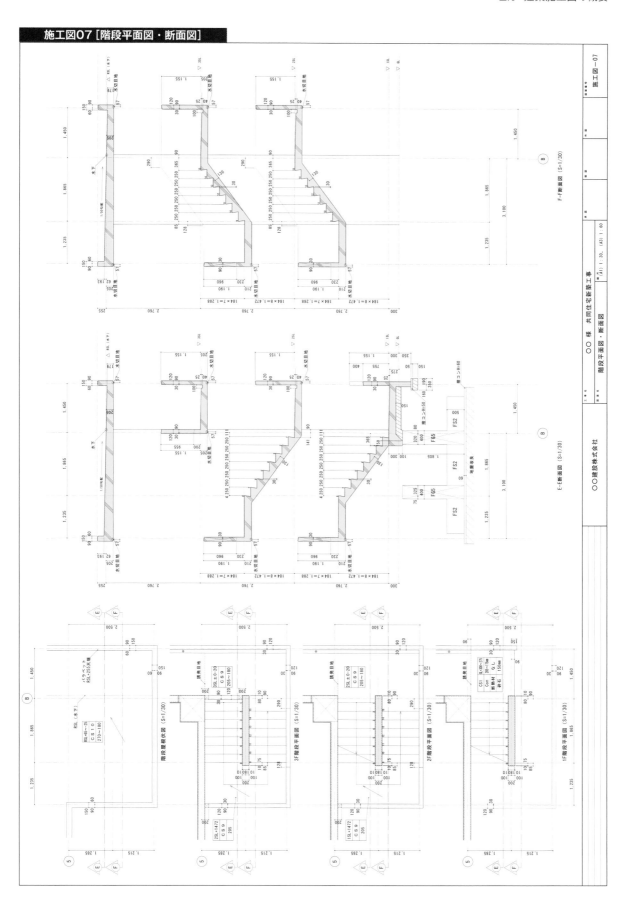

施工図作図の参考にする建築物の意匠図と構造図

本書では、鉄筋コンクリート造3階建「○○様　共同住宅新築工事」（仮想の工事）の設計図である「意匠図」と「構造図」を基に、「施工図」（➡p.26〜37）を作図します。なお、本のサイズの関係で、掲載している図面は縮小表示しています（元図面はA3判横サイズ）。したがって、本書をお読みになる場合は、あらかじめすべての関連図面をA3判横サイズまたはA4判横サイズで印刷し、それらの印刷図面を手元に置いて、参照しながら「施工図」の作図を行ってください。あるいは、パソコンが2台あるならば、付録CDに収録した図面（pdf形式およびjww形式）を2台目のパソコンに表示させてもよいでしょう。関連図面は、付録CDの各フォルダに収録しています（➡p.18）。

本書で参照する以下の15の意匠図をおよび19の構造図を、次ページから掲載します。

意匠図一覧 p.39 〜 49

D-05 仕上表・器具リスト.pdf	D-05 仕上表・器具リスト.jww
D-11 1階平面図.pdf	D-11 1階平面図.jww
D-12 2階平面図.pdf	D-12 2階平面図.jww
D-13 3階平面図.pdf	D-13 3階平面図.jww
D-14 R階平面図.pdf	D-14 R階平面図.jww
D-15 立面図1.pdf	D-15 立面図1.jww
D-16 立面図2.pdf	D-16 立面図2.jww
D-17 矩計図1.pdf	D-17 矩計図1.jww
D-18 矩計図2.pdf	D-18 矩計図2.jww
D-19 階段平面詳細図.pdf	D-19 階段平面詳細図.jww
D-20 階段断面詳細図.pdf	D-20 階段断面詳細図.jww
D-21 賃貸住戸平面詳細図.pdf	D-21 賃貸住戸平面詳細図.JWW
D-27 1階建具案内図.pdf	D-27 1階建具案内図.jww
D-28 2,3階建具案内図.pdf	D-28 2,3階建具案内図.jww
D-30 鋼製建具表1.pdf	D-30 鋼製建具表1.jww
	開口部部分詳細図.jww

本書での図面名は、左図の図面ファイル名から、先頭の記号（「D-05」など）や、末尾の拡張子（「.pdf」「.jww」）を省略して表記している。

例：「D-17 矩計図1.pdf」
↓
「矩計図1」

構造図一覧 p.49 〜 60

S-07 基礎伏図.pdf	S-07 基礎伏図.jww
S-08 1階伏図.pdf	S-08 1階伏図.jww
S-09 2階伏図.pdf	S-09 2階伏図.jww
S-10 3階伏図.pdf	S-10 3階伏図.jww
S-11 R階伏図.pdf	S-11 R階伏図.jww
S-13 軸組図1.pdf	S-13 軸組図1.jww
S-14 軸組図2.pdf	S-14 軸組図2.jww
S-15 軸組図3.pdf	S-15 軸組図3.jww
S-16 軸組図4.pdf	S-16 軸組図4.jww
S-17 基礎リスト.pdf	S-17 基礎リスト.jww
S-18 地中梁リスト.pdf	S-18 地中梁リスト.jww
S-19 柱リスト.pdf	S-19 柱リスト.jww
S-20 大梁リスト1.pdf	S-20 大梁リスト1.jww
S-21 大梁リスト2・小梁リスト.pdf	S-21 大梁リスト2・小梁リスト.jww
S-23 壁リスト.pdf	S-23 壁リスト.jww
S-24 スラブリスト.pdf	S-24 スラブリスト.jww
S-25 A通架構配筋詳細図1.pdf	S-25 A通架構配筋詳細図1.jww
S-26 階段配筋詳細図.pdf	S-26 階段配筋詳細図.jww
SS-01 雑配筋詳細図1.pdf	SS-01 雑配筋詳細図1.jww

意匠図

仕上表・器具リスト

外部仕上表

部位		仕上	金物等	外構工事	備考	規制対象区分
屋根		鉄筋コンクリート造 金ゴテ押え 水勾配 シート防水（シルバー仕上げ） 軒天井 合板型枠コンクリート打放し補修 吹付タイル（シルバー仕上げ） 手摺壁（外側）50二丁掛タイル張、壁一部 吹付タイル ルーフドレイン（鋳鉄製）縦引 75φ スコールダウン 横引 75φ 角コロシ張	雨樋 カラーVP雨樋・カラーW（北側）75・50φ 竪樋 呼樋共 ステンレス製建築金物	敷地及舗装 舗装 外構図による 一部郵便受保管 透水性アスファルト舗装 駐車場部分ライン引き・番号 焼付け塗装・車止ブロック	※詳細図は全て「外構図」による	F☆☆☆☆
外壁		外部木 吹付タイル・吹付タイル	給気口 換気額縁受	自転車置場 受水槽 バルク	（一部）インターロッキング・洗い出し 既製品 土間コンクリート打厚100		F☆☆☆☆
外部木		屋上点検口（ステンレス製）600角 南京錠付 フロアヒンジ 照明器具	掲示板 署名文字 消火器具		容量4.0t（W2.0×D2.0×H2.0） 既製品 バルクタンク 容量200kg（ガス工事）		F☆☆☆☆
屋外階段		防水モルタル金ゴテ押え 吹付タイル 軒天井・壁面裏 合板型枠コンクリート打放し補修 手摺壁（外側）50二丁掛タイル張、壁一部 吹付タイル 手摺壁（内側）前面壁 吹付タイル 調り天板・磁器質ノンスリップタイル 段鼻・磁器質（ノンスリップ）タイル 照明器具 手摺・アルミ手摺（ブラケット支持）		浄化槽 その他	浄化処理性能 30人槽（ポンプ槽付） 放流量		F☆☆☆☆

内部仕上表（1〜3階）

室名	床高	床	巾木	H	壁	縁廻	天井	規制対象区分 天井	備考	規制対象区分
玄関	SL-45	ビニル床タイル モルタル金ゴテ押え		60	ビニールクロス張 プラスターボード厚9.5 木下地	突付	ビニールクロス張 プラスターボード厚9.5 木下地	F☆☆☆☆	下駄箱 既製品	F☆☆☆☆
ホール	SL-150	フローリング合板厚12 ユニットフロア	木製巾木 システム建材	60	ビニールクロス張 プラスターボード厚9.5 木下地	突付	ビニールクロス張 プラスターボード厚9.5 木下地	F☆☆☆☆	上り框 照明器具（ダウンライト）	F☆☆☆☆
トイレ	SL-180	クッションフロア ベニヤ地 ユニットフロア	木製巾木 塩ビ巾木	60	ビニールクロス張 プラスターボード厚9.5 木下地	突付	ビニールクロス張 プラスターボード厚9.5 木下地	F☆☆☆☆	洗浄便器 温水洗浄便座（ダウンライト）既製品 トイレ収納 既製品 紙巻器 タオル掛	F☆☆☆☆
洗面脱衣室	SL-150	クッションフロア ベニヤ地 ユニットフロア	木製巾木 塩ビ巾木	60	ビニールクロス張 プラスターボード厚9.5 木下地 耐水プラスターボード厚9.5 洗濯化粧台下地合板	突付	ビニールクロス張 プラスターボード厚9.5 木下地	F☆☆☆☆	洗面化粧台 H-600 洗濯機パン（ダウンライト） 照明器具（ダウンライト） ユニットバス1116	F☆☆☆☆
UB1116	製品による							F☆☆☆☆		F☆☆☆☆
キッチン	SL-150	フローリング合板厚12 ユニットフロア	木製巾木 システム建材	60	ビニールクロス張 プラスターボード厚9.5 キッチン壁・腰ホーローキッチンパネル張 吊戸取付壁 下地合板	突付	ビニールクロス張 プラスターボード厚9.5 木下地	F☆☆☆☆	ミニキッチン L=1,500 照明器具（流し元灯、ダウンライト用） 一部 ガス瞬間湯沸器（ひさし用）	F☆☆☆☆
洋室	SL-150	フローリング合板厚12 ユニットフロア	木製巾木 システム建材	60	ビニールクロス張 プラスターボード厚9.5 ハンガーレール・エアコン取付地 木下地	突付	ビニールクロス張 プラスターボード厚9.5 木下地	F☆☆☆☆	AC用スリーブ75φ、給気口150φ インターホン、照明器具 ダウンライト、住宅用火災警報器 ハンガーパイプ L=2,000、カーテンレール (2)洗濯機置場用 突出ステンレスパイプ H-FL+1,100	F☆☆☆☆
クローゼット	SL-150	フローリング合板厚12 ユニットフロア	建仕掛	60	ビニールクロス張（プラスターボード厚9.5） 又は合板型枠コンクリート打放しのまま	突付 又は 掃出縁	ビニールクロス張（プラスターボード厚9.5） 又は合板型枠コンクリート打放しのまま	F☆☆☆☆	枕棚 既製品 ステンレスハンガーパイプ	F☆☆☆☆
MB・PS					合板型枠コンクリート打放しのまま		合板型枠コンクリート打放しのまま	F☆☆☆☆	ガス給湯器 水道メーター・ガスメーター配置図	F☆☆☆☆

器具リスト（4階については別紙参照）

部位	仕様	数量	メーカー	備考	規制対象区分
キッチン	集合住宅用システムキッチン W=1,500 レンジフード・プロペラファン W=600・H=600 水栓 シングルレバー水栓 ガス加熱機器・標準品	12			F☆☆☆☆
トイレ	水栓 シングルレバー水栓 温水洗浄便座 紙巻器 タオル掛	12	INAX		F☆☆☆☆
洗面脱衣室	洗面化粧台 W-600 洗濯機防水パン 640角 洗濯機用排水トラップ	12	INAX		F☆☆☆☆
ユニットバス	集合住宅用バスルーム（AMB1116N-SEN） 換気扇 天井埋込式 水栓 サーモスタッド水栓 シャワー（ニデッキ水栓） 照明器具 ランドリーパイプ	12			F☆☆☆☆
ガス給湯器	総合排気型 給湯専用 4・6機外設置型式ハリガネ（既製品）	12		ガス工事	F☆☆☆☆
	水道メーター・ガスメーター 配置図面による	12	エアカッター	設備工事	

特記事項

◆断熱材
- 硬質発泡スラブ…現場発泡硬質ウレタンフォーム（JIS A9526）厚20
- 土間スラブ…硬質発泡ウレタンフォーム（JIS A9511）（埋込型）打込 厚20
- プラスターボード 厚9.5 （ex.吉野石膏 タイガー・F）準不燃材料（告示 第1401号による）
- 化粧ケイカル板 厚9.5 （ex.吉野石膏 押入・F）準不燃材料（告示 第1401号による）
- ロックウール吸音板 厚9.5 （ex.吉野石膏 ソーラトン）不燃材料（告示 第1400号による）
- 塗料（火災用途含む）…ビニールクロス 防火2級指定品（準不燃材料、認定番号：通入SW-9446）
  プラスターボード 厚9.5（準不燃材料 QM-9446）
  ホーローパネル 防火3級（準不燃材料 認定番号：通入SW-9983）

◆構造材・建具
- ユニットバス・洗面…集成材
- 共通下地…米松又は集成材
- 床造作材・建具…システム建材「M000ME ソフトコート」
- 換気の方法…各部屋の居室内種類を経由しトイレにより排気（床面積の1/5面/h以上）
  第3種換気を経由（地域認定対象外材料とする）

※仕上・仕様は全て「同等品」と読み替えることができるものとする。
※規制制対象区分の内、斜線部分は規制制対象外材料を示す。

	件名	OO様 共同住宅 新築工事	図番	D-05
	図書名	仕上表・器具リスト	通し番号	005
		意匠図		

株式会社 ○○○○ ／ 一級建築士事務所：大臣 第00000号 ／ 一級建築士：大臣 第00000号 ／ OO市OO 0000-0・TEL 000-000-0000 ／ 設計 ○○ ○○ ／ CAD ○○ ／ 竣工年月日 0000/00/00 ／ 縮尺 1/100

1階平面図

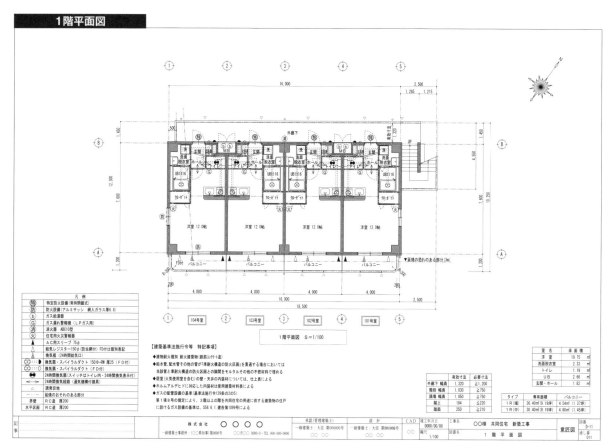

1 階平面図　S=1/100

2階平面図

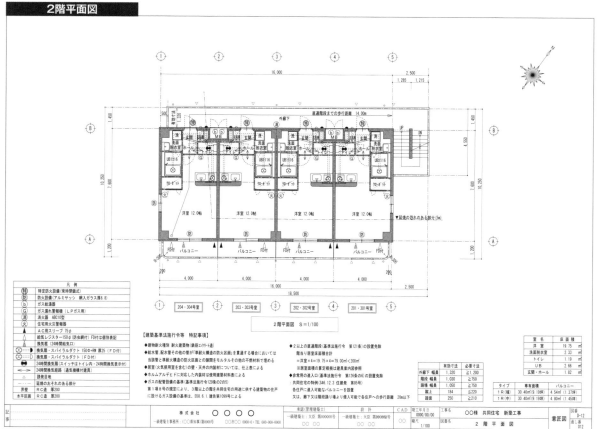

2 階平面図　S=1/100

3階平面図

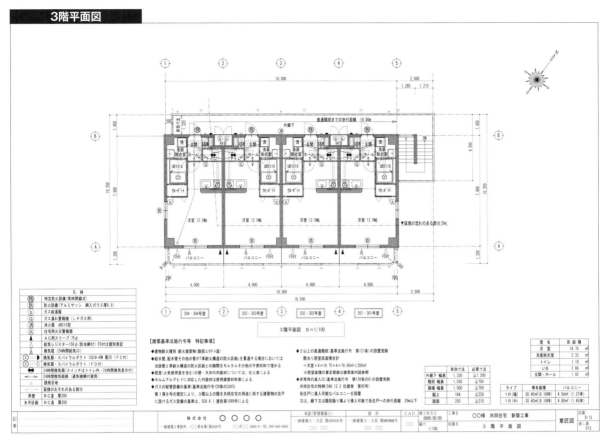

R階平面図

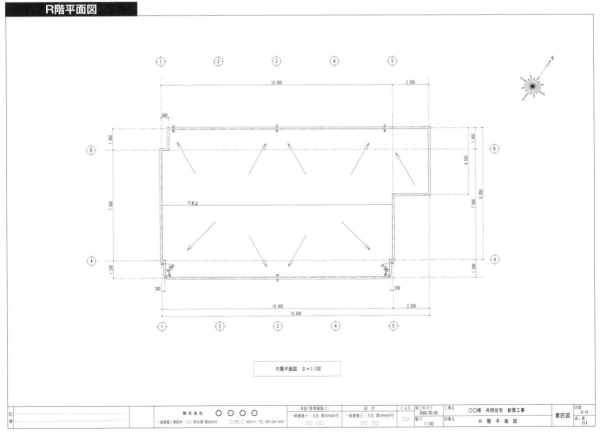

立面図1

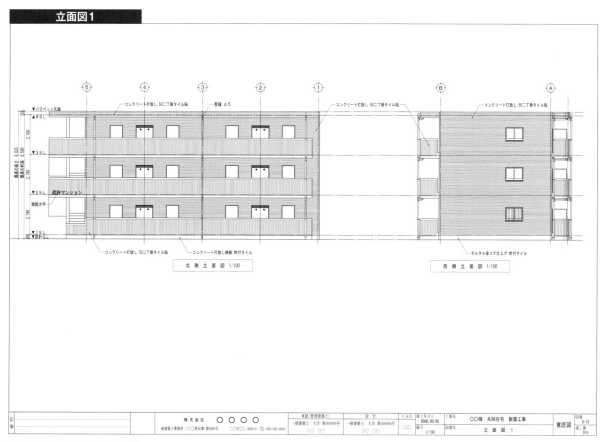

立面図2

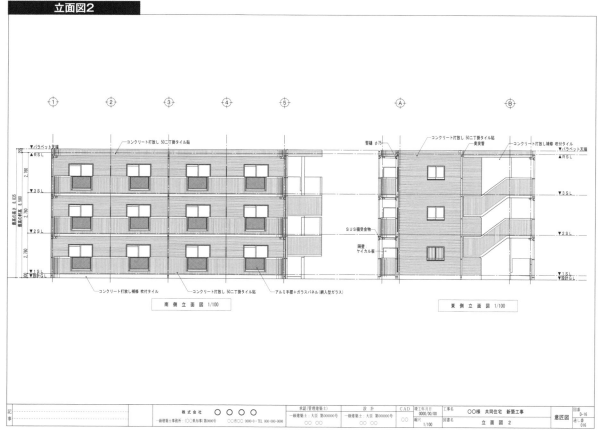

矩計図1

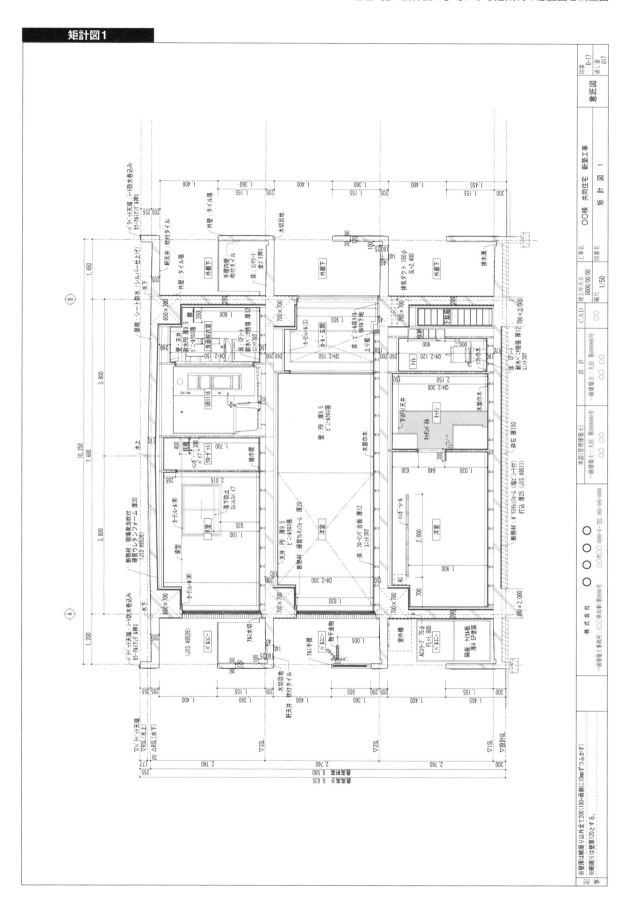

矩計図2

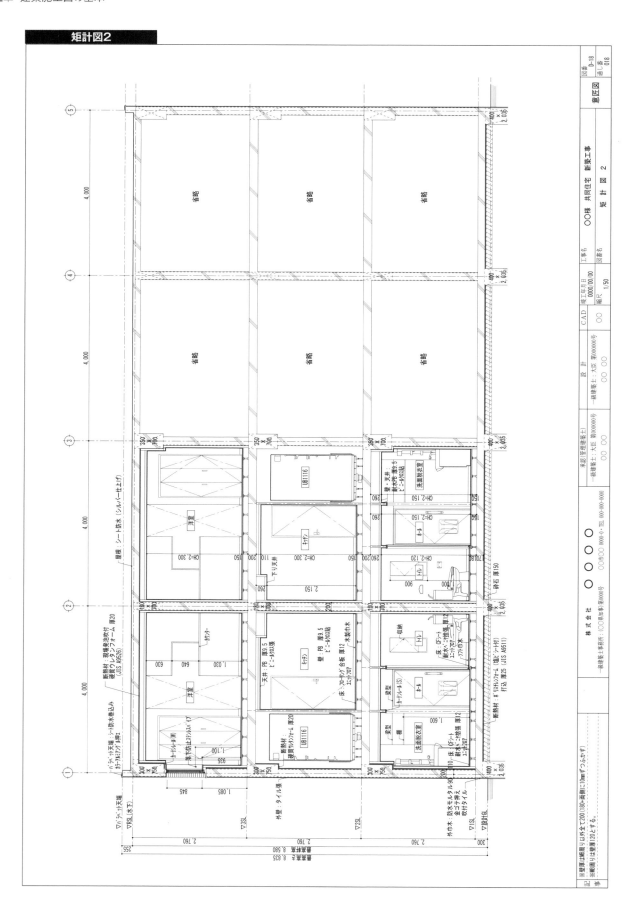

階段平面詳細図

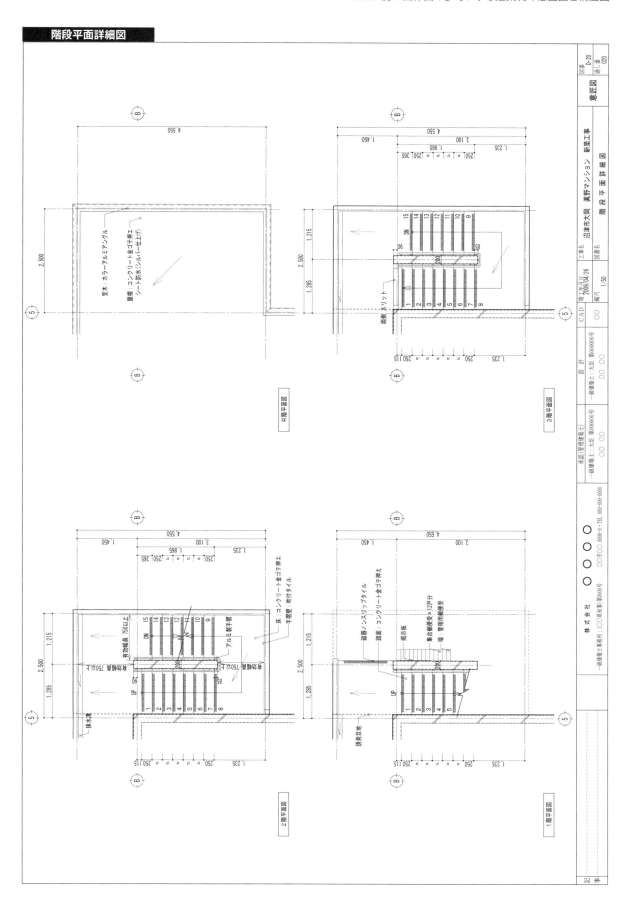

階段断面詳細図

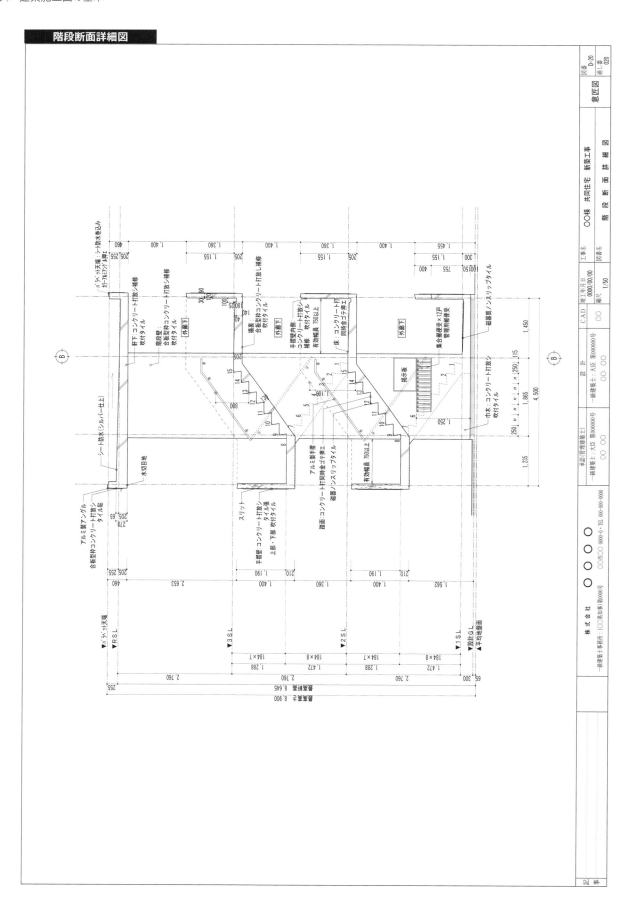

賃貸住戸平面詳細図

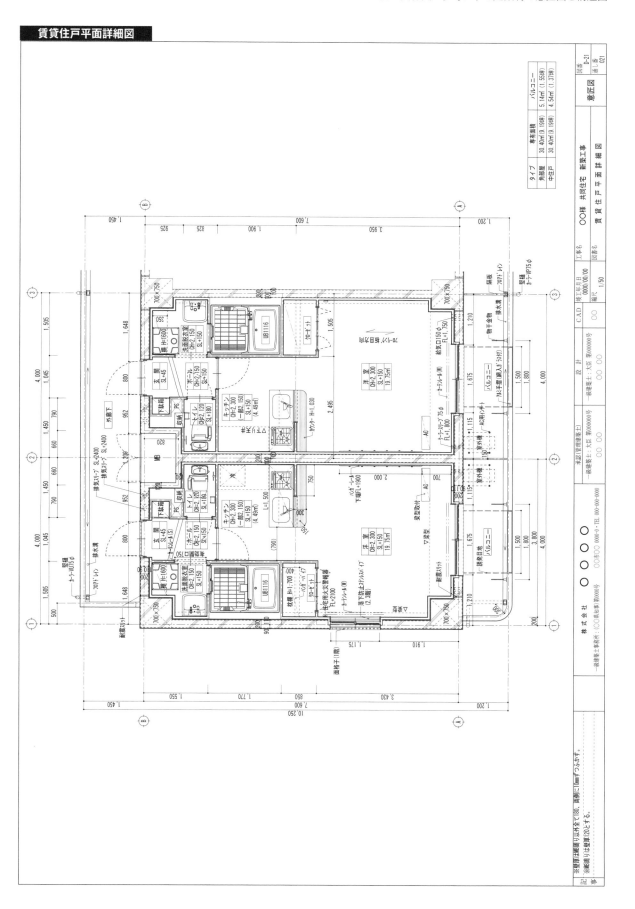

1階建具案内図

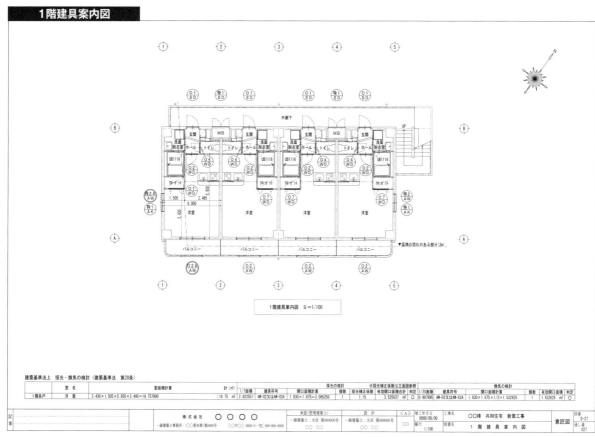

1階建具案内図　S＝1/100

建築基準法上　採光・換気の検討（建築基準法　第28条）

	室　名	室面積計算	計（㎡）	1/7面積	建具符号	開口面積計算	個数	採光補正係数	有効開口面積合計	判定	1/20面積	建具符号	開口面積計算	個数	有効開口面積	判定
								採光の検討			※採光補正係数は立面図参照			換気の検討		
1階各戸	洋　室	3.430×1.505+5.850×2.495=19.757900	19.75 ㎡	2.822557	AW-02又はAW-02A	1.830×1.675=3.065250	1	1.15	3.525037 ㎡	○	0.987895	AW-02又はAW-02A	1.830×1.675×1/2=1.532625	1	1.532625 ㎡	○

| 記事 | 株式会社　○○○○　一級建築士事務所：(○○県知事)第0000号　○○市○○○○-○　TEL.000-000-0000 | 承認(管理建築士)　一級建築士・大臣　第000000号　○○　○○ | 設　計　一級建築士・大臣　第0000000号　○○　○○ | CAD　○○ | 捺印1年月日　0000/00/00　縮尺　1/100 | 工事名　○○様　共同住宅　新築工事　図書名　1　階　建　具　案　内　図 | 意匠図 | 図番　D-27　通し番　027 |

2,3階建具案内図

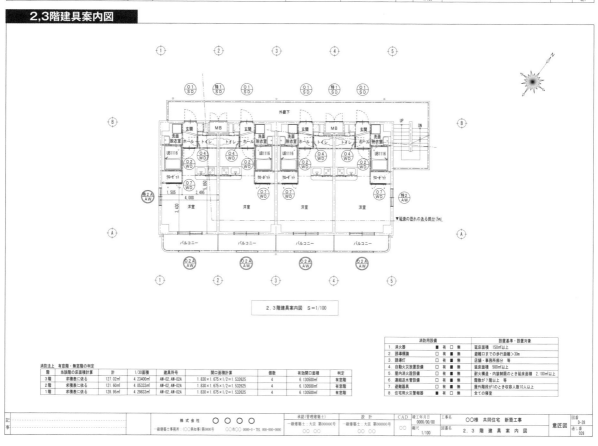

2,3階建具案内図　S＝1/100

消防法上　有効階の床面積・無窓階の判定

階	当該階の床面積計算	計	1/30面積	建具符号	開口面積計算	個数	有効開口面積	判定
3階	求積表に依る	127.02㎡	4.23400㎡	AW-02、AW-02A	1.830×1.675×1/2=1.532625	4	6.130500㎡	有窓階
2階	求積表に依る	121.60㎡	4.05333㎡	AW-02、AW-02A	1.830×1.675×1/2=1.532625	4	6.130500㎡	有窓階
1階	求積表に依る	128.95㎡	4.29833㎡	AW-02、AW-02A	1.830×1.675×1/2=1.532625	4	6.130500㎡	有窓階

	消防用設備	有	無	設置基準・設置対象
1	消火器	■	□	延床面積　150㎡以上
2	誘導標識	□	■	避難口までの歩行距離＞30m
3	誘導灯	□	■	店舗・事務所部分　等
4	自動火災設置設備	□	■	延床面積　500㎡以上
5	屋内消火設置設備	□	■	耐火構造・内装制限のとき延床面積　2,100㎡以上
6	連結送水管設備	□	■	階数が7階以上　等
7	避難器具	□	■	屋外階段がりのとき収容人数10人以上
8	住宅用火災警報器	■	□	全ての寝室

| 記事 | 株式会社　○○○○　一級建築士事務所：(○○県知事)第0000号　○○市○○○○-○　TEL.000-000-0000 | 承認(管理建築士)　一級建築士・大臣　第000000号　○○　○○ | 設　計　一級建築士・大臣　第0000000号　○○　○○ | CAD　○○ | 捺印1年月日　0000/00/00　縮尺　1/100 | 工事名　○○様　共同住宅　新築工事　図書名　2，3　階　建　具　案　内　図 | 意匠図 | 図番　D-28　通し番　028 |

鋼製建具表1

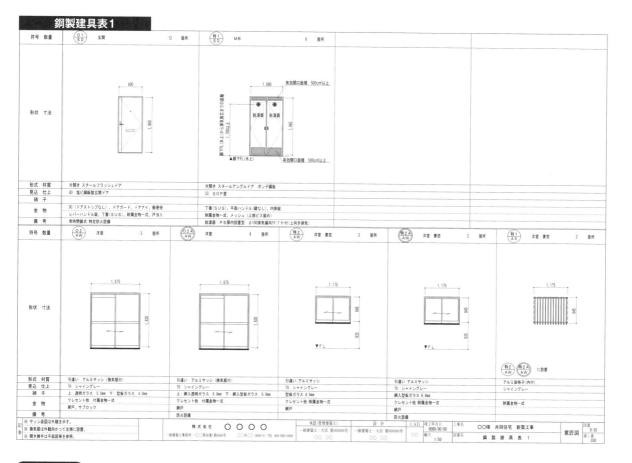

構造図

基礎伏図

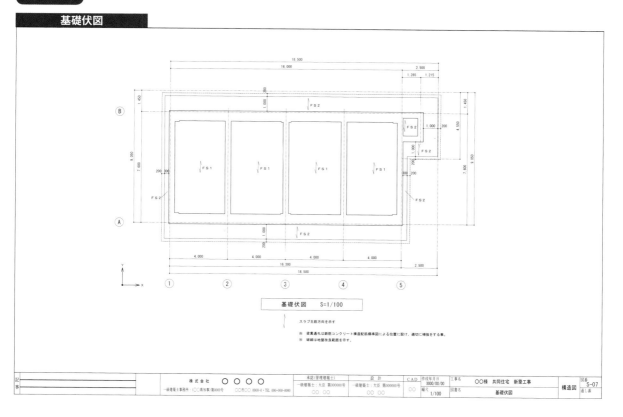

基礎伏図　S=1/100

スラブ主筋方向を示す

※ 梁貫通孔は鉄筋コンクリート構造配筋標準図による位置に設け、適切に補強をする。
※ 破線は地盤改良範囲を示す。

1階伏図

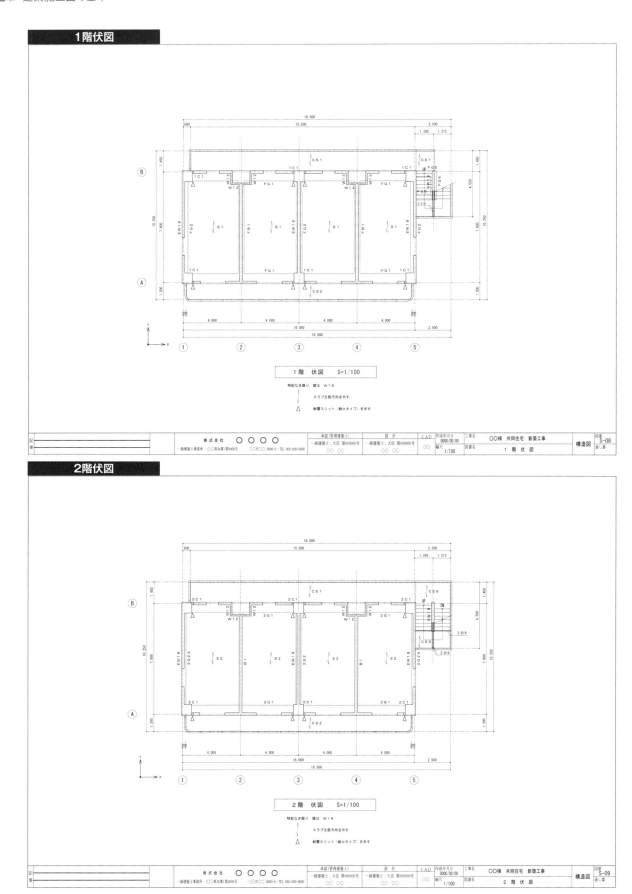

3階伏図

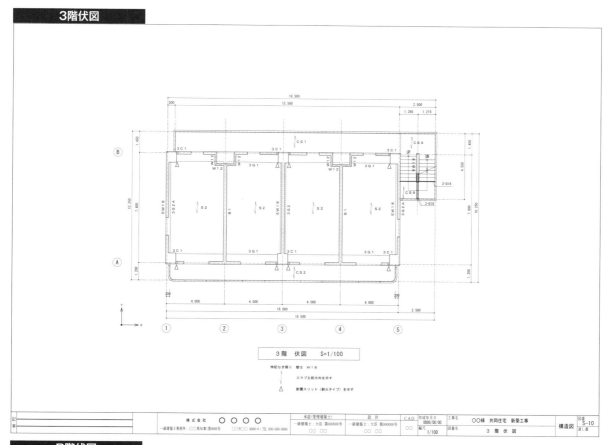

3 階 伏 図　S＝1/100

特記なき限り　壁は　W18

スラブ主筋方向を示す

△　耐震スリット（耐火タイプ）を示す

R階伏図

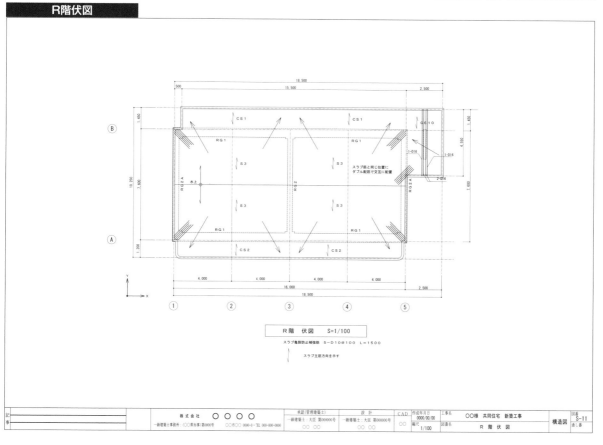

R 階 伏 図　S＝1/100

スラブ亀裂防止補強筋　5-D10@100　L＝1500

スラブ主筋方向を示す

軸組図（1）

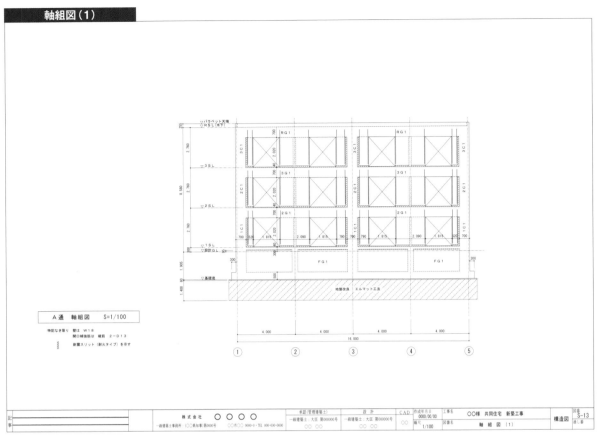

A通 軸組図　　S=1/100

特記なき限り　壁は　W18
開口補強筋は　縦筋　2-D13

耐震スリット（耐火タイプ）を示す

軸組図（2）

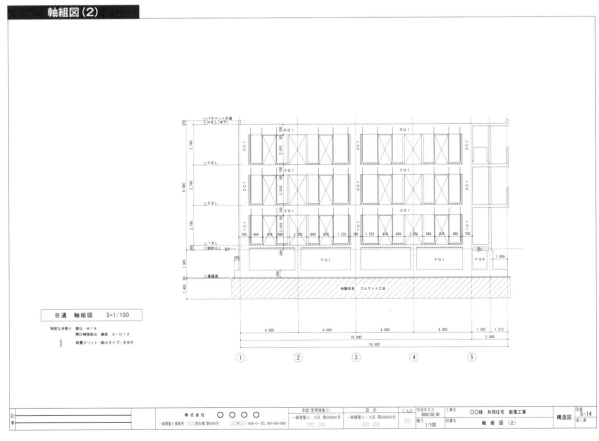

B通 軸組図　　S=1/100

特記なき限り　壁は　W18
開口補強筋は　縦筋　2-D13

耐震スリット（耐火タイプ）を示す

軸組図（3）

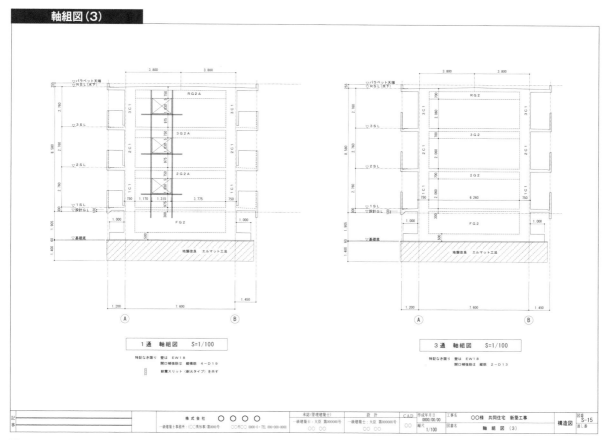

1 通　軸組図　　S=1/100

特記なき限り　壁は　EW18
　　　　　　　開口補強筋は　縦横筋　4－D19
　　　　　　　耐震スリット（耐火タイプ）を示す

3 通　軸組図　　S=1/100

特記なき限り　壁は　EW18
　　　　　　　開口補強筋は　縦筋　2－D13

軸組図（4）

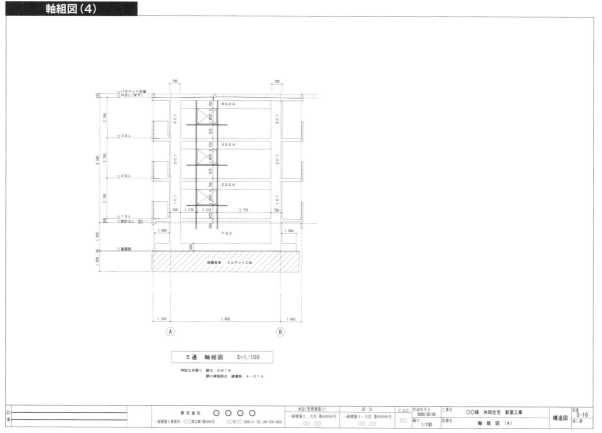

5 通　軸組図　　S=1/100

特記なき限り　壁は　EW18
　　　　　　　開口補強筋は　縦横筋　4－D19

基礎リスト

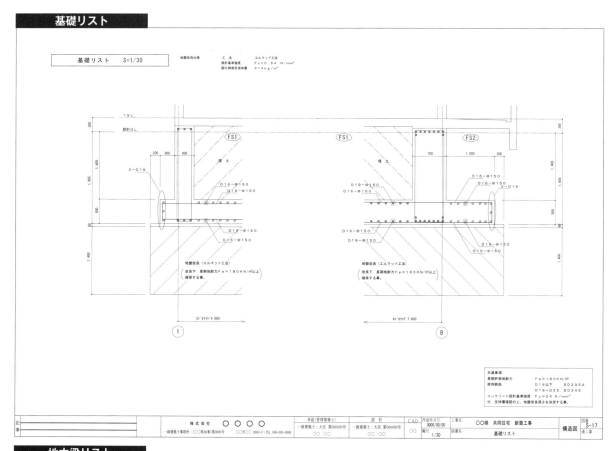

地中梁リスト

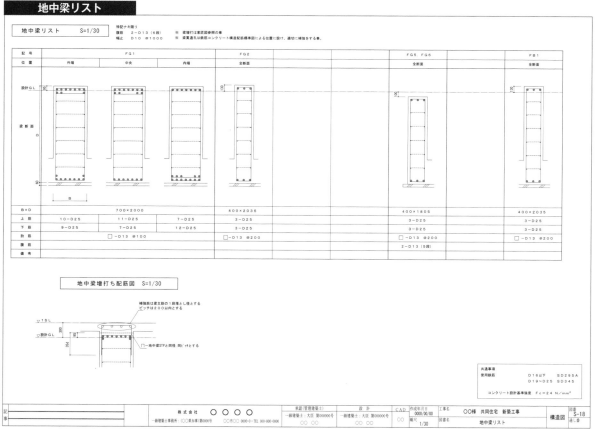

柱リスト

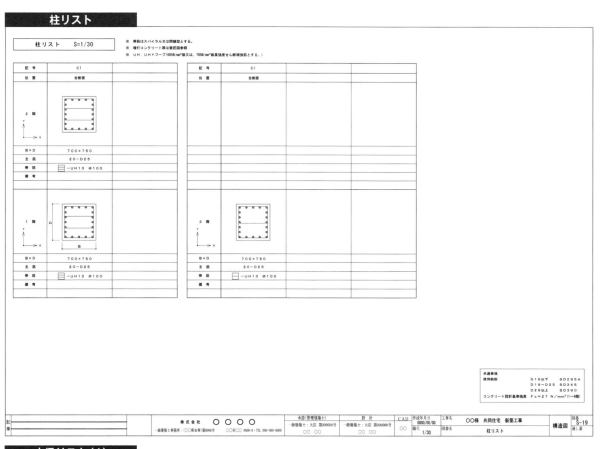

大梁リスト（1）

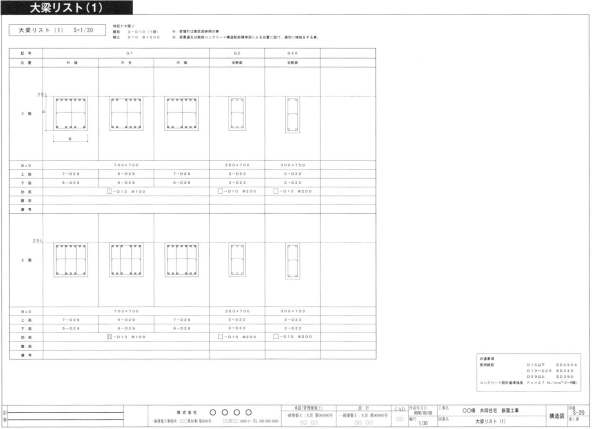

大梁リスト（2）・小梁リスト

大梁リスト（2）　S=1/30

特記ナキ限り
腹筋　2-D10（1段）　　※ 梁増打は意匠図参照の事
幅止　D10　@1000　　※ 梁貫通孔は鉄筋コンクリート構造配筋標準図による位置に設け、適切に補強をする事。

記号	G1			G2	G2A	
位置	外端	中央	内端	全断面	全断面	
R階						
B×D	650×700			350×700	300×750	
上筋	6-D29	5-D29	7-D29	3-D22	2-D22	
下筋	4-D29	4-D29	4-D29	3-D22	2-D22	
肋筋	□-D13 @100			□-D10 @200	□-D10 @200	
腹筋						
備考						

小梁リスト　S=1/30

特記ナキ限り
腹筋　2-D10（1段）
幅止　D10　@1000

記号	B1					
位置	全断面					
2～R階						
B×D	180×700					
上筋	2-D16					
下筋	2-D16					
肋筋	□-D10 @200					
腹筋						
備考						

共通事項
使用鉄筋　D16以下　SD295A
　　　　　D19～D25　SD345
　　　　　D29以上　SD390
コンクリート設計基準強度　Fc=27 N/mm²（2～R階）

承認（管理建築士）　一級建築士・大臣 第000000号　○○ ○○
設計　一級建築士・大臣 第000000号　○○ ○○
株式会社 ○ ○ ○ ○　一級建築士事務所：（○○県知事）第0000号　○○市○○ 0000-0・TEL 000-000-0000
CAD　○○
作成年月日 0000/00/00　縮尺 1/30
工事名 ○○様 共同住宅 新築工事　図番名 大梁リスト（2）・小梁リスト　構造図　図番 S-21 通し番

壁リスト

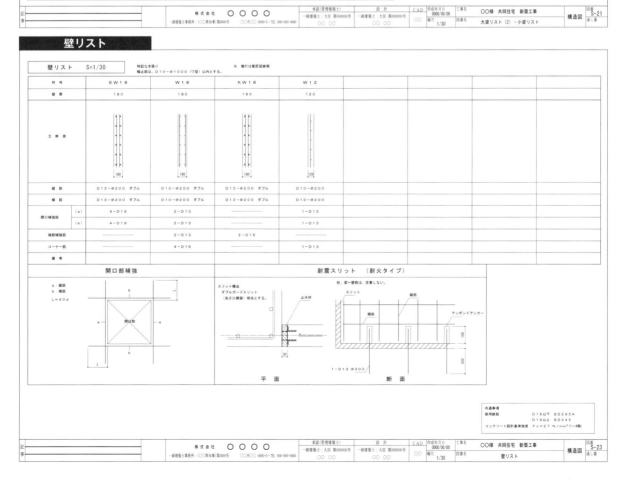

壁リスト　S=1/30

特記なき限り
幅止筋は、D10-@1000（ワ型）以内とする。　　※ 増打は意匠図参照

符号	EW18	W18	KW18	W12			
壁厚	180	180	180	120			
立断面							
縦筋	D13-@200 ダブル	D10-@200 ダブル	D13-@200 ダブル	D10-@200			
横筋	D13-@200 ダブル	D10-@200 ダブル	D13-@200 ダブル	D10-@200			
開口補強筋 (a)	4-D19	2-D13		1-D13			
開口補強筋 (b)	4-D19	2-D13		1-D13			
端部補強筋		2-D13	2-D16				
コーナー筋		4-D16		1-D13			
備考							

開口部補強

a 縦筋
b 横筋
L=40d

耐震スリット　（耐火タイプ）

スリット構法
ダブルガードスリット
（あさひ建築）相当とする。
止水材
柱、梁へ壁筋は、定着しない。
スリット
縦筋
横筋
アンボンドアンカー
1-D13 @300
平面　断面

共通事項
使用鉄筋　D16以下　SD295A
　　　　　D19以上　SD345
コンクリート設計基準強度　Fc=27 N/mm²（1～4階）

承認（管理建築士）　一級建築士・大臣 第000000号　○○ ○○
設計　一級建築士・大臣 第000000号　○○ ○○
株式会社 ○ ○ ○ ○　一級建築士事務所：（○○県知事）第0000号　○○市○○ 0000-0・TEL 000-000-0000
CAD　○○
作成年月日 0000/00/00　縮尺 1/30
工事名 ○○様 共同住宅 新築工事　図番名 壁リスト　構造図　図番 S-23 通し番

スラブリスト

片持ちスラブリスト

符号	スラブ厚	位置	主筋	配力筋	備考
CS1	205~178	上端筋	D13-@100	D10-@200	1F
		下端筋	D10-@200	D10-@200	
		上端筋	D10・D13-@100	D10-@200	2F~3F
		下端筋	D10-@200	D10-@200	
CS2	205~177	上端筋	D10・D13-@100	D10-@200	1F
		下端筋	D10-@200	D10-@200	
		上端筋	D10・D13-@100	D10-@200	2F~3F
		下端筋	D10-@200	D10-@200	
CS9	205~180	上端筋	D13-@100	D10-@200	2F~3F
		下端筋	D10-@200	D10-@200	
CS10	195~155	上端筋	D10-@150	D10-@150	RF
		下端筋	D10-@150	D10-@150	

スラブリスト（在来工法）

符号	スラブ厚	位置	主筋	配力筋	備考
FS1	500	上端筋	D16-@150	D19-@150	ベタ基礎
		下端筋	D16-@150	D19-@150	
FS2	500	上端筋	D16-@150	D16-@150	ベタ基礎
		下端筋	D16-@150	D16-@150	
S1	170	上端筋	D10・D13-@200	D10-@200	1F
		下端筋	D10-@200	D10-@200	
S2	200	上端筋	D10・D13-@200	D10-@200	2F~3F
		下端筋	D10-@200	D10-@200	
S3	170	上端筋	D10・D13-@200	D10-@200	RF
		下端筋	D10-@200	D10-@200	

スラブリスト（UB-55-10使用時）

符号	スラブ厚	位置	短辺方向（主筋）	長辺方向（配力筋）	備考
S2	200	上端筋	D10・D13-@200	D10・D13-@200	2F~3F
		下端筋	D10-@200	D10・D13-@200	
S3	170	上端筋	D10・D13-@200	D10・D13-@200	RF
		下端筋	D10-@200	D10・D13-@200	

スラブ端部受け筋位置

在来工法

A-A断面
75~100
スラブ端部受け筋
1-D13（スラブ筋と兼ねることができる）に
サポート（配力筋）を受けると≒@1,000で設置する。

B-B断面
配力筋 主筋
200 200 200
75~100
スラブ端部受け筋
1-D13（スラブ筋と兼ねることができる）に
サポート（配力筋）を受けると≒@1,000で設置する。
※スリットにある場合ははり子端を避け
出来るだけスラブ端部になるよう配置する。

スラブ配筋図

在来工法

A-A断面
配力筋 主筋

UB-55-10使用時

A-A断面
配力筋 主筋
10d~150以上
35d

B-B断面
主筋 配力筋
200 200
200
主筋方向上端
配力筋方向下端
主筋方向下端
配力筋方向下端 UB-55-10

※ 各スラブの中間に支保工を設置する事

共通事項
使用鉄筋　D16以下 SD295A
　　　　　D19以上 SD345
コンクリート設計基準強度
　　　　　Fc=27 N/mm²（床2~R階）
　　　　　Fc=24 N/mm²（床1階）

UB-55-10

株式会社 ○○○○

一級建築士事務所 ○○県知事第0000号
○○市○○ 0000-0・TEL 000-000-0000

承認/管理建築士
一級建築士 大臣 第00000号
○○ ○○

設 計
一級建築士 大臣 第00000号
○○ ○○

CAD
○○

作成年月日 0000/00/00
縮尺 1/30

工事名 ○○様 共同住宅 新築工事
図面名 スラブリスト

図番 S-24
構造図　通し番

A通架構配筋詳細図（1）

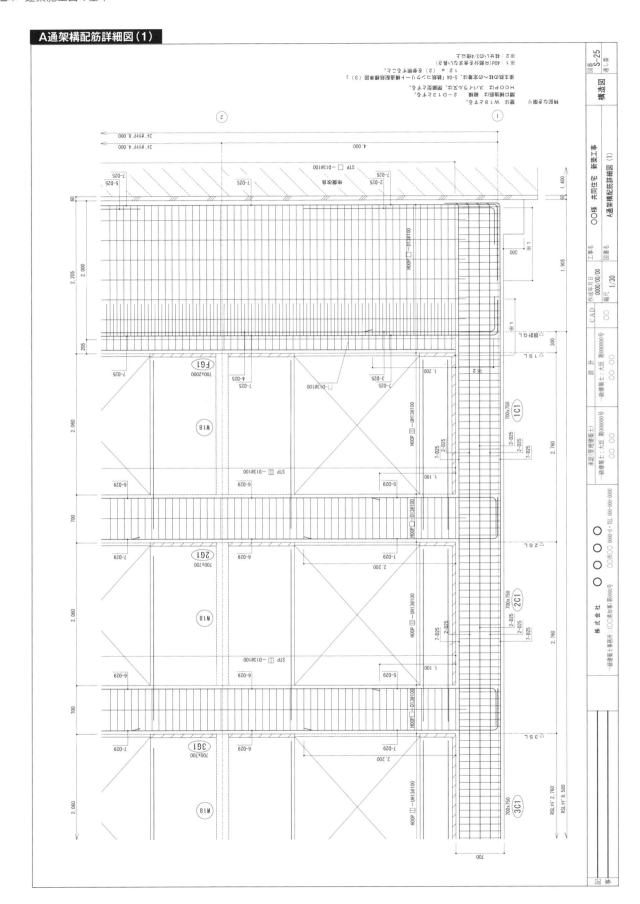

階段配筋詳細図

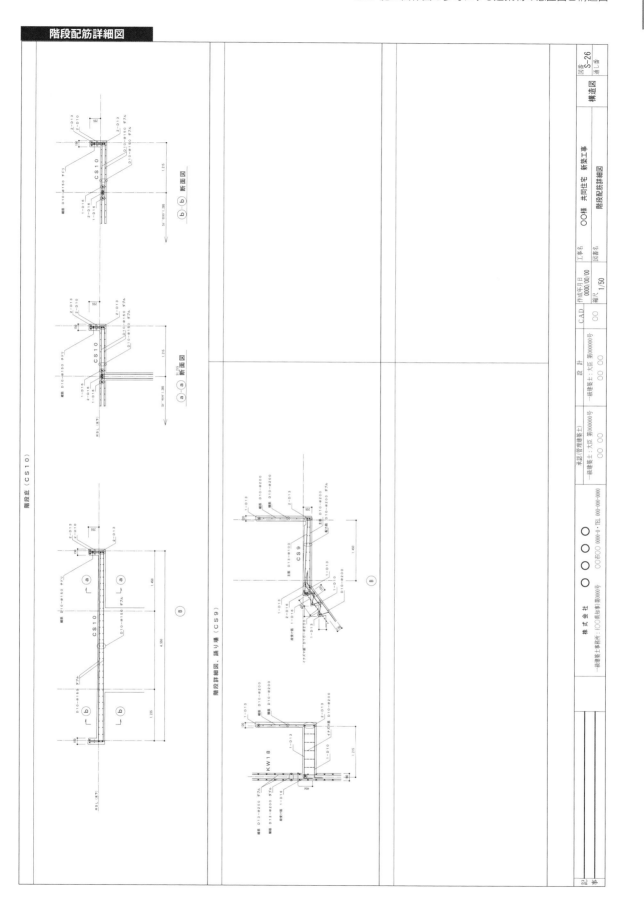

雑配筋詳細図（1）

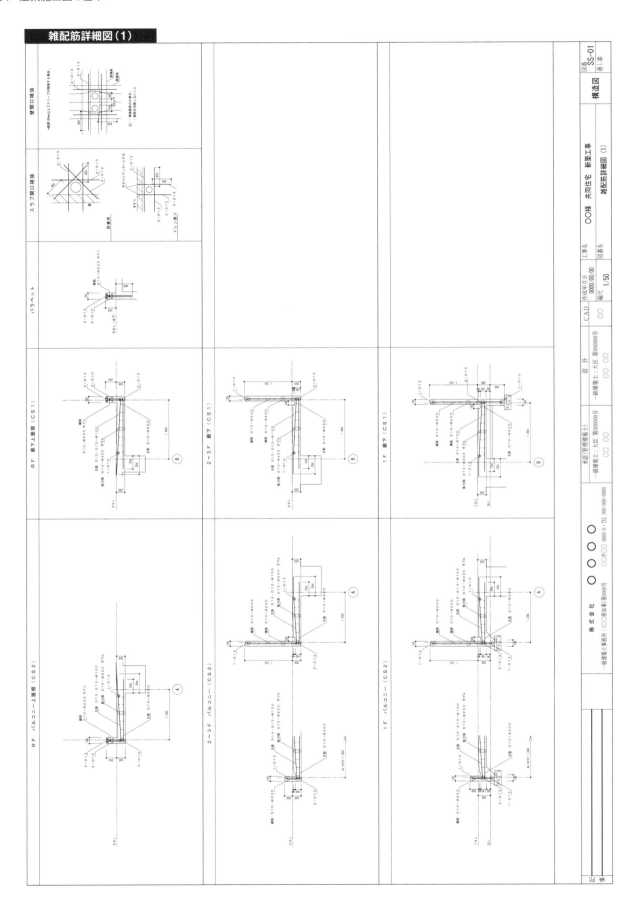

3章
建築施工図の作図準備

3章では、4章から行う建築施工図の作図の準備を行います。本書では、付録CDに収録した練習用施工図データである「CH03.jww」を、4章からの建築施工図作図のベース（スタート）とします。この図面ファイル「CH03.jww」は、基本設定（「jw_win」ダイアログ）、図面枠・表題、用紙サイズ、縮尺、線属性、レイヤ、図面枠・表題の作図・記入をすべて終えていますが、最初にJw_cadをこれに合わせる必要があります（最初に一度合わせればOK）。重要な作業になりますので、必ず設定および確認を行ってから、4章以降の施工図の作図に進んでください。

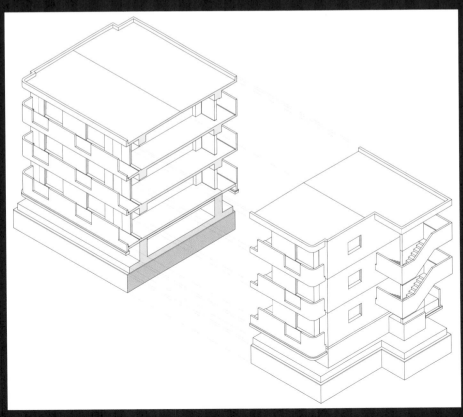

本書のモチーフとなる
建築物の断面立体イメージ

基本設定(「jw_win」ダイアログ)を合わせる

3.1節では、建築施工図の作図準備作業の最初として、Jw_cadの操作環境や使用する図面の取り扱いに関する設定を行います。本書の内容に沿ってJw_cadを使用する時は、Jw_cadを起動して図面ファイルを開いた時に、ここで説明する設定内容と一致している必要があります。4章以降で実際に施工図を作図していく図面ファイルは(「CH03.jww」も含む)、ここで説明する設定に合っていることを前提としています。以下の項目を必ず確認して、もし違う場合は設定を変更してください。

「CH03.jww」には、本書で作図する建築施工図に必要な図面枠および表題が作図・記入済みです(➡ p.83)。

3.1.1 Jw_cadの基本設定を本書の設定に合わせる(または確認)

Jw_cadでは、作図のための操作環境の設定の多くを、「設定」メニューの「基本設定」コマンドを選択して開く「jw_win」ダイアログで行います。

1 Jw_cadを起動した状態で(開いている図面ファイルは任意)、「設定」メニューの「基本設定」コマンド(またはツールバーの「基設」ボタン)を選択し、「jw_win」ダイアログを開きます。

2 まず、「一般(1)」タブで、以下の項目にチェックが付いていることを確認します(他の項目はJw_cad起動時の初期設定のまま変更しない)。異なる場合はクリックしてチェックを付けてください。

「消去部分を再表示する」
「ファイル読込項目」の3項目
「用紙枠を表示する」
「新規ファイルのとき…」

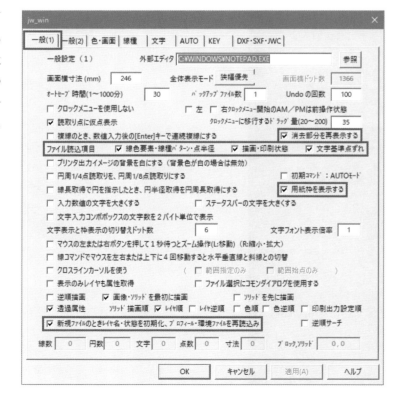

3 続いて、「一般（2）」タブに切り替え、以下の項目にチェックが付いていることを確認します（他の項目はJw_cad起動時の初期設定のまま変更しない）。異なる場合は🖱してチェックを付けてください。

　「矢印キーで画面移動、…」
　「マウスホイール」欄の「＋」

point ☞

「マウスホイール」の「＋」にチェックを付けると、マウスホイール（マウス中央の可動ボタン）の後方（手前）回転で画面拡大、前方（奥）回転で画面縮小ができるようになります（「－」にチェックを付けると逆）。また、この設定にかかわらず、マウスホイールを押すと、押した位置が作図ウィンドウの中心になるよう画面が移動します。

4 続いて、「色・画面」タブに切り替え、以下の項目にチェックが付いていることを確認します（他の項目はJw_cad起動時の初期設定のまま変更しない）。異なる場合は🖱してチェックを付けてください。

　「実点を指定半径（mm）で…」

また、「プリンタ出力　要素」欄の「線色1」～「線色8」の「赤」「緑」「青」「線幅」ボックスの数値は図のように設定します。

5 他の5つのタブの設定は、Jw_cad起動時の初期設定のまま変更しないので、「OK」を🖱してダイアログを閉じます。

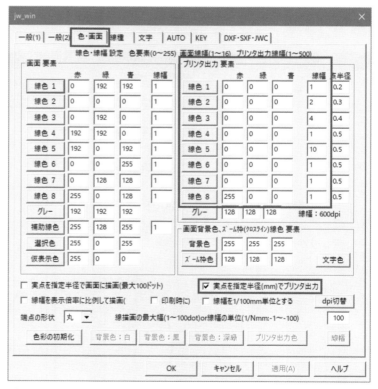

6 p.17でハードディスクにコピーした「CH03.jww」（付録CDの「練習用施工図データ」フォルダの「CH03」フォルダに収録してあるファイル）を開きます。これで、**2**～**4**の設定内容が「CH03.jww」にも反映され、合致します。この合致させる作業は今回一度だけで済みます。

以上、このように基本設定を行ったJw_cadならば、以降は、本書の説明と適合します。

用紙サイズ、縮尺、線属性の確認

3.2節では、前節3.1に引き続き、4章以降に作図する「○○様　共同住宅新築工事」という施工図作図用図面ファイル「CH03.jww」の、用紙サイズ、縮尺、線属性を確認します。なお、図面を出力するプリンタやプロッタなどの機種によっては使用できる用紙サイズには制限があるので、印刷（出力）に際しては、必ず事前に確認してください。

3.2.1 用紙サイズと縮尺の確認

施工図は、多くの情報を1枚の図面に記入し、現場での作業者にできるだけ見やすくなるよう、縮尺を大きくします。そのため用紙サイズが大きくなります。本書では、用紙サイズ「A−1」、縮尺は「S=1/30」（図面枠を作図するレイヤグループ「F」のみ「S=1/1」）に設定しています。

1 前節3.1で基本設定を終えた図面ファイル「CH03.jww」で、設定されている用紙サイズと縮尺を確認します。

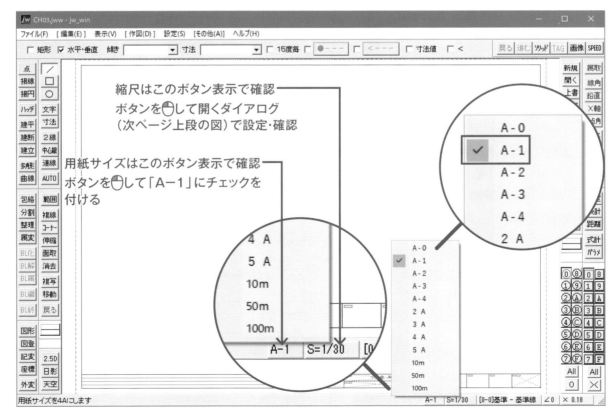

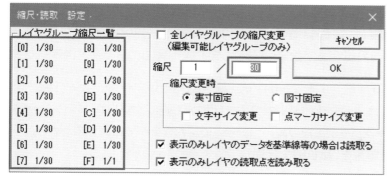

縮尺を設定する「縮尺・読取　設定」
ダイアログ

3.2.2 線属性の確認

建築の施工図では、線の太さと種類を用途で使い分けますが、CADでパソコンの画面上で線の太さに
明確な差を出すと、近い線どうしがくっついて見づらくなります。そこで、Jw_cadでは、線の太さを線の色で
区別するようにしています。線の太さと線の色を対応させることで、画面上で色分けした線が、紙に印刷
すると設定した太さに置き換えられます。

作図する線や文字の画面表示色と印刷時の線の太さの対応を決める線の色を「線色」と呼びます。
加えて、線の種類を決める「線種」があります。両者をまとめて「線属性」と呼びます。

◉ Jw_cadで標準で扱える「線色」（太さの違い）は、「線色1」～「線色8」と「補助線色」の合計9種類
です。「線種」は、実線、点線、鎖線、補助線種の合計9種類です。この他に特殊な「線種」として、ラン
ダム線が5種類、倍長線種が4種類あり、合計18種類が使い分けられます。

◉ 手描き製図の場合、上記の線の太さの他に、細線よりさらに細い極細線を使用します。極細線は下
描きに使う極めて薄い線で、製図の目安線（ガイド線）にします。Jw_cadでは、図面を印刷しても印
刷されない補助線色および補助線種がそれに該当します。

4章以降の作図で使用する線色と線種は下表のとおりです。本書で作図する施工図では、この表にな
い線色と線種は使用していないので、図面ファイル「CH03.jww」では、この表に合わせて線色と線種
を設定しています。次ページで確認します。

線色	太さの位置づけ	太さの比	線種	実　例	用　途
線色1	細　線	1	実　線		姿線、寸法線、寸法補助線、その他
			点　線1		隠れ線、想像線
			点　線2		ふかし線
			一点鎖線1		基準線
線色2	太　線	2	実　線		外形線、輪郭線
線色3	極 太 線	4	実　線		断面線、輪郭線
			一点鎖線1		隣地境界線、道路境界線
線色4	細　線	1	二点鎖線1		切断線
線色5	超極太線	10	実　線		図面枠の線
線色8	細　線	1	一点鎖線1		通り芯（壁・柱中心線）、基準線
補助線色	極 細 線	1	補助線種		印刷されない補助線

本書の製図で使用する線色（線の太さ）と線種（線の種類）の対応

1 「設定」メニュー→「基本設定」コマンドを選択して開く「jw_win」ダイアログの「色・画面」タブの「プリンタ出力　要素」欄で、「線幅」（「線色」と対応する線の太さ。前ページの表と合致）、および色（印刷時の線の色。「赤」「緑」「青」の組合せで設定）を確認します（いずれもp.63で設定済み）。

「線色1」～「線色7」が黒（「赤／0」「緑／0」「青／0」）で、「線色8」だけが赤（「赤／256」「緑／0」「青／0」）に設定しています。これは、図面を「印刷」コマンドで印刷する時に、コントロールバー「カラー印刷」にチェックを付けることで（➡次ページ上段の図）、「線色8」の線だけを赤で印刷するための設定です（本書で作図した図面では基準線を「線色8」で作図）。

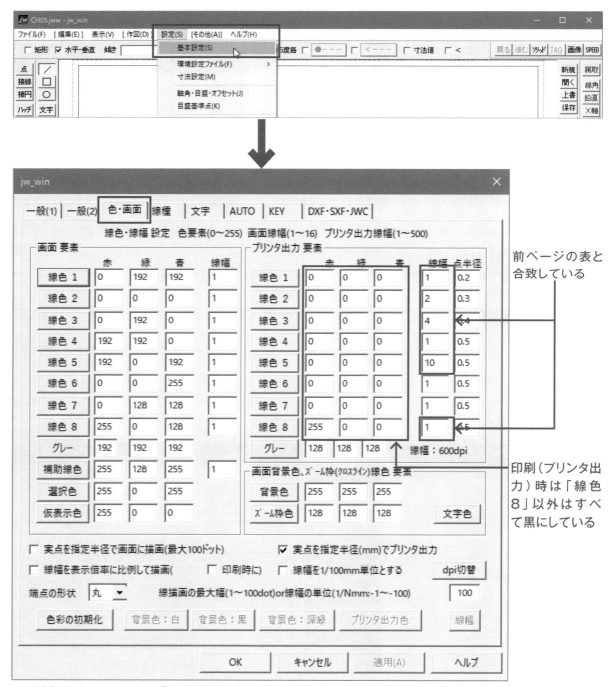

線色関連の設定を行う「jw_win」ダイアログの「色・画面」タブ（ここでは確認のみ）

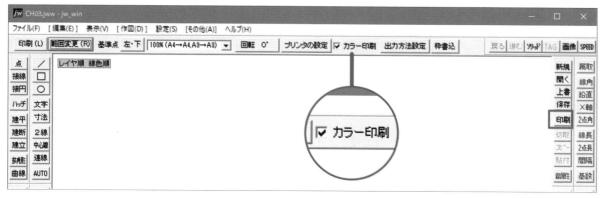

「印刷」コマンド実行時の画面例（➡p.20）

3.2.3　線属性の切り替え

ここで、作図中に頻繁に行うことになる線属性の切り替え方法を説明しておきます。

1　線属性ボタン（画面の左右端のどちらのボタンでも可）を🖱して、「線属性」ダイアログを開きます。

2　ダイアログ左列の「線色1」～「補助線色」から1つ、右列の「実線」～「補助線種」から1つ、それぞれ🖱してチェックを付け（ここでは「線色1（水色）」と「点線1」。どちらもボタンが凹む）、「Ok」ボタンを🖱すれば、現在の線属性となります。

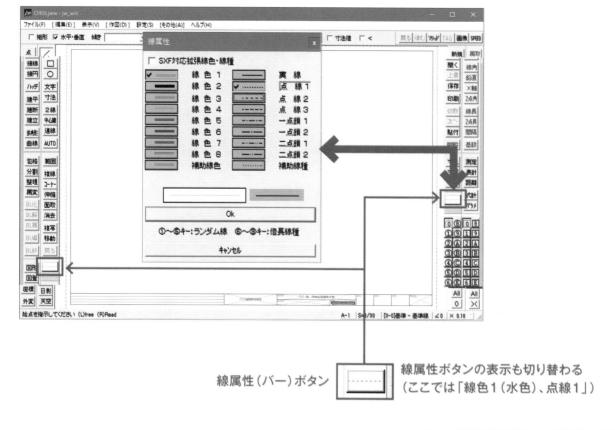

線属性（バー）ボタン

線属性ボタンの表示も切り替わる
（ここでは「線色1（水色）、点線1」）

3.3

レイヤの確認

3.3節では、4章以降に作図する施工図のレイヤを確認します。

3.3.1 レイヤとは

Jw_cadに限らず、CADの大きな特徴としてレイヤ機能があります。「レイヤ」（Layer）とは「層」の意味で、「画層」と呼ぶCADもあります。CADによる施工図では、1つの図面の各要素を一定のルールに基づいて複数のレイヤに作図し分けます。複数の透明な作図用シートに図面の各要素を分散させ、それを何枚も重ねて上から1枚の図面として見るイメージです。レイヤ分けは必須ではありませんが、作図に慣れるとその重要性が実感できます。図面の作図時や編集時には、必要な要素だけを対象にすることで効率的な作図ができます。

Jw_cadには「レイヤ」と「レイヤグループ」という2種類の機能があり、16のレイヤグループにそれぞれ16のレイヤをもたせています。つまり、16レイヤ×16レイヤグループ=256レイヤに図面の各要素を分類して作図し分けることができます。また、1つの建築物であっても作図する図面の種類によって縮尺（尺度）を変えることがありますが、Jw_cadでは、レイヤグループが異なれば図面の縮尺を変えることが可能になっています。この点がレイヤグループの存在意義です。

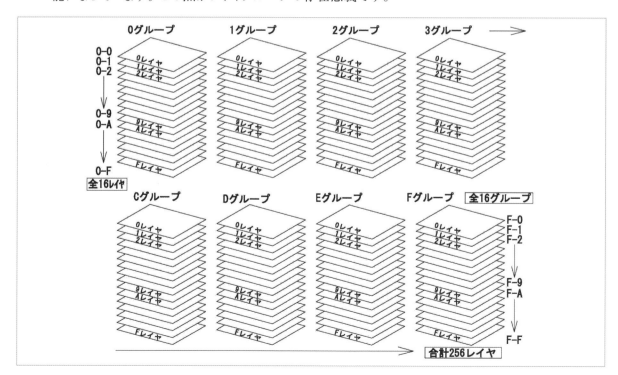

Jw_cadのレイヤ機能の概念
（説明上、図ではグループ（レイヤグループ）に分けているが、全256のレイヤをすべて重ねることができる）

3.3.2 レイヤとレイヤグループの確認

図面ファイル「CH03.jww」は、本書で作図する施工図用に、下表のように各章ごとに作図する図面の
レイヤおよびそのレイヤグループの縮尺を設定済みです。ここでは確認を行います。

作図する章	図　面	縮尺	レイヤグループ番号	レイヤグループ名	レイヤ番号	レイヤ名
4	全図面共通（階段図面は除く）	1/30	0	基準	0	基準線
					1	基準記号
					2	寸法
4	地盤改良伏図・断面図	1/30	1	地盤改良伏図	0	基礎
					1	地盤改良
					2	共通断面図
					3	説明・寸法
					F	図面名
5	基礎伏図・断面図	1/30	2	基礎伏図	0	基礎・地中梁
					1	記号
					2	寸法
					3	断面図
					F	図面名
6	土間伏図・断面図	1/30	3	1F土間伏図	0	基準線
					1	土間・壁位置
					2	記号
					3	寸法
					4	断面図
					F	図面名
7	1階（2階）見上げ図・断面図	1/30	4	1F見上げ図	0	基準線
					1	柱・壁・梁等
					2	記号
					3	寸法
					4	断面図
					F	図面名
8	3階見上げ図・断面図	1/30	5	3F見上げ図	0	基準線
					1	柱・壁・梁等
					2	記号
					3	寸法
					4	断面図
					F	図面名
9	屋根伏図	1/30	6	屋根伏図	0	基準線
					1	パラペット等
					2	寸法・記号
					F	図面名
10	階段平面図・断面図	1/30	7	階段図	0	基準線
					1	その他
					F	図面名
4	図面枠・表題	1/1	F	用紙枠	0	（なし）

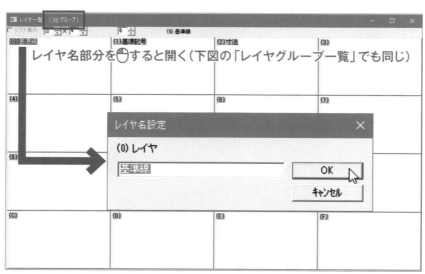

レイヤグループ「0」の内容(レイヤバーの書込レイヤボタンを🖱(右)すると開く。他のレイヤグループも同じ)

全レイヤグループの内容(レイヤグループバーの書込レイヤグループボタンを🖱(右)すると開く)

3.3.3 書込レイヤ

書込レイヤは、現在、図面を作図できるレイヤグループおよびレイヤのセットの状態を指します。

ステータスバーの書込レイヤボタンには、現在の書込レイヤグループと書込レイヤの番号および名称が表示されます(レイヤグループバー名は「レイヤ設定」ダイアログの設定で表示される。初期設定では非表示)。

図の「[0-0]基準-基準線」は、「0レイヤグループ-0レイヤ」が現在の書込レイヤであり、レイヤグループ[0]の名称が「基準」、レイヤ[0]の名称が「基準線」であることを示しています。

現在の書込レイヤの番号は、レイヤグループバーおよびレイヤバーのボタンの状態でも確認できます(ボタンが凹んでいる番号が書込レイヤ)。

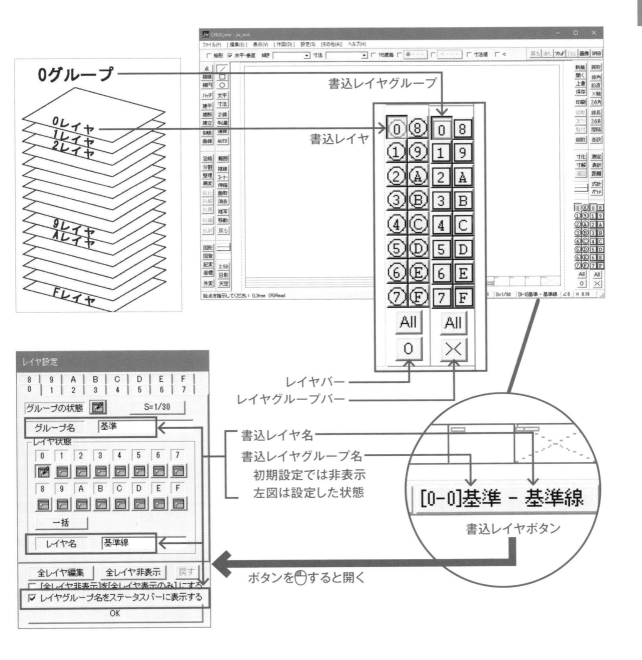

3.3.4 レイヤ（レイヤグループ）の状態の切り替え

レイヤおよびレイヤグループの状態は、レイヤバーおよびレイヤグループバーのボタン操作で切り替えます。
書込レイヤ以外のボタンを🖱するたびに、編集可能→非表示→表示のみ→編集可能→…と循環で切り
替わります。

書込レイヤ以外のボタンを🖱（右）すると書込レイヤに切り替わります。現在の書込レイヤ以外のレイヤのボ
タンが🖱（右）されて書込レイヤに切り替わると現在の書込レイヤが編集可能レイヤに切り替わります。

次ページの図は、これらのレイヤ（グループ）状態の切り替え操作をまとめたものです。レイヤグループとレイ
ヤで、その操作方法と機能は同じなので、レイヤの例で説明します。

レイヤおよびレイヤグループの意味や機能の詳細を次ページの表および図にまとめておきます。

レイヤ（グループ）の状態	内　容
書込レイヤ（グループ）	現在、作図できるレイヤ（グループ）。番号が赤色の丸で囲まれ凹んでいるボタンが書込レイヤ（グループ）。ステータスバーの書込レイヤボタンに表示されている番号が「レイヤグループ－レイヤ」を示す。
編集可能レイヤ（グループ）	番号が黒色の丸で囲まれているレイヤ（グループ）。このレイヤに作図することはできないが、作図済みの内容の選択、消去、移動・複写などの編集が可能。
表示のみレイヤ（グループ）	番号が数字だけのレイヤ（グループ）。作図内容が表示されるだけで、作図や編集の対象にならない。変更はしないが作図内容を見たいレイヤ（グループ）を一時的に表示のみレイヤ（グループ）に切り替えるような使い方をする。ただし、印刷と点読取の対象にはなる。
非表示レイヤ（グループ）	何も表示されていないレイヤ（グループ）。作図内容が表示されず、作図、編集、印刷、点読取など、一切の対象にならない。
プロテクトレイヤ（グループ）	作図済みのデータが変更できないレイヤ（グループ）だが、編集可能レイヤ、表示のみレイヤ、非表示レイヤに切り替えることはできる（書込レイヤには切り替えられない）。レイヤ（グループ）番号に紫色の「×」（レイヤ状態変更不可）または「／」（レイヤ状態変更可）が付く。表示のみレイヤや非表示レイヤとの違いは、レイヤボタンの🖱だけではプロテクト状態が解除されないため、不用意なマウス操作によるデータの変更リスクを完全に排除できる点である。設定は「Ctrl」キーと「Shift」キー（または「Ctrl」キー）を押しながらレイヤ（グループ）の番号を🖱する。解除は「Ctrl」キーを押しながらレイヤ（グループ）の番号を🖱する。

レイヤ（レイヤグループ）の状態

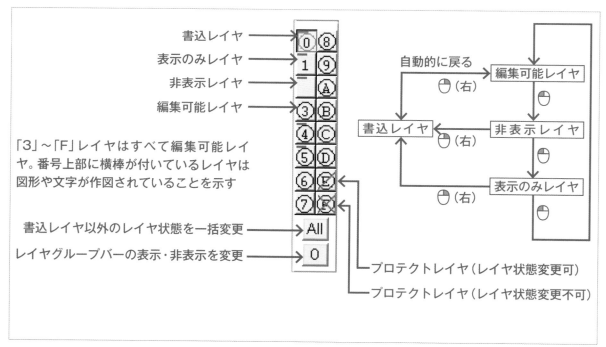

ボタンによるレイヤ状態表示例と変更操作（レイヤグループも一番下の「0」ボタン以外は同じ）

---

point ☞
レイヤ（グループ）の番号ボタンを🖱（右）しても、マウスポインタを作図ウィンドウ上に移動しないと、画面が変わらないことがあります。

4章

地盤改良伏図と
断面図の作図

4章では、あらかじめ作図された鉄筋コンクリート造3階建「○○様　共同住宅新築工事」（仮想工事）の「意匠図」と「構造図」を照合しながら、地盤改良工事をするうえで必要な「施工図」を作図します。なお、ここからの作図では、p.17でハードディスクにコピーした「CH03.jww」（3章で設定や確認をした図面ファイル。付録CDの「練習用施工図データ」フォルダの「CH03」フォルダに収録してあるファイル）を開いて、練習を開始してください。

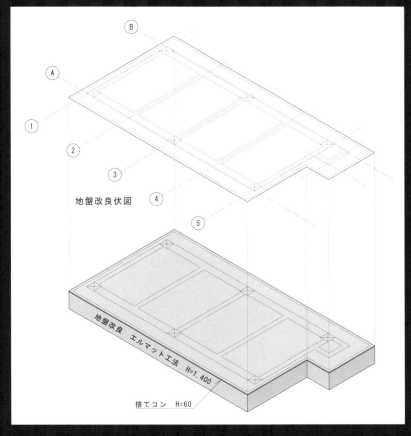

地盤改良立体図

4.1

地盤改良伏図と断面図の作図準備

「地盤改良」とは、軟弱地盤の支持力を増したり、沈下を抑えるために、セメント系の固化剤と土を混合・撹拌（かくはん）して固めることによって、地盤自体の強度を高めることです。現場によって必要ない場合もありますが、本書で取り上げる建築物の仕様書にはその記述があるので、5章で「基礎伏図」を作図する前に、4章でこの「地盤改良伏図」を作図する必要があります。

作図のポイント

施工図「地盤改良伏図」は、以下の「意匠図」と「構造図」を参照・照合しながら作図します。特に押さえておかなければならないのは「基準線」と「寸法」の関係です。現場の仕事では、すべて「基準線」を基に墨出しを行います。

参考・照合する図面

意匠図

矩計図2	➡p.44	📀 意匠図／D-18 矩計図2.pdf
階段平面詳細図	➡p.45	📀 意匠図／D-19 階段平面詳細図.pdf
賃貸住戸平面詳細図	➡p.47	📀 意匠図／D-21 賃貸住戸平面詳細図.pdf

構造図

基礎伏図	➡p.49	📀 構造図／S-07 基礎伏図.pdf
1階伏図	➡p.50	📀 構造図／S-08 1階伏図.pdf
基礎リスト	➡p.54	📀 構造図／S-17 基礎リスト.pdf
地中梁リスト	➡p.54	📀 構造図／S-18 地中梁リスト.pdf
柱リスト	➡p.55	📀 構造図／S-19 柱リスト.pdf

4.1.1 平面位置の確認

1 構造図「基礎伏図」(➡p.49)を見ると、一番外側の破線(−−−−−)が地盤改良範囲であることがわかります。基礎までの距離が「200」mmで、さらに地中梁までが「300」mmまたは「1000」mmであることは読み取れますが、地中梁の大きさや基準線からの振り分けが、この図ではわかりません。

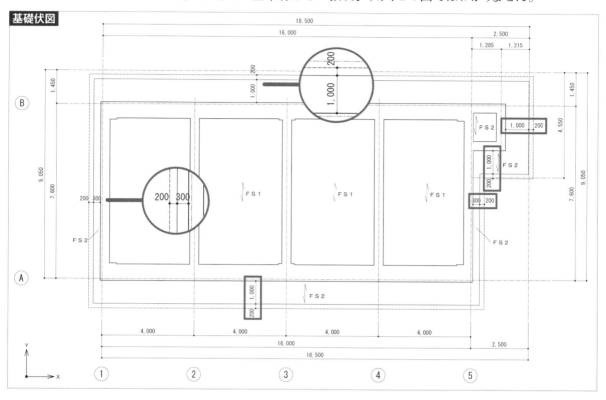

上図の基礎伏図を立体図(アイソメ図)で立体的に表現すると、以下のようになります。

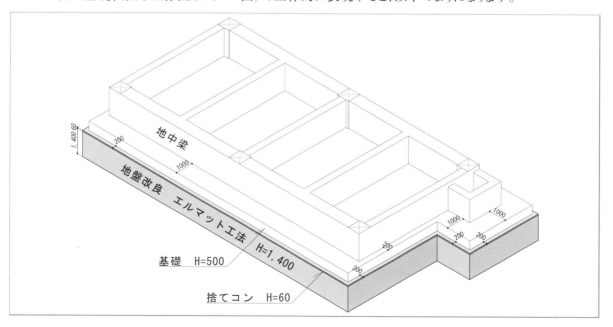

2 前ページ **1** のことは、構造図「基礎リスト」でも確認できます。

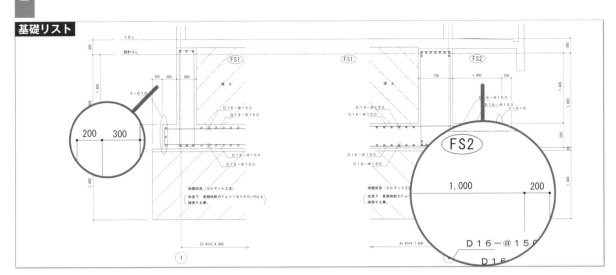

3 地中梁が基準線からどれだけ外側に出ているかは、意匠図「矩計図2」（➡ p.44）で基準線（1通り）からの壁の振り分け寸法で確認できます。図から、90、110の振り分けになっていることがわかりますが、外側へは90です。しかし「記事」欄から、壁は両側に10のふかしがあるものの、地中梁には10のふかしがないことが確認できます。したがって、地中梁は基準線から80外に出ていることになります。

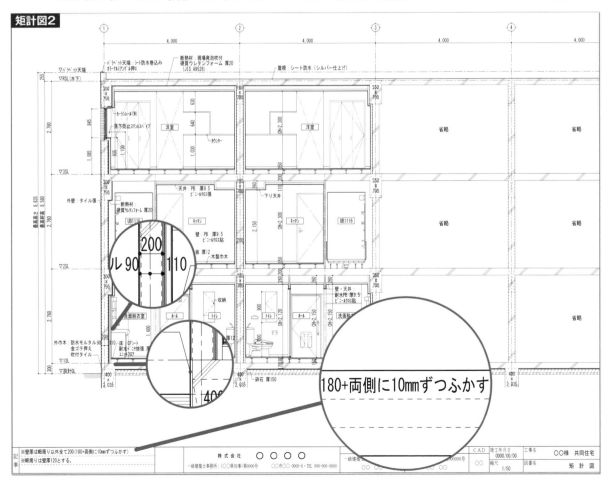

180+両側に10mmずつふかす

4 前ページ **3** のことは、意匠図「賃貸住戸平面詳細図」(➡p.47)でも確認できます。

賃貸住戸平面詳細図

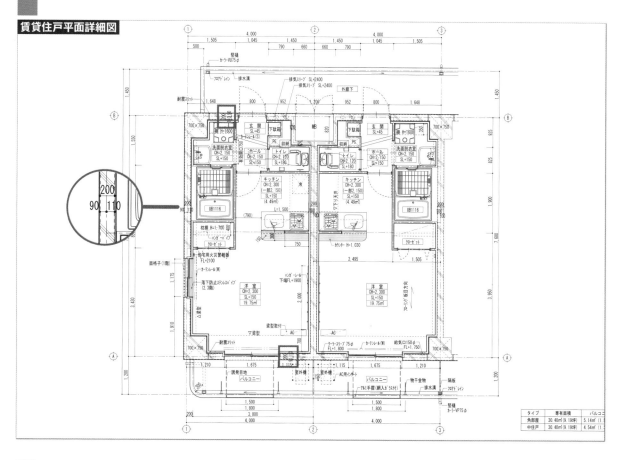

5 5通りから右の階段部の地中梁は、構造図「1階伏図」(➡p.50)から、地中梁「FG5」「FG6」が使用されていることがわかります。

1階伏図

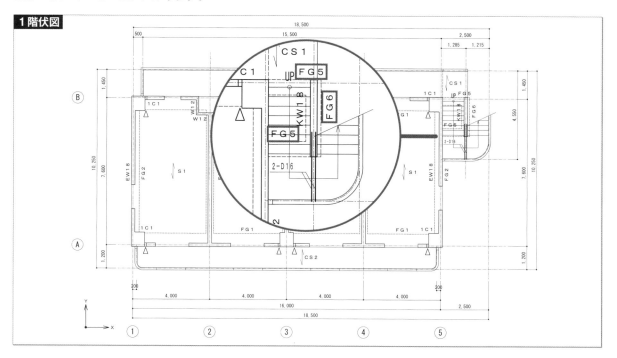

6 前ページ**5**と同様に、5通りから右の階段部の地中梁は、構造図「地中梁リスト」（➡p.54）でも、地中梁「FG5」「FG6」が使用されていて、その梁幅が「400」であることがわかります。

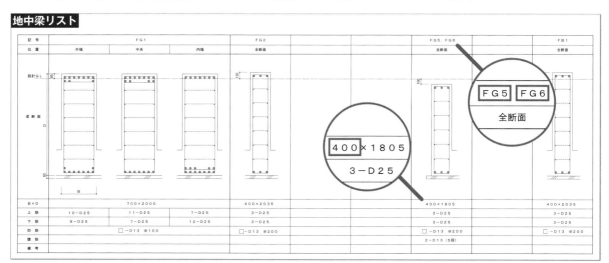

7 地中梁「FG5」「FG6」の位置は、意匠図「階段平面詳細図」（➡p.45）を見ると、B通りから下に「1865」mm移動した平行線を基準線にして、さらに下「85」mmのところが壁の外面になっていることがわかるので、地中梁は、「10」mm内に引っ込め、「75」mmの位置に決定します。

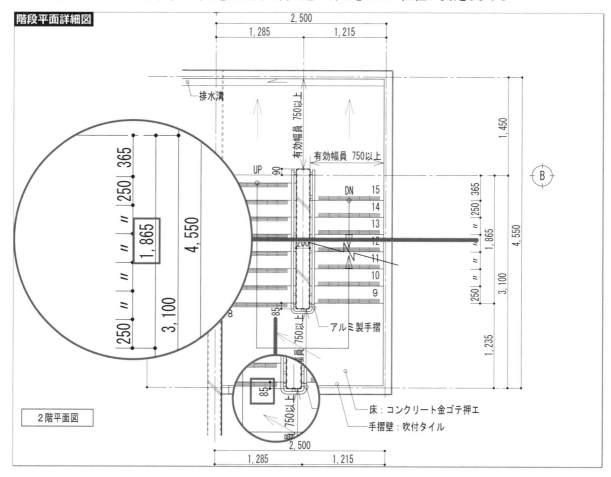

8 その他の地中梁は、構造図「地中梁リスト」（➡p.54）で梁幅を確認します。
なお、2通りおよび4通りの「FB1」と、3通りの「FG2」は、ともに中心振り分けとなります。

地中梁リスト

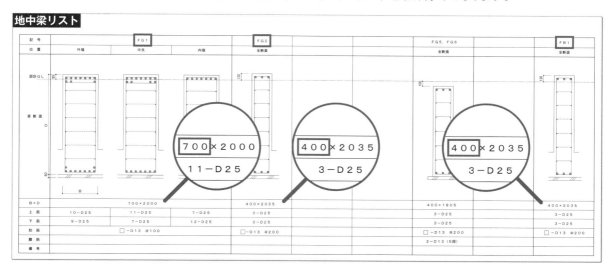

9 その他の地中梁は、構造図「1階伏図」（➡p.50）で設置場所を確認します。

1階伏図

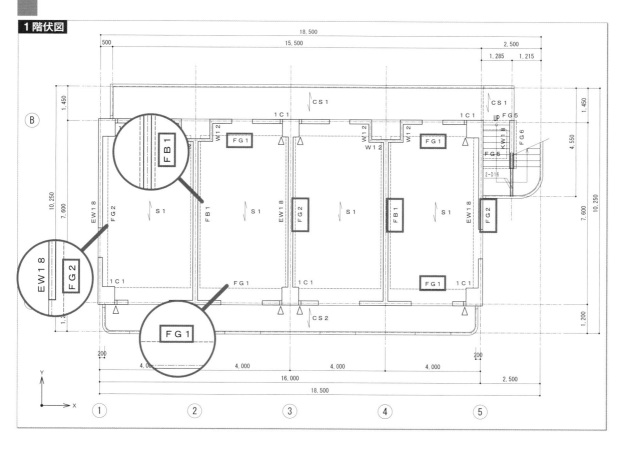

10 1階の柱「1C1」の寸法が「700×750」であることを、構造図「柱リスト」（➡p.55）で確認します。

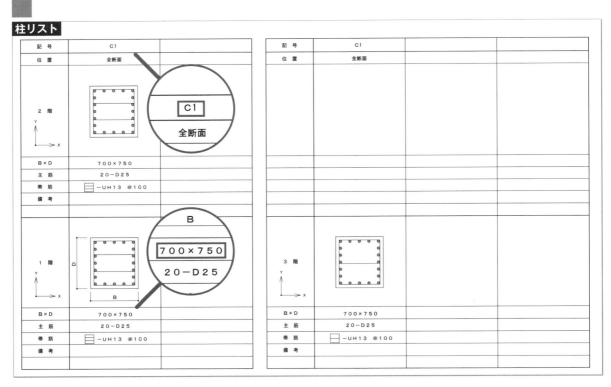

11 1階の柱「1C1」設置場所を、構造図「1階伏図」（➡p.50）で確認します。

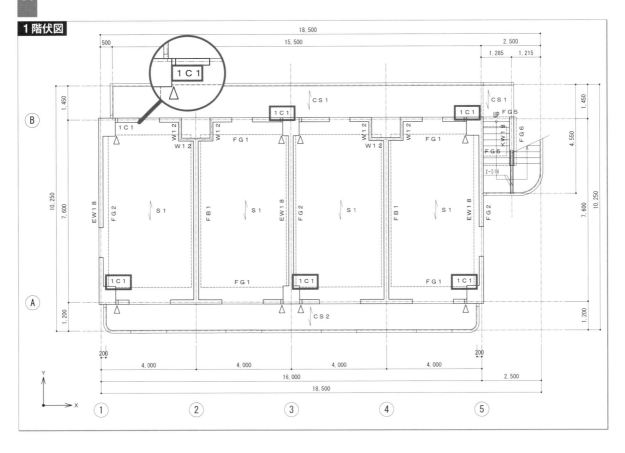

4.1.2 高さの確認

高さは、構造図「基礎リスト」（➡p.54）から確認できます。「捨てコン」の天端からさらに厚さ60mm下がった「設計GL-1965」mmが「地盤改良」の天端となります。地盤改良の厚さは「1400」mmです。

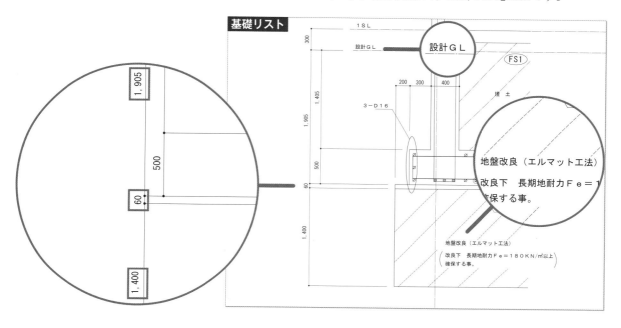

4.1.3 平面位置と高さの関係

ここまでの内容をまとめて立体図（アイソメ図）で表現すると、以下のようになります。

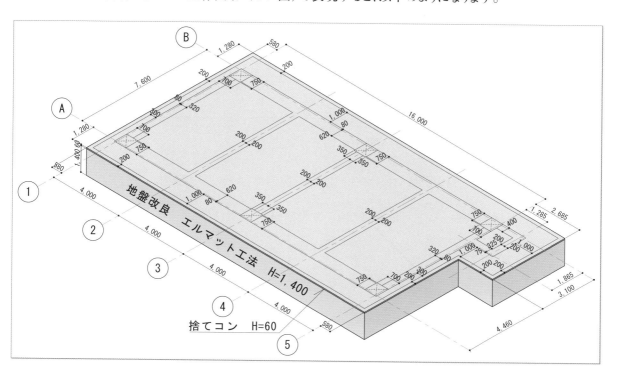

4.2

図面枠・表題の確認、基準線・基準記号・寸法の作図

4.2節では、まず図面枠と表題を確認し、続いて4章から9章まで共通で使用する基準線・基準記号・寸法を作図します。以下は、ここでの完成図例です。

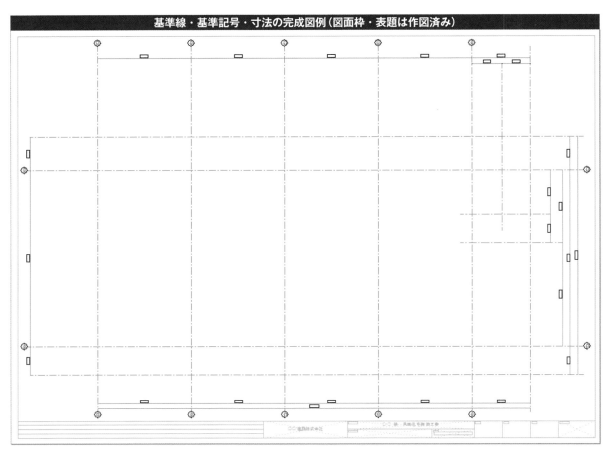

基準線・基準記号・寸法の完成図例（図面枠・表題は作図済み）

🔘 練習用施工図データ／CH04／CH04-02-03.jww

線属性は、以下のとおりに使い分けて作図します（図面枠と表題は「線色2、実線」）。

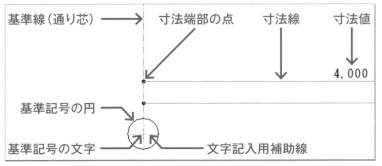

基準線（通り芯）→
寸法端部の点　寸法線　寸法値

4,000

基準記号の円→
基準記号の文字→　文字記入用補助線

基準線／線色8（赤）、一点鎖1
円　　　／線色2（黒）、実線
文字　　／文字種［5］
補助線／補助線や点線など
寸法　　／➡p.86

4.2.1 図面枠と表題の確認

建築の施工図には、図面をかく範囲を示す図面枠と、図面管理に必要な事項を記入する表題欄および表題が必要です。そのため、図面枠をかき、その下端に表題欄をつくり、「工事名」「図面名」「縮尺」「図面番号」「作図年月日」「（関係会社などの）企業名」などを記入します（各項目は任意）。表題欄の様式はさまざまですが、通常は図面枠右下端にまとめるか、下端の横幅いっぱいに記入します。

1 3章で基本設定、用紙サイズ、縮尺、線属性、レイヤを確認した図面ファイル「CH03.jww」を開きます（開いている場合はそのまま）。

2 図面ファイル「CH03.jww」に作図・記入されている図面枠および表題を、あらためて確認します。

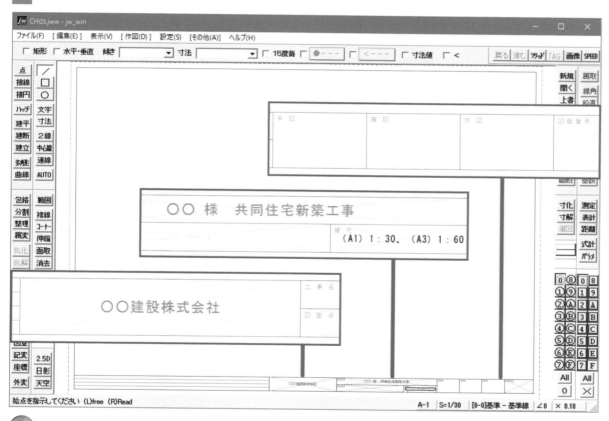

（CD）練習用施工図データ／CH03／CH03.jww

これ以降に作図していく図面の途中経過を、適宜、練習用施工図データとして付録CDに収録してあります（左上のアイコンで表示）。施工図は、作図または参照する図面の数も、各図面にかき込むデータの数も多く、線や記号が細かいため、本書では細部まで掲載していません。したがって、練習用施工図データ（PDFファイルやJw_cad図面（.jww）ファイル）を開いたり、紙に印刷したりして、別途、閲覧するようにしてください。そうすることで、実際に作図をしなくても練習用施工図データを見ながら本書を読み進めることができます。なお、練習用施工図データは、p.17で付録CDからハードディスクにコピーしたものを使用してください。練習用施工図データをJw_cadで開いた時、図面の内容や用紙サイズ、表示倍率などの関係で、本書掲載の図とパソコンの画面表示が一致しない場合があります。その場合は、画面を縮小表示（マウスホイールの前方回転）するか、矢印キーで画面を上下左右に移動してください（➡p.63）。

4.2.2 基準線・基準記号の作図

1 書込レイヤを「0-0」(レイヤグループ-レイヤの番号)に切り替えます(実際は確認のみ)。
レイヤグループ「F」は表示のみレイヤに切り替えます。

> 作図するレイヤグループおよびレイヤの名称は3章で設定済み。以降は番号だけで表記します。

2 線属性を「線色8、一点鎖1」に切り替えます。

3 p.82の完成図例の寸法値を参照して(以降同)、基準線を作図します。

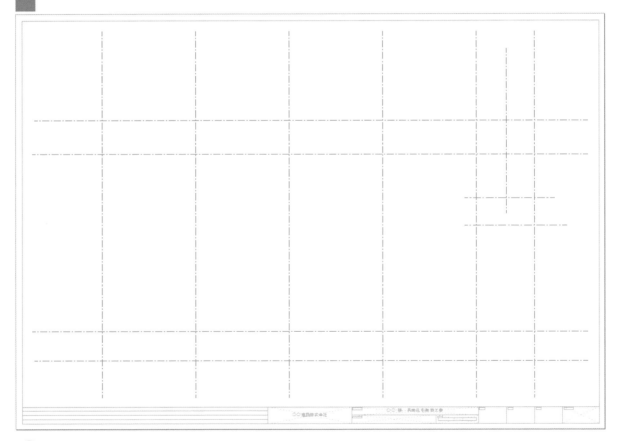

（CD）**練習用施工図データ／CH04／CH04-02-01.jww**

4 書込レイヤを「0-1」に切り替えます。

5 前ページで作図した基準線のうち、下図で示した基準線の端部に、それぞれの基準記号を作図します。

円は、半径「150」、線属性「線色2、実線」で作図します。文字は、文字種[5]で作図します。

> あらかじめ、円の内部に直交する2本の直径線をかいて円の中心を出しておくと、文字基点「中・中」を利用することで、文字を円の中心に配置できます。

> 付録CDの「施工図入門図形データ」フォルダに、Jw_cad図形として作図し図形登録した「基準記号」を収録してあります。「図形」コマンドを使って読み込み、利用できます。

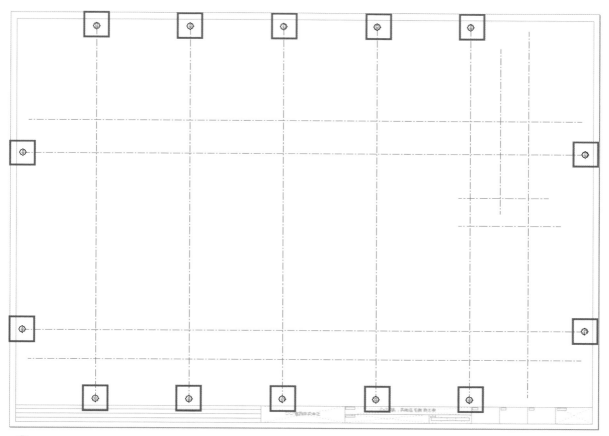

🖸 練習用施工図データ／CH04／CH04-02-02.jww

4.2.**3** 寸法の作図と図面の保存

1 書込レイヤを「0-2」に切り替えます。

2 「寸法」コマンドのコントロールバー「設定」を🖱して「寸法設定」ダイアログを開き、右図の赤枠で示したように、寸法の仕様の一部を変更します。

3 下図のように、寸法を作図します。

4 ここでいったん、作図している図面に名前を付けて保存します。ここでは「施工図01.jww」としますが、まだ完成ではありません。

> p.17でハードディスクにコピーした付録CDの「練習用施工図データ」に収録した各図面ファイルを参照・利用している場合は、保存は不要です（以降同）。

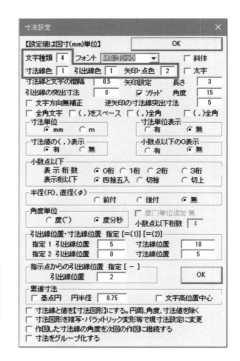

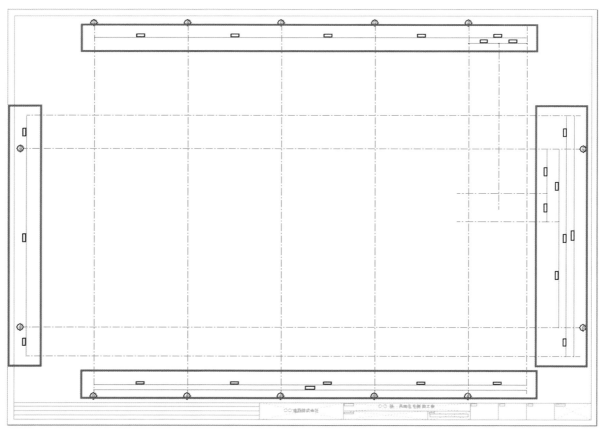

💿 練習用施工図データ／CH04／CH04-02-03.jww

地盤改良伏図と断面図の作図

4.3節では、地盤改良伏図および断面図を作図します。

地盤改良伏図と断面図の完成図例

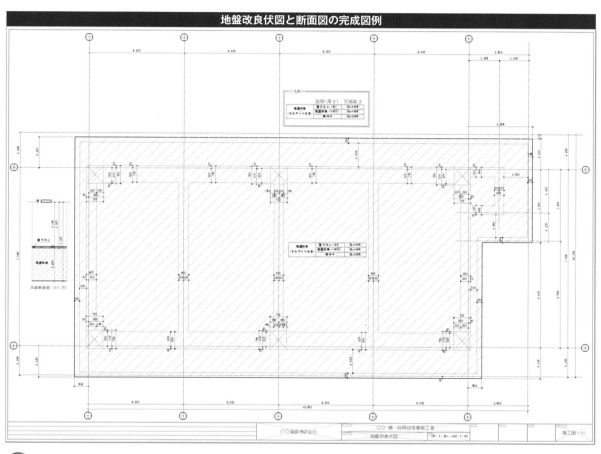

🄲🄾🄳 施工図／施工図01.jww

4.3.1 図面名と図面番号の記入

1 「CH04-02-03.jww」（または前節4.2から作図中の「施工図01.jww」）で、書込レイヤを「1-F」に切り替えます。

2 文字種［6］に切り替え、図面下端の図面タイトル欄の所定の枠内に、図面名「地盤改良伏図」、図面
番号「施工図-01」をそれぞれ記入します。

（CD）練習用施工図データ／CH04／CH04-03-01.jww

4.3.2 基礎、地中梁、地盤改良範囲の作図

1 書込レイヤを「1-0」に切り替えます。

2 線属性を「線色1、点線1」に切り替えます。

3 「4.1.3 平面位置と高さの関係」の立体図（アイソメ図）（➡p.81）の寸法を参考に、基礎と地中梁を
作図します。

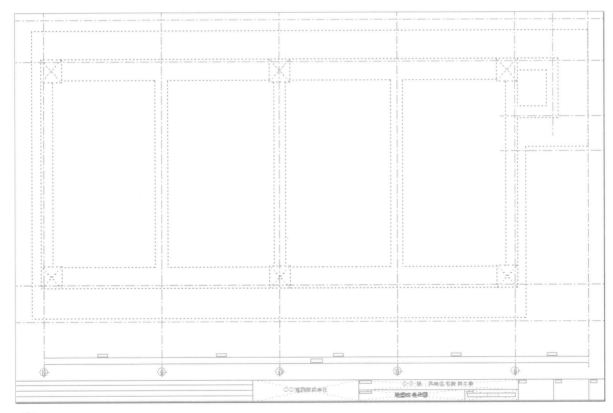

（CD）練習用施工図データ／CH04／CH04-03-02.jww

4 書込レイヤを「1−1」に切り替えます。

5 線属性を「線色2、実線」に切り替えます。

6 前ページの **3** と同様に、立体図（アイソメ図）（➡p.81）の寸法を参考に、地盤改良範囲を作図します。

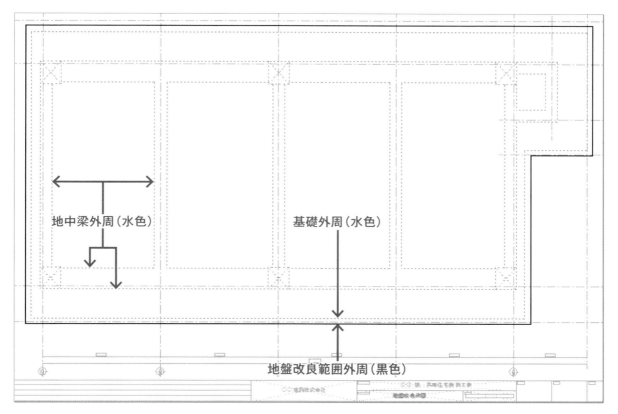

地中梁外周（水色）　　　　　基礎外周（水色）

地盤改良範囲外周（黒色）

point ☞
地盤改良範囲は基礎外周より200外側です。

7 地盤改良範囲は、その範囲を明確にするためにハッチングを施すので、ここで線属性を「線色1、点線2」に切り替えます。

8 「ハッチング」コマンドのコントロールバーで「1線」「角度45」「ピッチ10」に設定します。

9 ハッチングを施します。

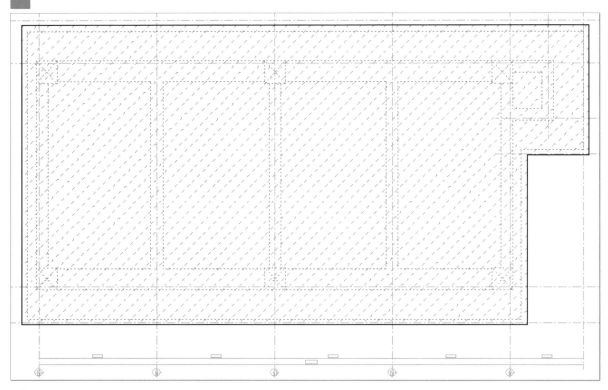

💿 練習用施工図データ／CH04／CH04-03-03.jww

4.3.**3** 断面図の作図

1 書込レイヤを「1-2」に切り替えます。

2 図のように（➡**次ページ上段の図**）、図面上の空いているスペース（ここでは左側）に、高さ関係がわか
る断面図を作図します。

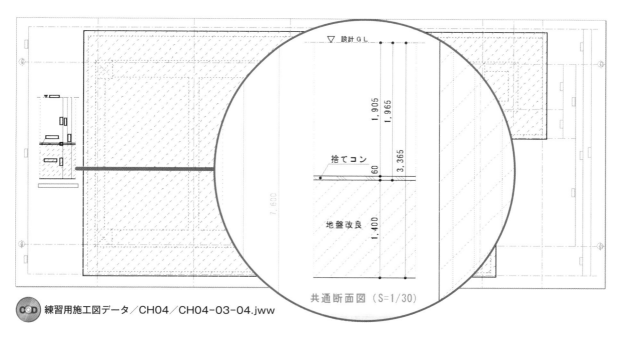

▽ 設計GL

1,905
1,965

捨てコン　60　3,365

地盤改良　1,400

1,600

共通断面図（S=1/30）

COD 練習用施工図データ／CH04／CH04-03-04.jww

4.3.4 寸法の作図

1 書込レイヤを「1-3」に切り替えます。

2 基礎、地中梁、地盤改良範囲の寸法を作図します。

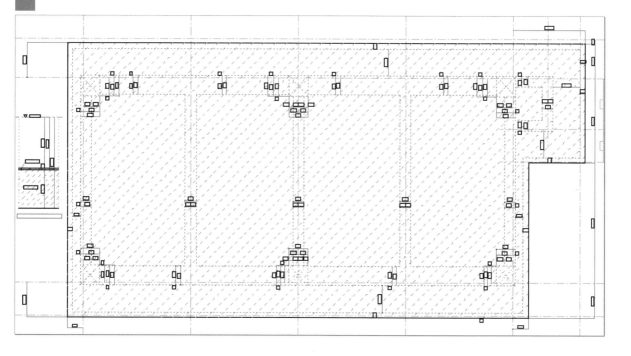

4.3.5 説明記号の作図

1 説明記号を作図します。ここでは、Jw_cadをインストールしたCドライブの「jww」フォルダにあらかじめコピーしておいた「施工図入門図形データ」フォルダの図形「地盤改良記号」を、「図形」コマンドを使って、下図のように凡例（これも作図）およびハッチング部分の計2カ所に配置します。そのうえで、「地盤改良記号」内の数値などを必要に応じて編集します。

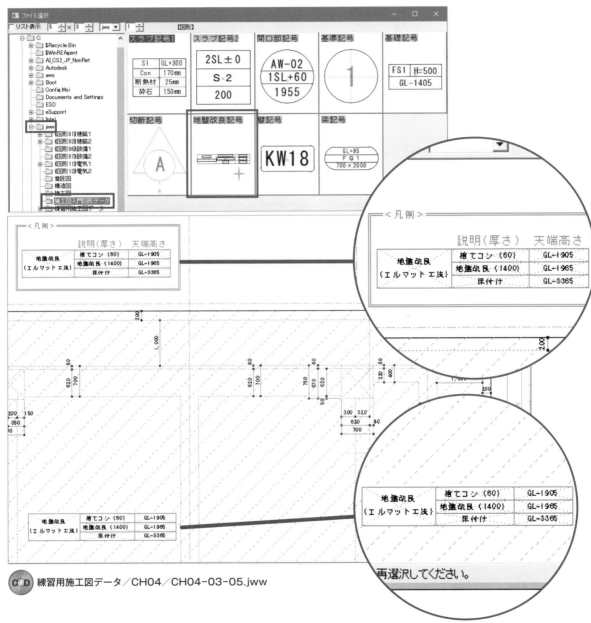

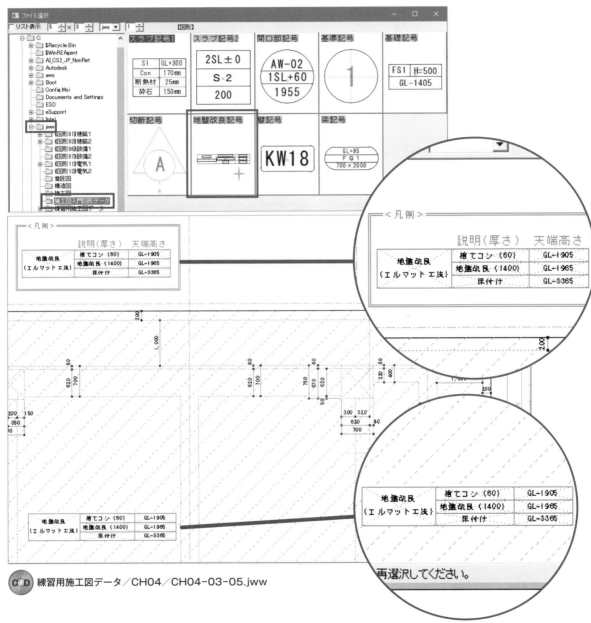 練習用施工図データ／CH04／CH04-03-05.jww

2 作図している図面「施工図01.jww」に上書き保存します。

以上で、4章での地盤改良伏図とその断面図による施工図の作図は完了です。

 施工図／施工図01.jww

5章

基礎伏図と断面図の作図

5章では、あらかじめ作図された鉄筋コンクリート造3階建「○○様　共同住宅新築工事」の「意匠図」と「構造図」を照合しながら、基礎工事をするうえで必要な「施工図」を作図します。なお、ここからの作図では、p.17でハードディスクにコピーした「CH04－03－05.jww」（付録CDの「練習用施工図データ」フォルダの「CH04」フォルダに収録してあるファイル）を開いて、練習を開始してください。

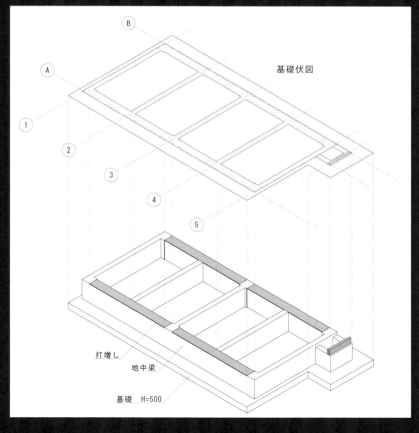

基礎伏図

打増し

地中梁

基礎　H=500

基礎立体図

5.1
基礎伏図と断面図の作図準備

施工図「基礎伏図」は、4章で作図した施工図「地盤改良伏図」を作図した時にある程度作図しているので、これを利用しながら詳細を作図します。さらに、「基礎断面図」を追加作図することで、高さ関係を明確にし、工事を的確に進めることができるようにします。

> 以降、施工図を作図している図面ファイルは、付録CDに収録した練習用施工図データを適宜、参照・利用することを前提に説明を進めています。したがって、図面を開いたり、保存したりする作業は原則として割愛しています。

作図のポイント

施工図「基礎伏図」は、以下の「意匠図」と「構造図」を参照・照合しながら作図します。特に押さえておかなければならないのは「基準線」と「寸法」の関係です。現場の仕事では、すべて「基準線」を基に墨出しを行います。

参考・照合する図面

意匠図

矩計図1	➡p.43	意匠図／D-17 矩計図1.pdf
矩計図2	➡p.44	意匠図／D-18 矩計図2.pdf
階段平面詳細図	➡p.45	意匠図／D-19 階段平面詳細図.pdf
賃貸住戸平面詳細図	➡p.47	意匠図／D-21 賃貸住戸平面詳細図.pdf

構造図

基礎伏図	➡p.49	構造図／S-07 基礎伏図.pdf
1階伏図	➡p.50	構造図／S-08 1階伏図.pdf
基礎リスト	➡p.54	構造図／S-17 基礎リスト.pdf
地中梁リスト	➡p.54	構造図／S-18 地中梁リスト.pdf
柱リスト	➡p.55	構造図／S-19 柱リスト.pdf

5.1.1 平面位置の確認

1 基礎の記号名称(「FS1」など)の位置を、構造図「基礎伏図」(➡p.49)で確認します(➡次ページ上段の図)。

基礎伏図

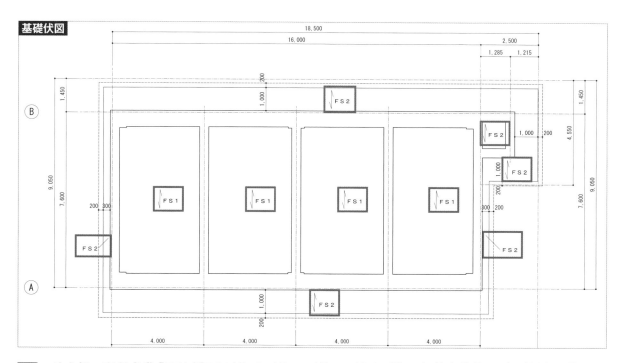

2 地中梁の記号名称「FG1」「FG2」「FG5」「FG6」「FB1」および柱の記号名称「1C1」の位置を、構造図「1階伏図」(➡p.50)で確認します。

また、階段の壁「KW18」の位置を、同様に、構造図「1階伏図」で確認します。

1階伏図

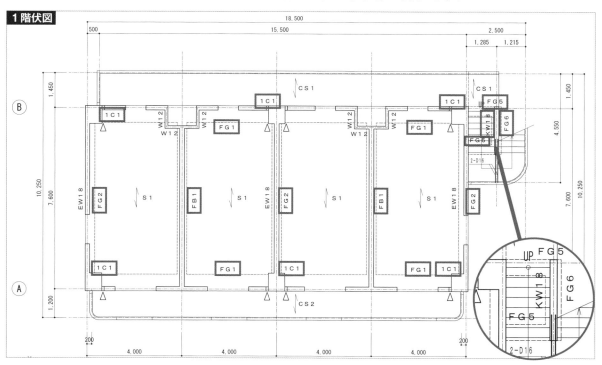

point ☞

階段の壁「KW18」は、6章の「土間」を施工するうえでの取り合いの関係から、先に地中梁「FG6」の上に一部を増打ちします。

3 その他の平面寸法は、4章で作図したものをそのまま複写して作図します。

5.1.2 高さの確認

1 基礎「FS1」「FS2」の高さは、構造図「基礎リスト」で確認します。ともに、「設計GL−1405」が天端で、高さ（厚さ）は「500」（右図の着色部分）です。

2 地中梁「FG1」「FG2」「FG5」「FG6」「FB1」の高さは、構造図「地中梁リスト」で確認します。

FG1／設計GL+95が天端、高さ（厚さ）2000

FG2 、FB1：

設計GL+130が天端、高さ（厚さ）2035

FG5、FG6／

設計GL−100が天端、高さ（厚さ）1805

下図でわかるように、いずれも基礎に入り込んでいる部分も含まれます。

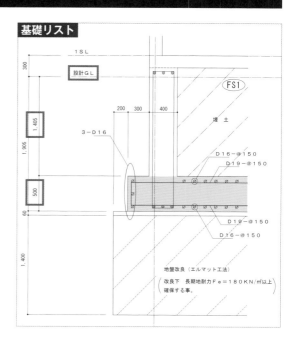

基礎リスト

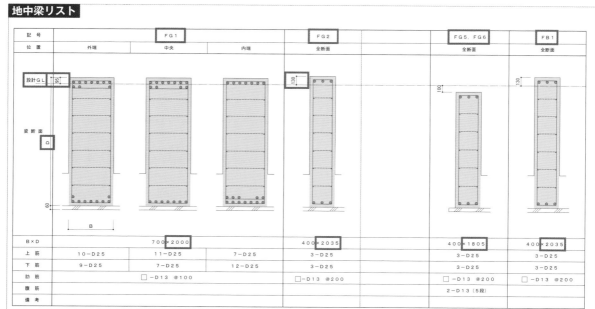

地中梁リスト

記　号		FG1			FG2		FG5、FG6	FB1
位　置	外端	中央	内端	全断面		全断面	全断面
梁断面							
B×D		700×2000		400×2035		400×1805	400×2035
上　筋	10−D25	11−D25	7−D25	3−D25		3−D25	3−D25
下　筋	9−D25	7−D25	12−D25	3−D25		3−D25	3−D25
肋　筋		□−D13 @100		□−D13 @200		□−D13 @200	□−D13 @200
腹　筋						2−D13（5段）	
備　考							

3 ここで、地中梁「FG1」の天端が「設計GL+95」、「FG2」の天端が「設計GL+130」で、その差が「35」あることに着目します。

意匠図「矩計図2」（➡p.44）から、床の断熱材の天端が、「FG2」の天端「設計GL+130」であることがわかります（➡次ページ左段の図）。また、意匠図「矩計図1」（➡p.43）から、「FG1」の天端「設計GL+95」より上に「35」の高さが床の断熱材の天端になっていることがわかります。これでは施工しにくいので、監理者とも協議し、「FG1」については「35」分増打ちし、「FG2」「FB1」の天端「設計GL+130」と同じになるようにしています（➡次ページ右段の図）。

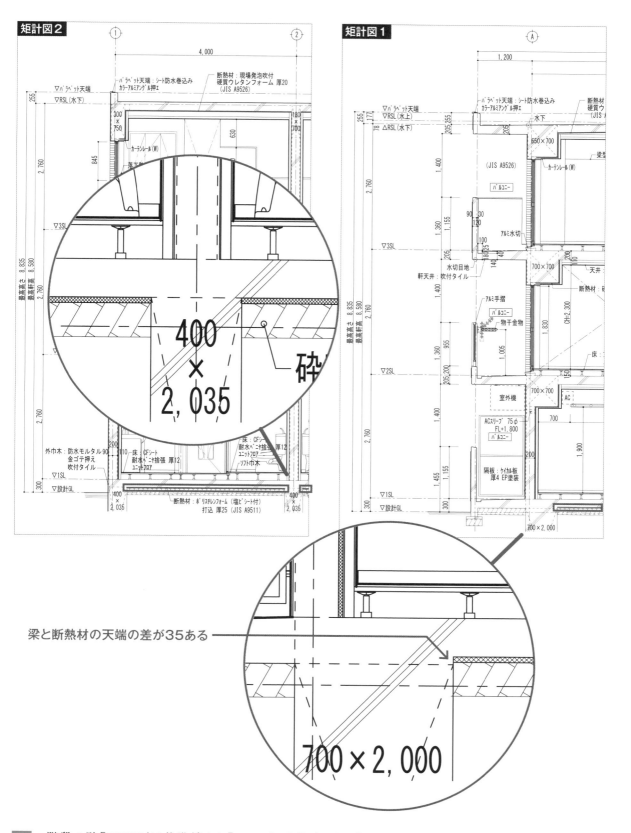

矩計図2

断熱材：現場発泡吹付
硬質ウレタンフォーム 厚20
（JIS A9526）

▽バラベット天端　シート防水巻込み
カラーアルミアングル押エ

▽バラベット天端
▽RSL（水下）

カーテンレール（W）

▽3SL

▽2SL

▽1SL
▽設計GL

外巾木：防水モルタル90
金ゴテ押え
吹付タイル

床：CFシート
耐水ベニヤ捨張 厚12
ユニットフロア

ソフト巾木

断熱材：ボリスチレンフォーム（塩ビシート付）
打込 厚25（JIS A9511）

400
×
2,035

砕

矩計図1

▽バラベット天端　シート防水巻込み
カラーアルミアングル押エ

断熱材
硬質ウ
（JIS

▽バラベット天端
▽RSL（水上）
△RSL（水下）

（JIS A9526）

バルコニー

アルミ水切

水切目地
軒天井：吹付タイル

アルミ手摺

バルコニー

物干金物

室外機

ACスリーブ 75φ
FL+1,800

バルコニー

隔板：ケイカル板
厚4 EP塗装

▽3SL

▽2SL

▽1SL
▽設計GL

梁型

カーテンレール（W）

天井

断熱材

床

700×700

AC

700

700×2,000

梁と断熱材の天端の差が35ある

700×2,000

4 　階段の壁「KW18」は基準線から「90、90」の振り分けとし（階段平面詳細図➡p.45）、天端高さは土間天端と同じ「GL+300」とします（階段断面詳細図➡p.46）。

5.1.3 平面位置と高さの関係

ここまでの内容をまとめて立体図（アイソメ図）で表現すると、以下のようになります。

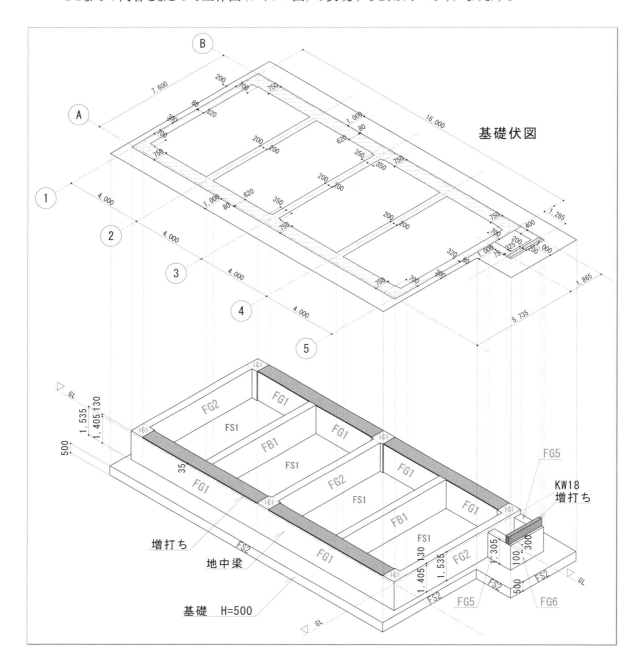

5.2

基礎伏図の作図

5.2節では、基礎伏図を作図します。基礎伏図は「施工図01.jww」を下絵にして作図します。

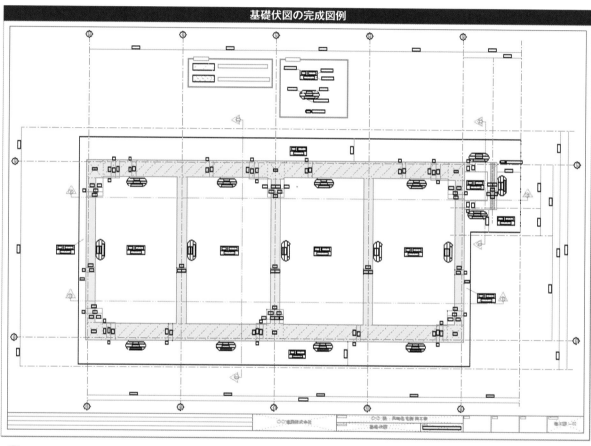
基礎伏図の完成図例

CD 施工図／施工図02.jww

5.2.1 図面名と図面番号の記入、図面の保存

1 4章で作図した図面「CH04-03-05.jww」(または「施工図01.jww」)を開きます。

2 書込レイヤを「2-F」に切り替えます。
また、レイヤグループ「0」は表示のみレイヤに、レイヤグループ「1」は非表示レイヤに切り替えます。

3 文字種[6]に切り替え、図面下端の図面タイトル欄の所定の枠内に、図面名「基礎伏図」、図面番号「施工図-02」をそれぞれ記入します。

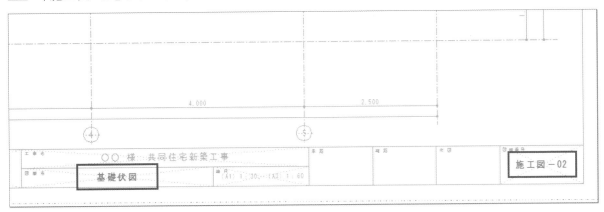

CAD 練習用施工図データ／CH05／CH05-02-01.jww

4 作図している図面に名前を付けて保存します。ここでは「施工図02.jww」とします。

5.2.2 基礎と地中梁の作図

1 書込レイヤを「1-0」に切り替えます。
また、レイヤ「1」～「F」はすべて非表示レイヤに切り替えます。

2 「範囲」コマンドで、基礎、地中梁、柱をすべて完全に含む範囲を矩形範囲選択します。

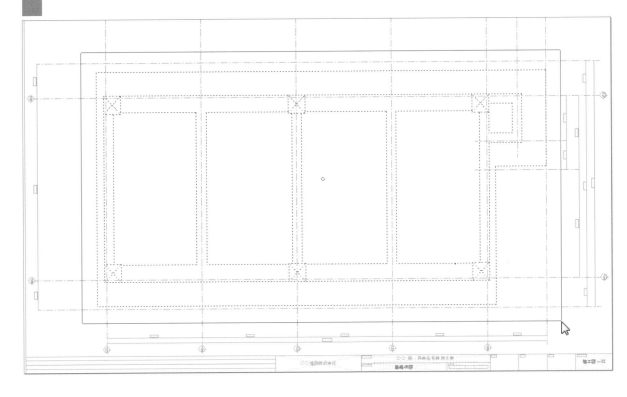

3 コントロールバー「基準点変更」で、基準点を図のように図面枠左下角に変更してから、「コピー」コマンドを選択します。

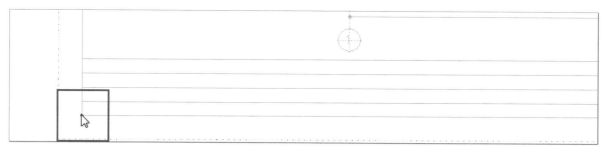

4 書込レイヤを「2-0」に切り替えます。
また、レイヤグループ「1」を非表示レイヤに切り替えます。

5 「貼付」コマンドを選択し、図のように図面枠左下角を🖱(右)し、**3**でコピーしたものを貼り付けます。

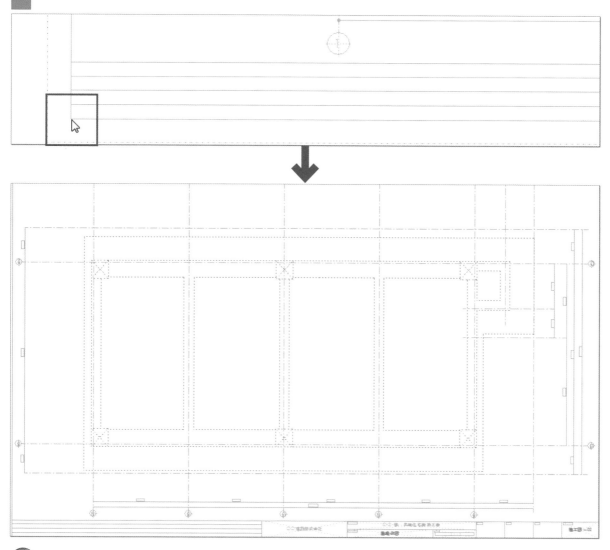

COD 練習用施工図データ／CH05／CH05-02-02.jww

6 「属性変更」コマンドで、コピー＆貼付を行った以下の各部分の線属性を変更します。

　　　基礎の外周線　　　　：線色2、実線

　　　地中梁、柱の外周線　：線色3、実線

　　　柱の断面　　　　　　：線色1、点線1

🄲🄳 練習用施工図データ／CH05／CH05-02-03.jww

5.2.3　増打ちする箇所を作図

1 書込レイヤを「2-1」に切り替え、p.97の **4** で述べたように、階段の壁「KW18」は基準線から「90、90」の振り分けで増打ちする部分をハッチングします（ハッチングの属性は「線色1、点線1」）。

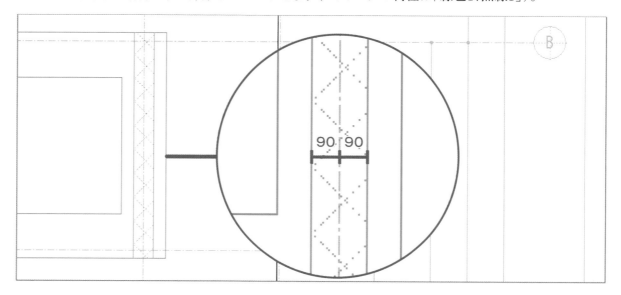

2 p.96の**3**で述べたように、「FG1」については「35」分増打ちするので、ハッチングします（ハッチングの属性は「線色1、点線1」）。

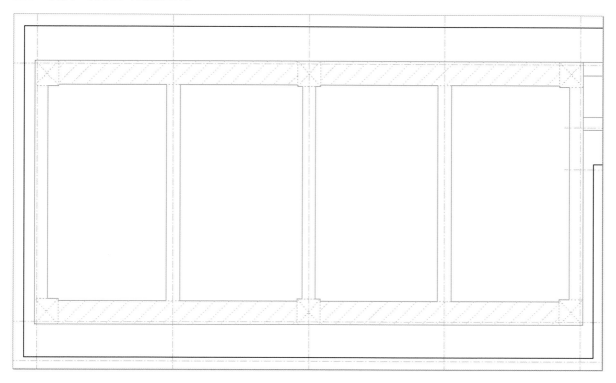

3 地中梁や壁は、目立たせて周囲と区別しやすくするため、薄い色のソリッド（ここでは黄色と水色）で塗りつぶします。

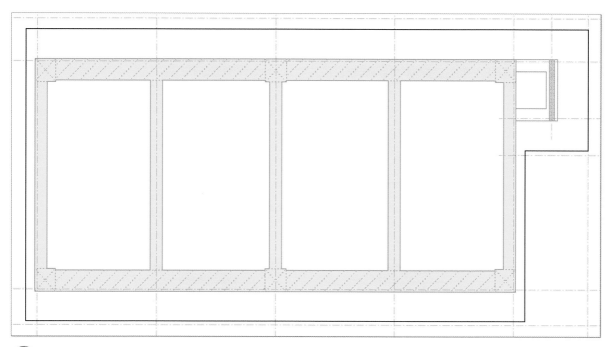

練習用施工図データ／CH05／CH05-02-04.jww

5.2.4 基礎記号、梁記号、壁記号の作図

記号類を作図します。記号は＜凡例＞で例示し、その内容を図面各所に記載します。各部材に記号を付けることで、伏図では読み取れない高さなどを理解することができるようになります。

> **point** ☞
> 本書では、さらに高さ関係も明確にするため、次節5.3で断面図を作図します。

1 「図形」コマンドで、「施工図入門図形データ」フォルダ（➡p.17）から、「基礎記号」「梁記号」「壁記号」を順次、読み込みます。

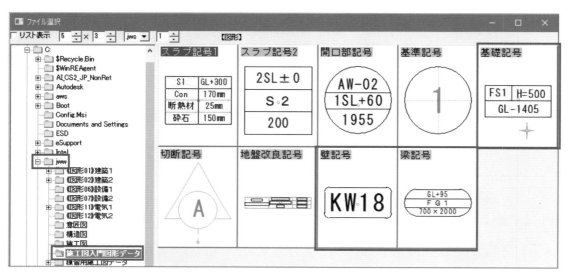

2 読み込んだ記号を、＜凡例＞として作図します（図は一例）。
また、増打ちコンクリートについても、同様に＜凡例＞として作図します。

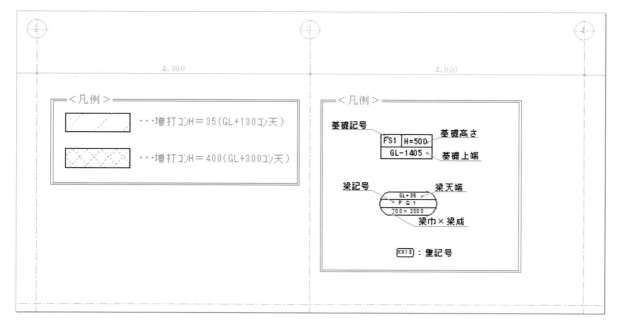

3 それぞれの記号を図のように配置し、必要に応じて文字や数値を変更します。
また、柱「1C1」についても記入します。

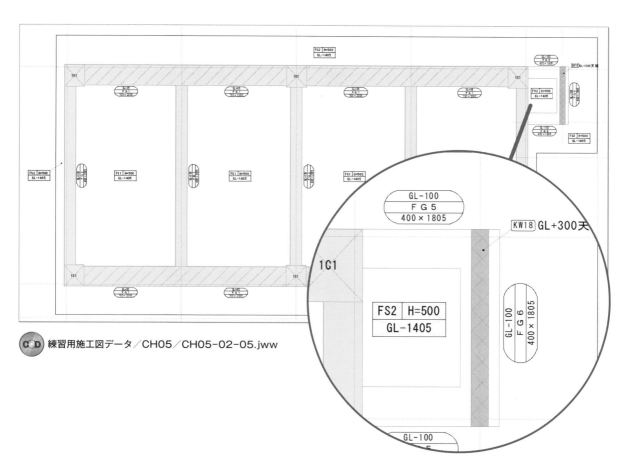

⊙ 練習用施工図データ／CH05／CH05-02-05.jww

5.2.5 寸法の作図

寸法は、「地盤改良伏図」で作図した寸法を一部修正して、そのまま使用します。

1 書込レイヤを「1-3」に切り替えます。
また、レイヤグループ「2」を非表示レイヤに、レイヤ「0」～「2」を表示のみレイヤに切り替えます。

2 「範囲」コマンドで、図のように、矩形範囲選択します。

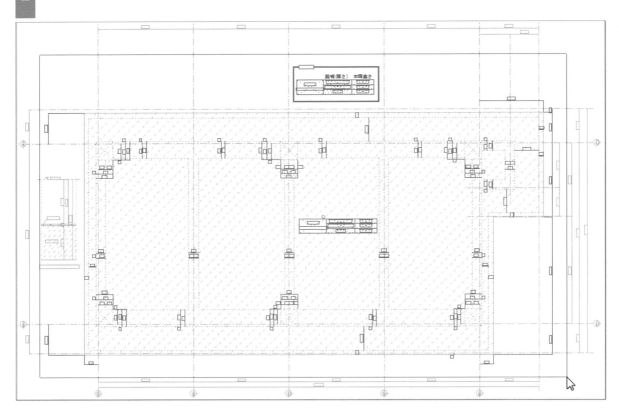

3 コントロールバー「除外範囲」を🖱し、凡例や記号(2カ所)を除外します。

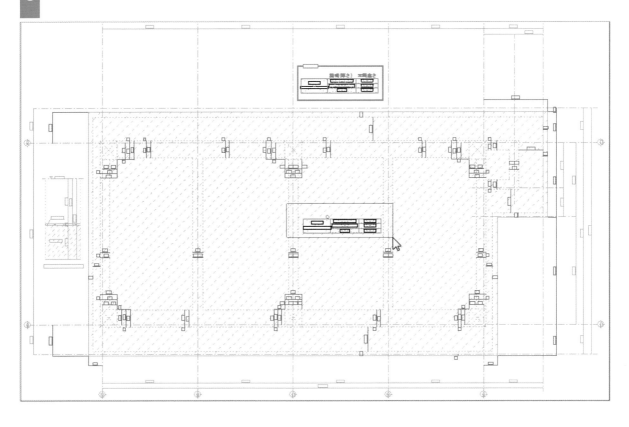

4 コントロールバー「基準点変更」で、基準点を図面枠左下角に変更してから、「コピー」コマンドを選択します。

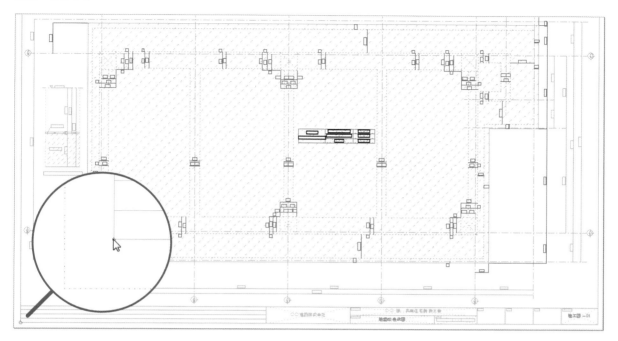

5 書込レイヤを「2-2」に切り替えます。
また、レイヤグループ「1」を非表示レイヤに切り替えます。

6 「貼付」コマンドを選択し、図面枠左下角を🖱(右)し、**4**でコピーした寸法を貼り付けます。
不要になった寸法は消去し、コピーにない必要な寸法を追加します。

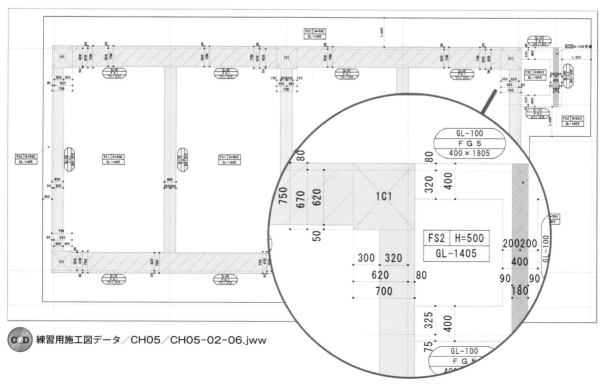

CD 練習用施工図データ／CH05／CH05-02-06.jww

5.2.6 切断線の作図

断面図を作図する際の切断位置は切断線で示します。それを作図します。

1 書込レイヤを「2-3」に切り替えます。

2 「図形」コマンドで、「施工図入門図形データ」フォルダ（➡p.17）から、「切断記号」を読み込みます。

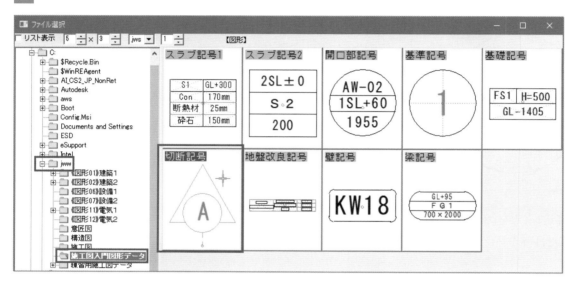

3 線属性「線色4、二点鎖2」に切り替えて、次ページ上段の図で示す終点まで切断線を作図します。

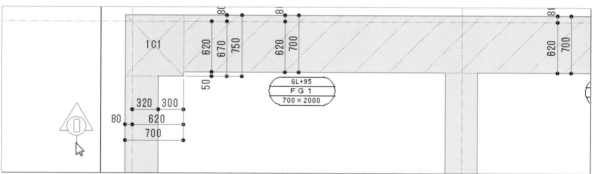

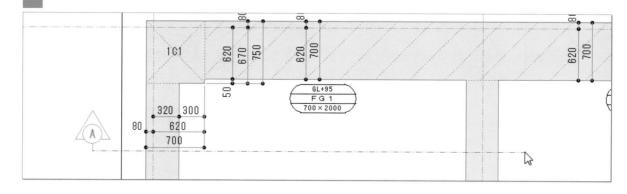

4 **2**と同様にして、**3**で作図した切断線の右端にも図形「切断記号」を貼り付けます。

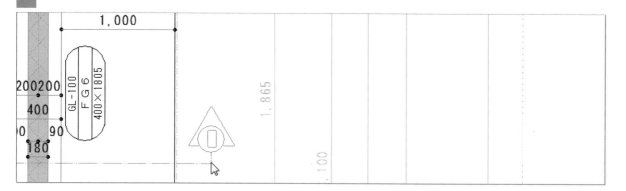

5 「切断記号」の文字を変更しながら、切断線B、C、Dも作図します。

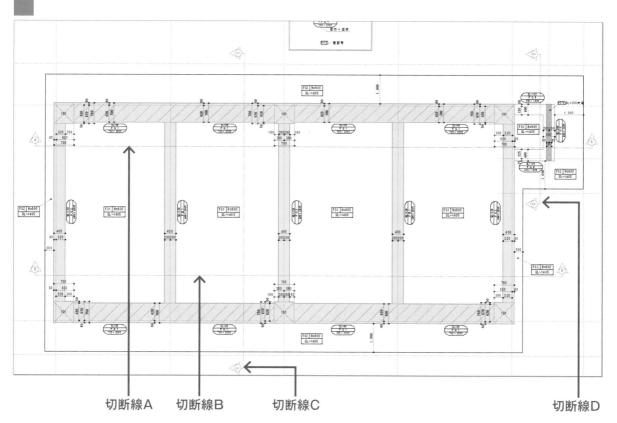

切断線A　　　切断線B　　　切断線C　　　　　　　　　　切断線D

CD 練習用施工図データ／CH05／CH05-02-07.jww

5.3

基礎断面図の作図

5.3節では、基礎断面図を作図します。断面図を必要に応じて作図することで、高さ関係がよりわかりやすいものになり、施工ミスが少なくなります。

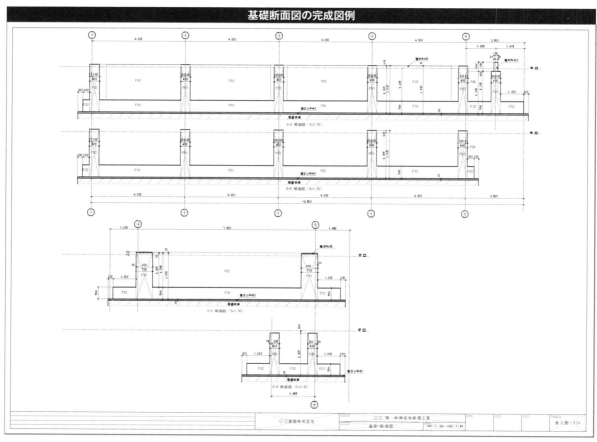

施工図／施工図02A.jww

A−A断面図
（アイソメ）

C−C断面図
（アイソメ）

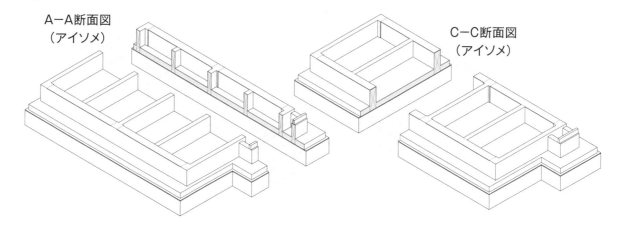

5.3.1 断面図用の図面枠を作図

基礎伏図に断面図を作図するスペースがないので、断面図用の図面枠を別途作図します。

1 「CH05-02-07.jww」で、書込レイヤを「F-0」に切り替えます。また、それ以外のレイヤグループをすべて非表示レイヤに切り替えます。

2 図面枠を右側のスペースに複写します。

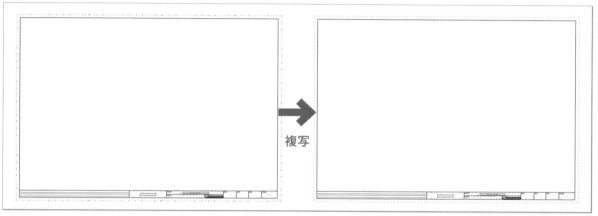

右側のスペースが表示されない（画面に見えない）場合は、画面を縮小表示（マウスホイールの前方回転）するか、矢印キーで画面を上下左右に移動する（➡p.63）

3 非表示にしたレイヤグループをすべて編集可能に切り替えると、左下図のように表示されます。

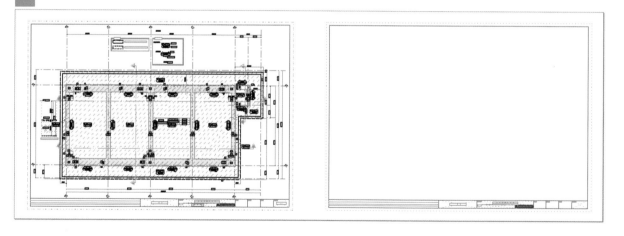

4 書込レイヤを「2-F」に切り替えます。
また、レイヤグループ「F」を表示のみレイヤに切り替えます。

5 文字種[6]に切り替え、図面下端の図面タイトル欄の所定の枠内に、図面名「基礎－断面図」、図面番号「施工図－02A」をそれぞれ記入します。

○○　様…共同住宅新築工事

基礎-断面図

施工図－02A

練習用施工図データ／CH05／CH05-03-01.jww

5.3.2 地盤改良伏図と基礎伏図を図面枠外側に複写し作図準備

断面図は、伏図の切断線位置から垂直線をかき延ばし、高さは水平線をかき延ばし、作図します。

> 平面図（本書で作図する伏図や見上げ図）と断面図の位置を平面的にも高さ的にも正しく揃えるには、平面図作図後に、その基準線を利用して断面図を作図する方法がベストです。本書でも、以降はその方法で作図します。ただし、断面図を作図する付近に平面図を複写したり、基準線をかき延ばしたりする作業は煩雑です。本書ではページ数の制約があり、詳しい説明は割愛しています。拙著『高校生から始めるJw_cad建築製図入門[RC造編]』（エクスナレッジ刊）の「5章 断面図の作図」で詳細に説明しています。

1 「A－A 断面図」「B－B 断面図」を作図するために、「地盤改良伏図」と「基礎伏図」が重なった図面を、右下の図面枠外に複写します（上部の凡例や左部の地盤改良断面図を除く）。また、「基礎断面図」を作図するため、基準線を右の図面枠内にかき延ばし、寸法を移動するなどして、断面図を作図できるように準備します。また、「C－C 断面図」「D－D 断面図」を作図するために、「複写」コマンドで、「地盤改良伏図」と「基礎伏図」が重なった図面を反時計回りに90度回転させて複写し、断面図を作図しやすいように準備します。

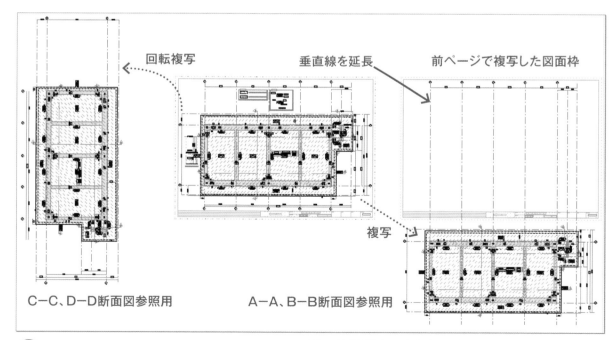

回転複写　　　　　　　　　垂直線を延長　　　　前ページで複写した図面枠

複写

C－C、D－D断面図参照用　　　A－A、B－B断面図参照用

練習用施工図データ／CH05／CH05-03-02.jww

図の範囲が表示されない（画面に見えない）場合は、画面を縮小表示（マウスホイールの前方回転）するか、矢印キーで画面を上下左右に移動する（➡p.63）

5.3.3 2つの伏図から各位置の線をかき延ばし断面図を作図

1 書込レイヤを「2-3」に切り替えます。

2 「A-A断面図」を、複写した図面枠の一番上部に作図します。

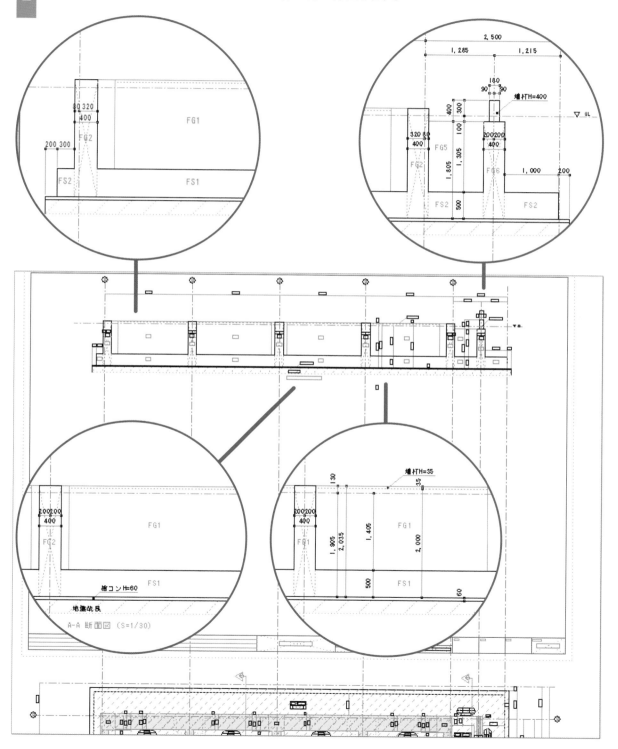

A-A 断面図 （S=1/30）

3 「B−B 断面図」を、「A−A 断面図」の下に作図します。

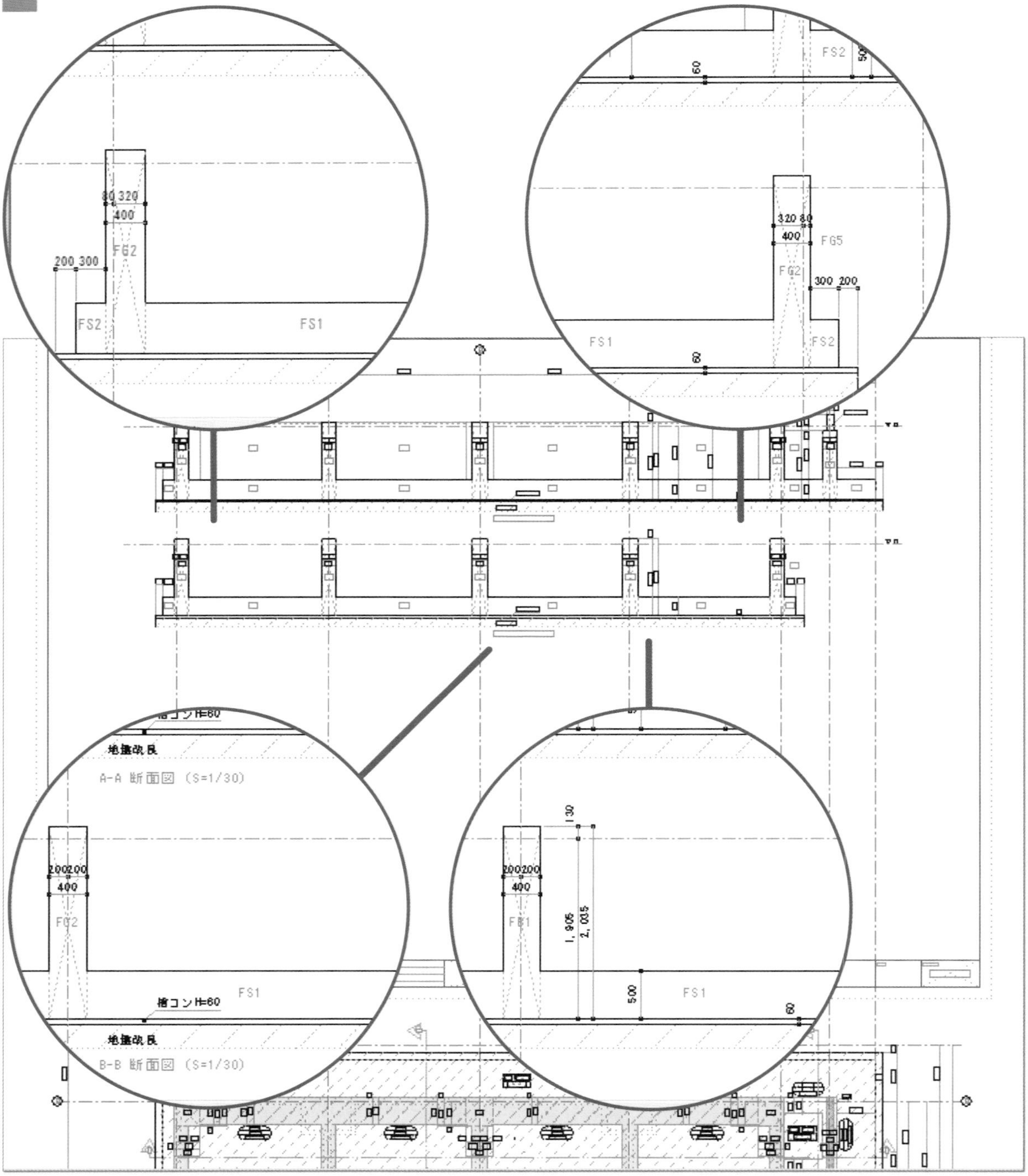

FS2

60

320 60
400
FG5

FG2

300 200

FS1

FS2

60

60 320
400

FG2

200 300

FS2

FS1

A-A 断面図（S=1/30）

地墨改良

捨コンH=60

200 200
400

FG2

FS1

捨コンH=60

地墨改良

B-B 断面図（S=1/30）

1 30

200 200
400

FG1

1,905

2,035

500

FS1

60

4 「C–C 断面図」を作図します。

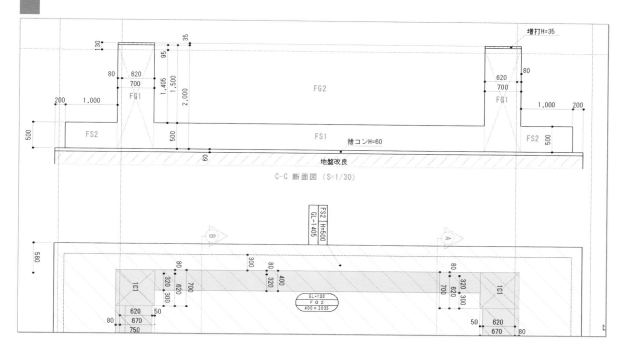

C-C 断面図（S=1/30）

5 「D–D 断面図」を作図します。

D-D 断面図（S=1/30）

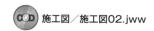 練習用施工図データ／CH05／CH05-03-03.jww

6 作図している図面「施工図02.jww」を上書き保存します。　📀 施工図／施工図02.jww

5.3.4　4つの断面図を図面枠内にまとめる

1　作図した4つの断面図の位置を整えてまとめます。

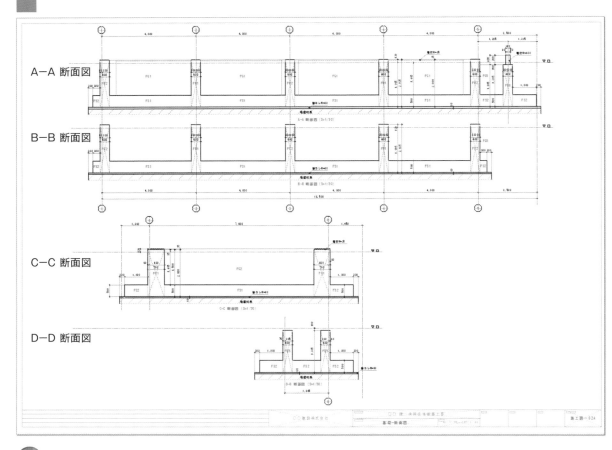

A–A 断面図

B–B 断面図

C–C 断面図

D–D 断面図

🄲🄾🄳 **練習用施工図データ／CH05／CH05-03-04.jww**

2　作図している図面に名前を付けて保存します。ここでは「施工図02A.jww」とします（➡p.110/112）。

以上で、5章での基礎伏図とその断面図による施工図の作図は完了です。

🄲🄾🄳 **施工図／施工図02A.jww**

6章

土間伏図と断面図の作図

6章では、あらかじめ作図された鉄筋コンクリート造3階建「○○様 共同住宅新築工事」の「意匠図」と「構造図」を照合しながら、土間工事をするうえで必要な「施工図」を作図します。なお、ここからの作図では、p.17でハードディスクにコピーした「CH05-03-03.jww」（付録CDの「練習用施工図データ」フォルダの「CH05」フォルダに収録してあるファイル）を開いて、練習を開始してください。

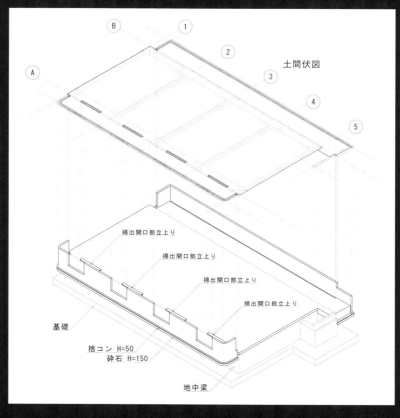

土間立体図

6.1

土間伏図と断面図の作図準備

施工図「土間伏図」は、5章で作図した施工図「基礎伏図」を作図した時にある程度作図しているので、これを下絵として利用しながら詳細を作図します。さらに、「土間断面図」を作図することで、高さ関係を明確にし、工事を的確にすすめることができるようにします。

作図のポイント

施工図「土間伏図」は、以下の「意匠図」と「構造図」を参照・照合しながら作図します。特に押さえておかなければならないのは「基準線」と「寸法」の関係です。現場の仕事は、すべて「基準線」を基に墨出しを行います。

参考・照合する図面

意匠図

1階平面図	➡p.40	意匠図／D-11 1階平面図.pdf
矩計図1	➡p.43	意匠図／D-17 矩計図1.pdf
矩計図2	➡p.44	意匠図／D-18 矩計図2.pdf
階段平面詳細図	➡p.45	意匠図／D-19 階段平面詳細図.pdf
階段断面詳細図	➡p.46	意匠図／D-20 階段断面詳細図.pdf
賃貸住戸平面詳細図	➡p.47	意匠図／D-21 賃貸住戸平面詳細図.pdf
1階建具案内図	➡p.48	意匠図／D-27 1階建具案内図.pdf
鋼製建具表1	➡p.49	意匠図／D-30 鋼製建具表1.pdf

構造図

基礎伏図	➡p.49	構造図／S-07 基礎伏図.pdf
1階伏図	➡p.50	構造図／S-08 1階伏図.pdf
軸組図（3）	➡p.53	構造図／S-15 軸組図3.pdf
基礎リスト	➡p.54	構造図／S-17 基礎リスト.pdf
地中梁リスト	➡p.54	構造図／S-18 地中梁リスト.pdf
柱リスト	➡p.55	構造図／S-19 柱リスト.pdf
壁リスト	➡p.56	構造図／S-23 壁リスト.pdf
スラブリスト	➡p.57	構造図／S-24 スラブリスト.pdf
雑配筋詳細図（1）	➡p.60	構造図／SS-01 雑配筋詳細図1.pdf

6.1.1 平面位置の確認

1 スラブの記号名称「S1」「CS1」「CS2」の位置を、構造図「1階伏図」(➡p.50)で確認します。

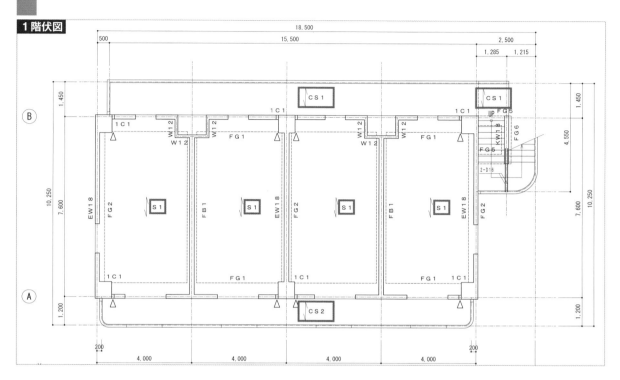

2 壁の記号名称「W18」「W12」「EW18」「KW18」の位置を、構造図「1階伏図」(➡p.50)で確認します。特記のない壁は「W18」です。

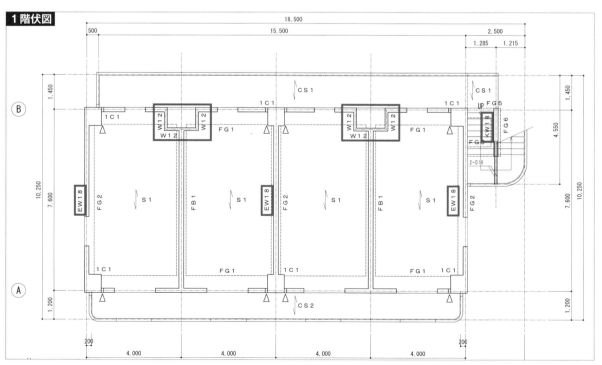

3 壁の記号名称「W18」「W12」「EW18」「KW18」の寸法を、構造図「壁リスト」（➡p.56）で確認します。

壁リスト

符　号	E W 1 8	W 1 8	K W 1 8	W 1 2
壁　厚	1 8 0	1 8 0	1 8 0	1 2 0
立　断　面	180	180	180	120

point ☞
土間工事をする時には、壁の施工はしないが、壁の位置にあらかじめ縦鉄筋を埋め込んでおく必要があるので、土間伏図にその位置を示します。

4 MB（メーターボックス）を取り囲む「W12」の壁の基準線の位置を、意匠図「賃貸住戸平面詳細図」（➡p.47）で確認します。

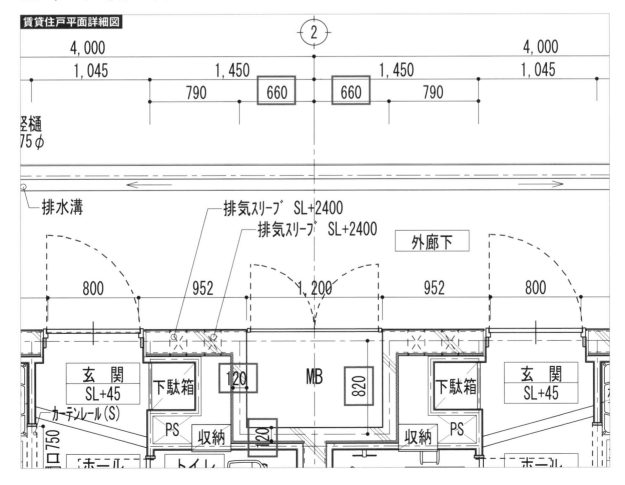

5 壁の詳細寸法を、意匠図「賃貸住戸平面詳細図」(➡**p.47**)で確認します。

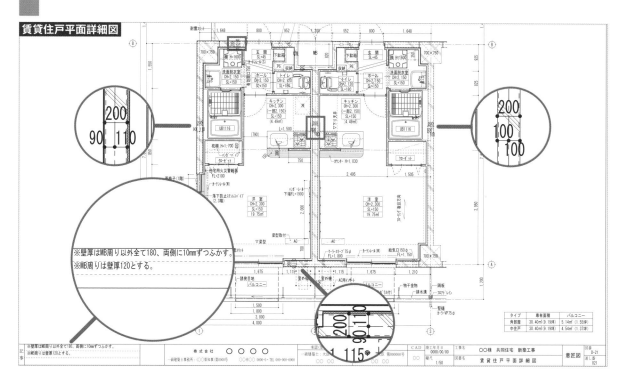

6 外壁の開口部の寸法を、意匠図「賃貸住戸平面詳細図」(➡**p.47**)で確認します。

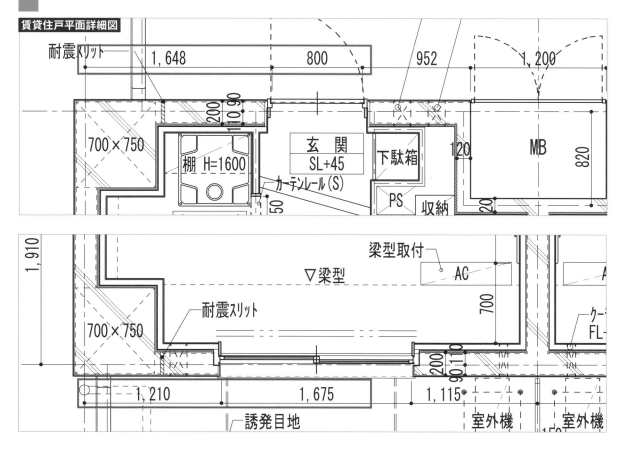

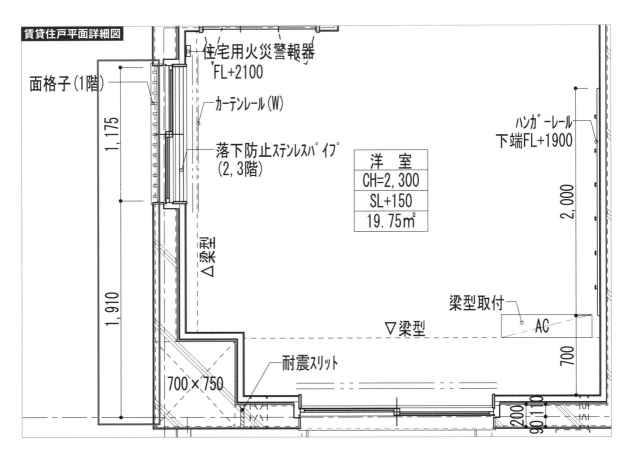

賃貸住戸平面詳細図

住宅用火災警報器
FL+2100

面格子(1階)

カーテンレール(W)

落下防止ステンレスパイプ
(2, 3階)

1,175

1,910

△梁型

洋　室
CH=2,300
SL+150
19.75㎡

ハンガーレール
下端FL+1900

2,000

梁型取付

AC

▽梁型

700

700×750

耐震スリット

200

90

7 建具の配置を、意匠図「1階建具案内図」(➡p.48)で確認します。

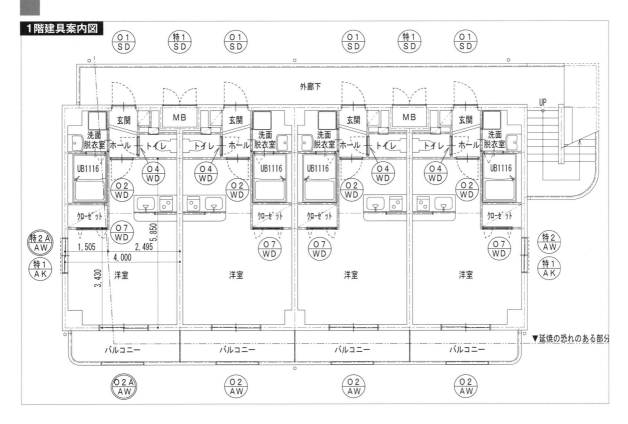

1階建具案内図

O1 SD　特1 SD　O1 SD　　　O1 SD　特1 SD　O1 SD

外廊下

UP

玄関　MB　玄関　　玄関　MB　玄関

洗面脱衣室　トイレ　トイレ　ホール　洗面脱衣室　洗面脱衣室　ホール　トイレ　トイレ　ホール　洗面脱衣室

UB1116　O4 WD　O4 WD　O2 WD　UB1116　UB1116　O4 WD　O2 WD　UB1116

O2 WD　O2 WD

クローゼット　クローゼット　クローゼット　クローゼット

特2A AW　O7 WD　1,505　5,850　2,495　O7 WD　O7 WD　O7 WD　特2A AW

特1 AK　4,000　特1 AK

3,430　洋室　洋室　洋室　洋室

▼延焼の恐れのある部分

バルコニー　バルコニー　バルコニー　バルコニー

O2A AW　O2 AW　O2 AW　O2 AW

8 建具の寸法は、意匠図「鋼製建具表1」(➡p.49)で確認します。

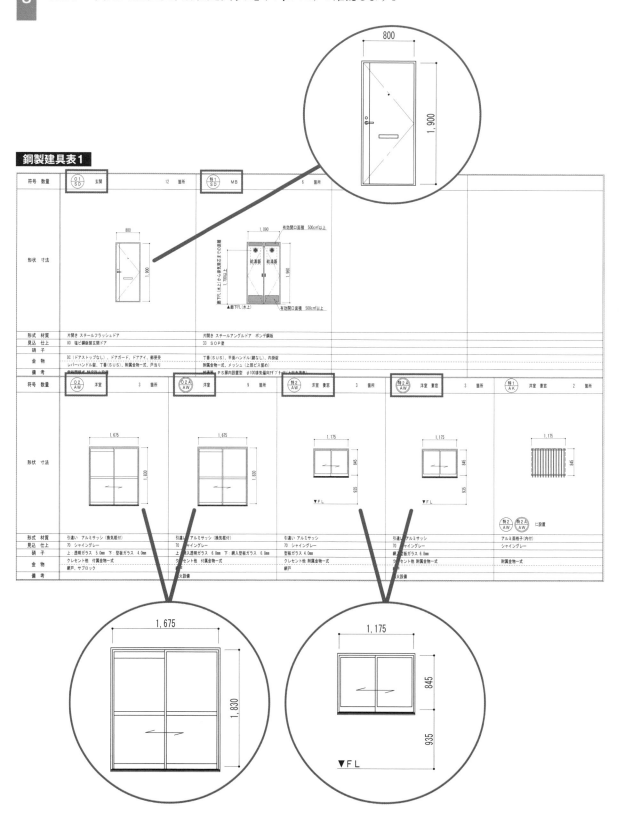

9 **7**、**8**の建具の寸法が躯体の開口寸法とはならず、躯体と建具の関係は以下のようになります。現場において、これらの鋼製建具の部分詳細図は鋼製建具業者によって作図され、詳細図の納まりを協議しながら決定することになります。なお、「外壁／タイル張り」については、躯体工事後の仕上げ工事となるため、ここでは図面に記載しません。

SD-01

意匠図／開口部部分詳細図.jww

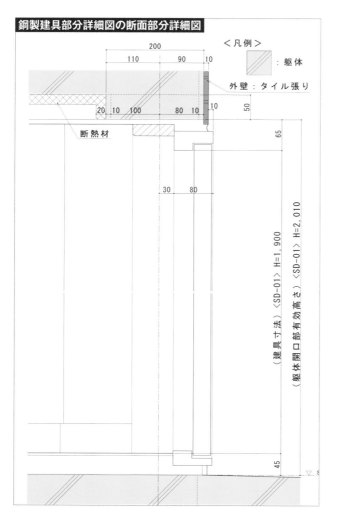

AW-02／AW-02A、AW-特2／AW-特2A（共通）

意匠図／開口部部分詳細図.jww

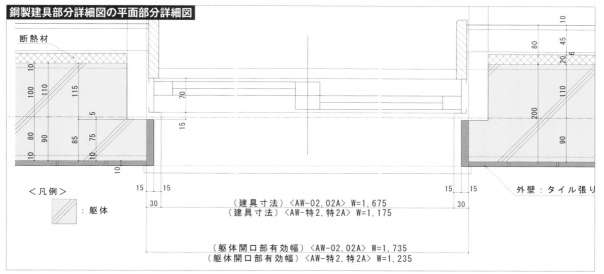

鋼製建具部分詳細図の平面部分詳細図

断熱材

＜凡例＞ ▨：躯体

外壁：タイル張り

（建具寸法）〈AW-02,02A〉W=1,675
（建具寸法）〈AW-特2,特2A〉W=1,175

（躯体開口部有効幅）〈AW-02,02A〉W=1,735
（躯体開口部有効幅）〈AW-特2,特2A〉W=1,235

AW-02／AW-02A　　　　　　　　　AW-特2／AW-特2A

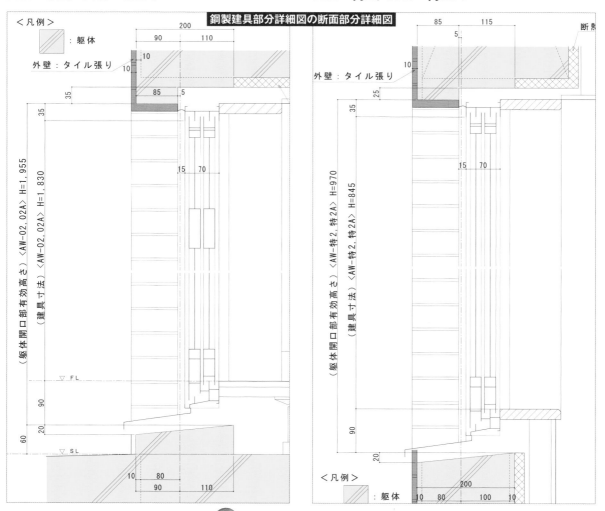

鋼製建具部分詳細図の断面部分詳細図

意匠図／開口部部分詳細図.jww

10 外廊下とバルコニーの手摺の寸法は、意匠図「矩計図1」(➡p.43)で確認します。ともに、基準線から外に「90」、内に「30」の振り分けで、壁厚は「120」です。手摺の高さもここで確認できます。
また、排水溝の幅が「100」であることも確認できます。

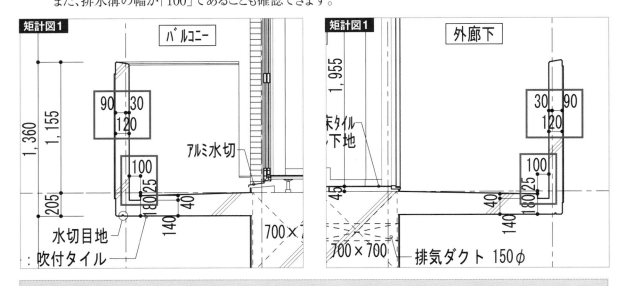

---

point ☞

外廊下とバルコニーの手摺は土間スラブと一体なので、土間コンクリートを打設する時に、同時に打設することにします。次の1階躯体を施工する時に、外廊下とバルコニーの手摺を同時に打設する方法もあります。

---

11 バルコニーの手摺の高さが変わる平面的な位置、およびフロアドレンの位置は、意匠図「賃貸住戸平面詳細図」(➡p.47)で確認できます。
また、バルコニーの排水溝の位置、フロアドレンの位置も確認できます。

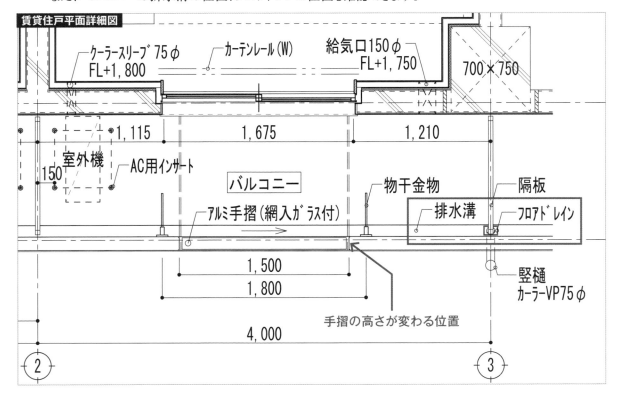

12　**11**の図面では、バルコニーの手摺の高さが変わる位置の基準線からの距離がわかりません。そこで、意匠図「賃貸住戸平面詳細図」（➡p.47）のjwwファイル「D-21　賃貸住戸平面詳細図.jww」で、「測定」コマンドを使って確認します。その結果、「1250」mmであることがわかります。

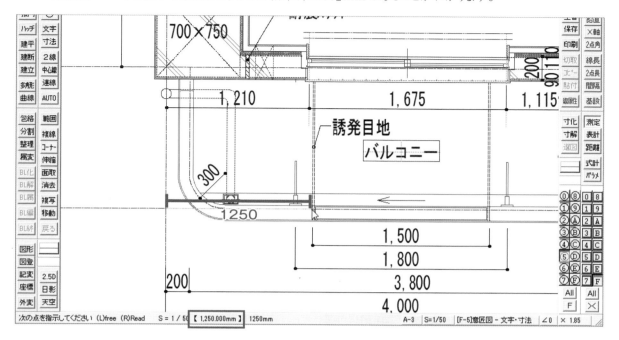

13　同様に、フロアドレンの位置の寸法が明記されていないので、「中心線」コマンドを使って中心線を作図してから、「測定」コマンドで位置を確認します。基準線からフロアドレンの中心点まで「550」mmであることがわかります。

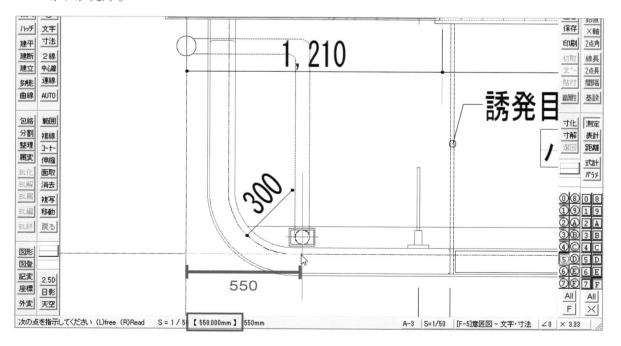

14 外廊下の排水溝の位置を、意匠図「賃貸住戸平面詳細図」(➡p.47)で確認します。

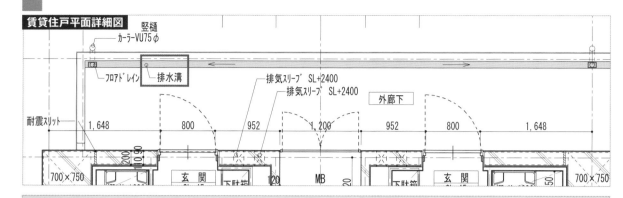

point ☞

寸法は未記入ですが、周囲の壁の位置などから寸法を決めます。

15 外廊下の排水溝の位置は、意匠図「階段平面詳細図」(➡p.45)の「2階平面図」でも確認できます。

また、外廊下の手摺の高さが変わる位置(右図のピンク色)や止まる位置は、意匠図「階段平面詳細図」の「1階平面図」で確認できます。

16 外廊下とバルコニーの手摺と外壁との取り合いで、手摺の高さが低くなっている位置は、どの図面にも明記されていません。そこで、意匠図「賃貸住戸平面詳細図」のjwwファイル「D-21 賃貸住戸平面詳細図.jww」で、「測定」コマンドで確認します。

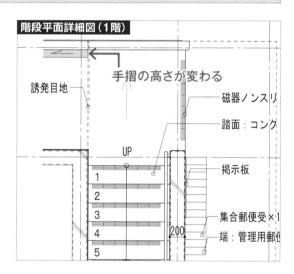

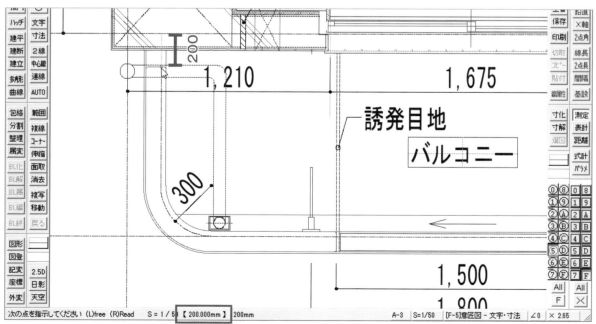

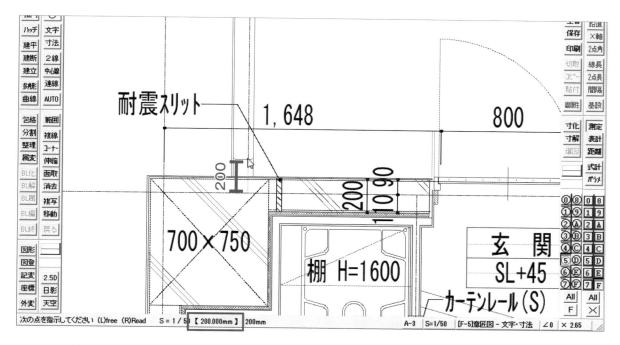

いずれの図からも、基準線から手摺の高さが変わっているところまで200mmあることがわかります。

point ☞

図面に明記されていない寸法については、設計者・監理者と協議して決定する必要があります。

17 外廊下とバルコニーの誘発目地の位置（図面の▽と△）を、意匠図「1階平面図」（➡p.40）で確認します。

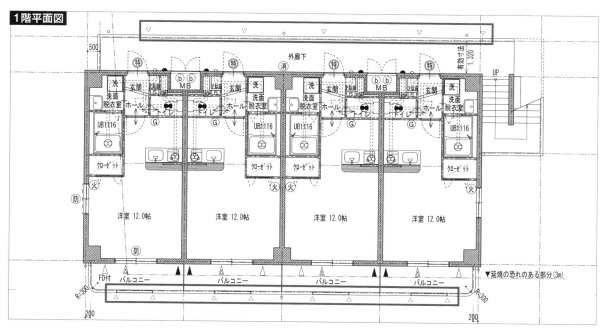

point ☞

意匠図「賃貸住戸平面詳細図」（➡p.47）のバルコニーには誘発目地が明記されているが、外廊下は記入漏れとなっています。よって、意匠図「賃貸住戸平面詳細図」だけを見ていると施工漏れをしてしまう可能性があるので注意します。

18 外階段1段目付近の土間コンクリートの止め位置は、意匠図「階段断面詳細図」（➡ p.46）で、B通りから「115」+「250」の位置であることが確認できます。

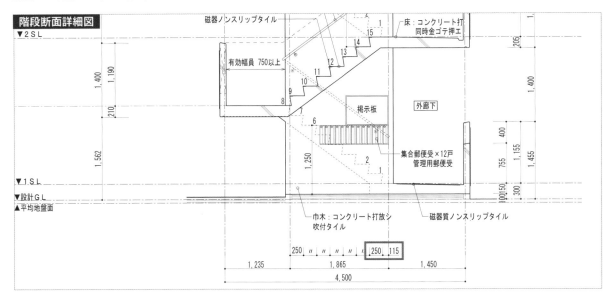

6.1.2 高さの確認

1 砕石の高さ（厚さ）＜150mm＞、断熱材の高さ（厚さ）＜25mm＞、捨てコンの高さ（厚さ）を、それぞれ意匠図「矩計図1」（➡ p.43）で確認します。捨てコンの高さ（厚さ）は明記されていませんが、＜50mm＞が標準です。

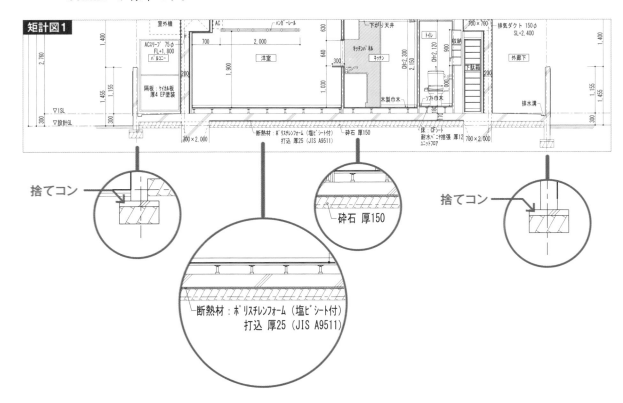

2 スラブの記号名称「S1」「CS1」「CS2」の高さ(図では「スラブ厚」)を、構造図「スラブリスト」(➡p.57)で確認します。

スラブリスト

スラブリスト(在来工法)

記 号	スラブ厚	位 置	主筋	配力筋	備 考
FS1	500	上端筋	D16-@150	D19-@150	ベタ基礎
		下端筋	D16-@150	D19-@150	
FS2	500	上端筋	D16-@150	D16-@150	ベタ基礎
		下端筋	D16-@150	D16-@150	
S1	170	上端筋	D10・D13-@200	D10・D13-@200	1F
		下端筋	D10・D13-@200	D10・D13-@200	
S2	200	上端筋	D10・D13-@200	D10・D13-@200	2F～3F
		下端筋	D10・D13-@200	D10・D13-@200	

片持ちスラブリスト

記 号	スラブ厚	位 置	主筋	配力筋	備 考
CS1	205～178	上端筋	D13-@100	D10-@200	1F
		下端筋	D10-@200	D10-@200	
		上端筋	D10・D13-@100	D10-@200	2F～3F
		下端筋	D10-@200	D10-@200	
CS2	205～177	上端筋	D10・D13-@100	D10-@200	1F
		下端筋	D10-@200	D10-@200	
		上端筋	D10・D13-@100	D10-@200	2F～3F
		下端筋	D10-@200	D10-@200	

3 スラブの記号名称「CS1」「CS2」の断面寸法を、構造図「雑配筋詳細図(1)」(➡p.60)で確認します。また、手摺の断面寸法を、構造図「雑配筋詳細図(1)」で確認します。

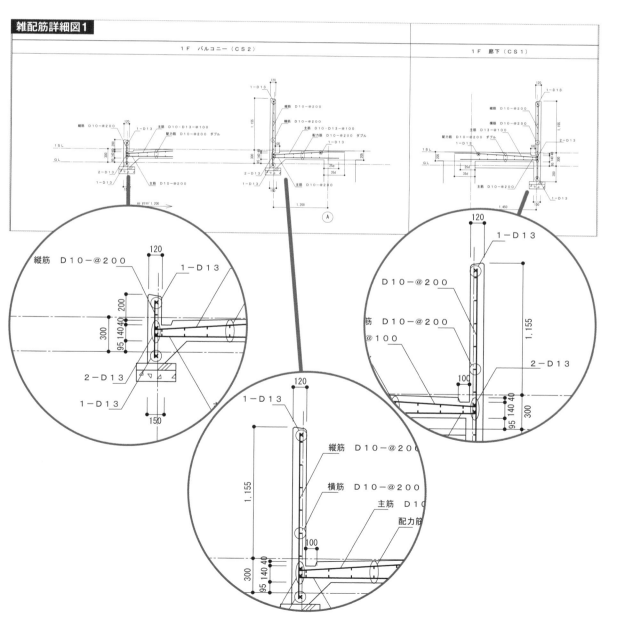

4 掃出開口部立上りを、鋼製建具部分詳細図（➡p.125）で確認します。

鋼製建具部分詳細図

AW-02／AW-02A

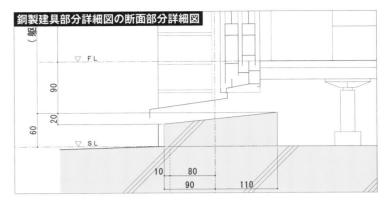

鋼製建具部分詳細図の断面部分詳細図

CD 意匠図／開口部部分詳細図.jww

5 外廊下とバルコニーの手摺と外壁との取り合いで、手摺の高さが低くなっている位置は、どの図面にも明記されていません。そこで、構造図「軸組図3」（➡p.53）のjwwファイル「S-15 軸組図3.jww」で、「測定」コマンドを使って確認します。SLから高さが変わっているところまでの高さが「135」mmであることがわかります。

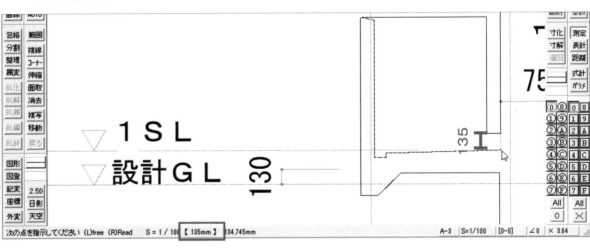

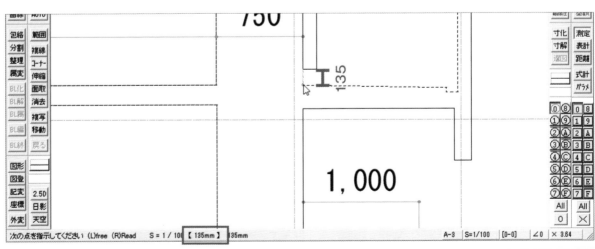

point ☞
図面に明記されていない寸法については設計者・監理者と協議して決定する必要があります。

6 外廊下とバルコニーの手摺天端の形状を、jwwファイル「矩形図1.jww」を利用して、「測定」コマンドを使って測定すると、図のようになります。

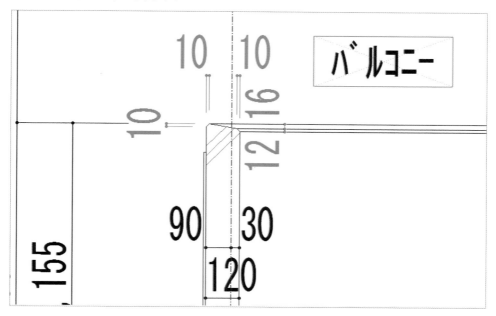

6.1.3 平面位置と高さの関係

ここまでの内容をまとめて立体図（アイソメ図）で表現すると、以下のようになります。

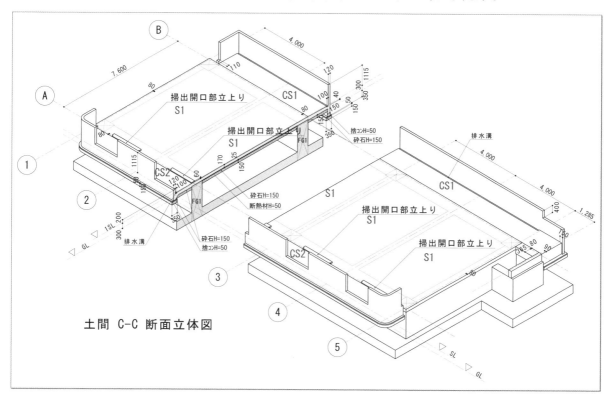

土間 C-C 断面立体図

6.2 土間伏図の作図

6.2節では、土間伏図を作図します。5章で作図した図面「施工図02.jww」を加工します。

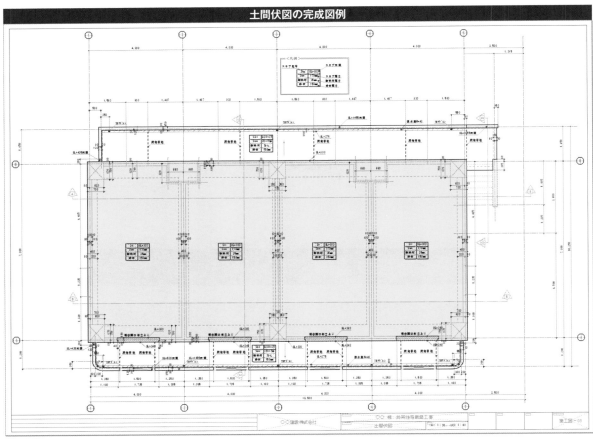

土間伏図の完成図例

施工図／施工図03.jww

6.2.1 図面名と図面番号の記入、図面の保存

1 5章で作図した図面「CH05-03-03.jww」（または「施工図02.jww」）を開きます。

2 書込レイヤを「3-F」に切り替えます。
また、レイヤグループ「0」は表示のみレイヤに、レイヤグループ「1」「2」は非表示レイヤに切り替えます。

3 文字種[6]に切り替え、図面下端の図面タイトル欄の所定の枠内に、図面名「土間伏図」、図面番号「施工図-03」をそれぞれ記入します。

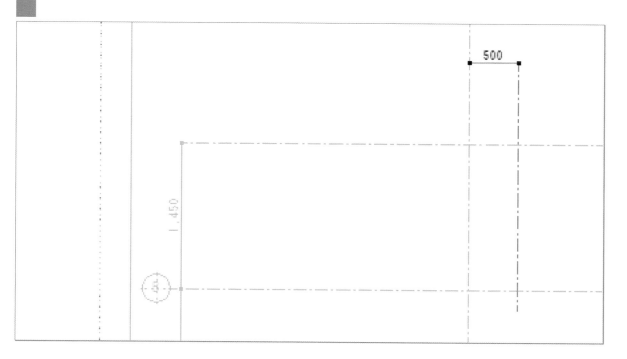

4 さらに、右側の図面枠にも、図面名「土間-断面図」、図面番号「施工図-03A」をそれぞれ記入します。

右側の図面枠が表示されない（画面に見えない）場合は、画面を縮小表示（マウスホイールの前方回転）するか、矢印キーで画面を上下左右に移動する（➡p.63）

5 作図している図面に名前を付けて保存します。ここでは「施工図03.jww」とします。

CD 練習用施工図データ／CH06／CH06-02-01.jww

6.2.2 追加の基準線を作図

1 書込レイヤを「3-0」に切り替えます。

2 外廊下の手摺の基準線と寸法を作図します。

3 バルコニーの手摺の基準線と寸法を作図します。

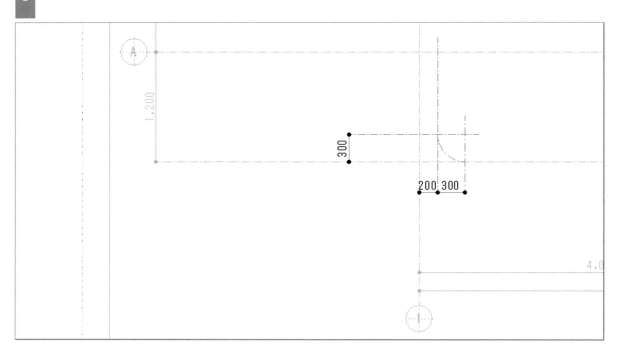

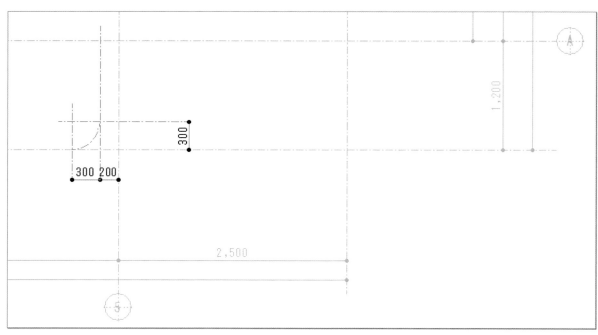

4 「MB」壁の基準線と寸法を作図します。

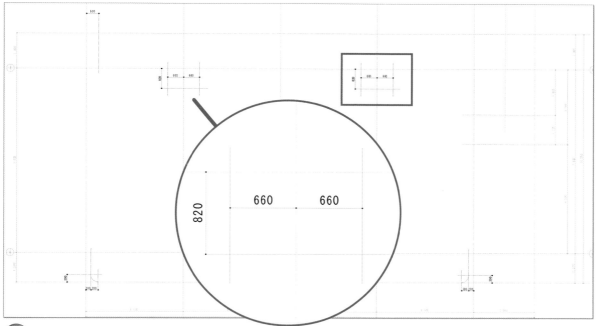

（CD）**練習用施工図データ／CH06／CH06-02-02.jww**

6.2.3　土間と地中梁の作図

1 書込レイヤを「3-1」に切り替えます。
また、レイヤグループ「2」を表示のみレイヤに切り替えます。

2 下絵を利用して、地中梁の外周線を「線色2、実線」で、外階段壁の外周線を「線色1、実線」で、囲みます。

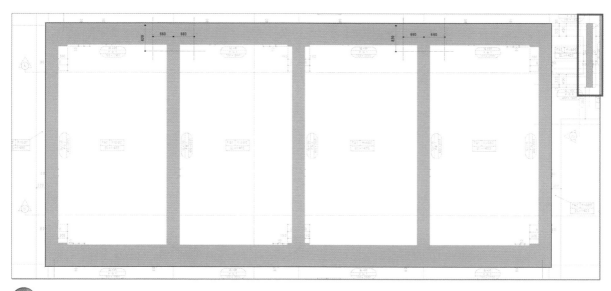

（CD）**練習用施工図データ／CH06／CH06-02-03-00.jww**

3 下絵を利用して、柱線を「線色1、点線1」で、地中梁線を「線色1、点線2」で、上からなぞります。

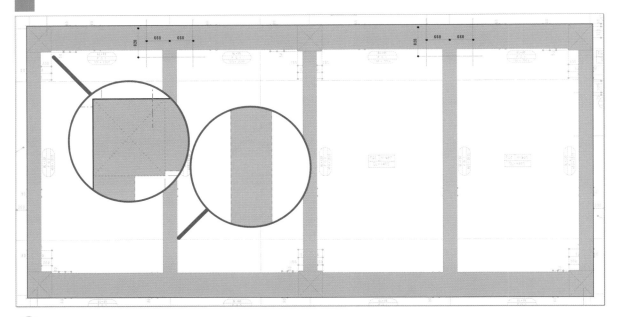

💿 練習用施工図データ／CH06／CH06−02−03−01.jww

4 壁線を「線色1、点線1」で、壁の内側に10mm入る増し打ち線を「線色1、点線2」で、作図します。壁厚は、外周線から「180」+「10」、MB部壁厚は「120」（基準線から「60」+「60」の振り分け）になります。

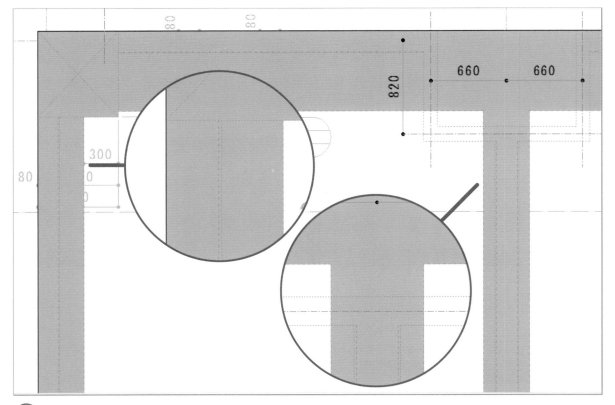

💿 練習用施工図データ／CH06／CH06−02−03−02.jww

5 外廊下とバルコニーの手摺線を「線色2、実線」で作図します。基準線から外へ「90」、内へ「30」になります。

練習用施工図データ／CH06／CH06-02-03-03.jww

6 外廊下とバルコニーの手摺の土間から下の見えない線を「線色1、点線2」で作図します。基準線から内へ「60」になります。

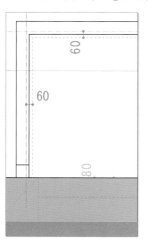
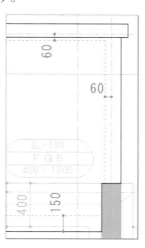
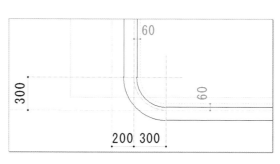
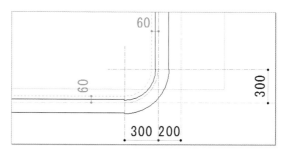

練習用施工図データ／CH06／CH06-02-03-04.jww

7 外廊下とバルコニーの手摺の段差部を作図します。

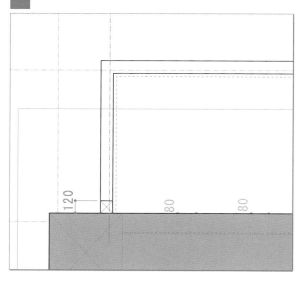
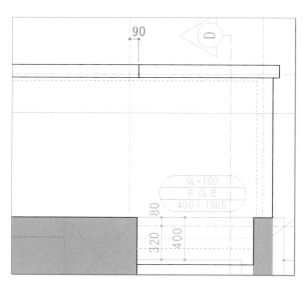

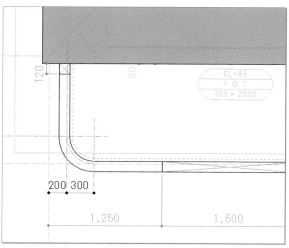
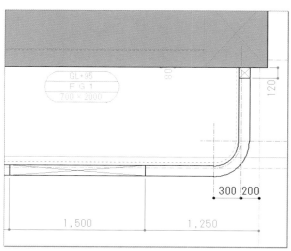

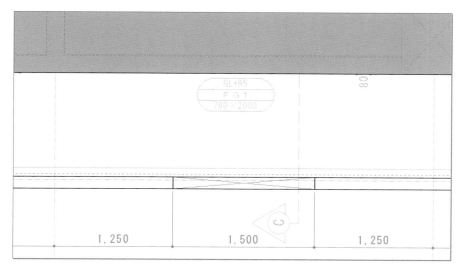

CD 練習用施工図データ／CH06／CH06-02-03-05.jww

8 外廊下とバルコニーの排水溝の線を、「線色1、実線」で作図します。

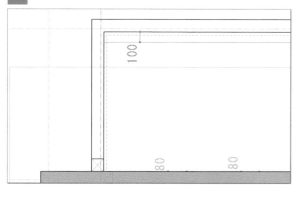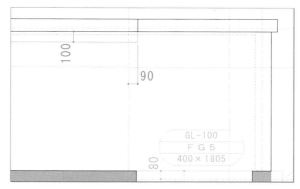

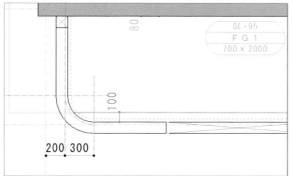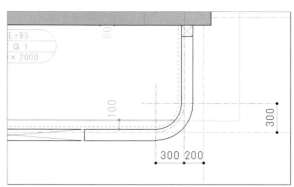

💿 練習用施工図データ／CH06／CH06-02-03-06.jww

9 開口部（SD-01）の線を、「線色1、点線1」で作図します。

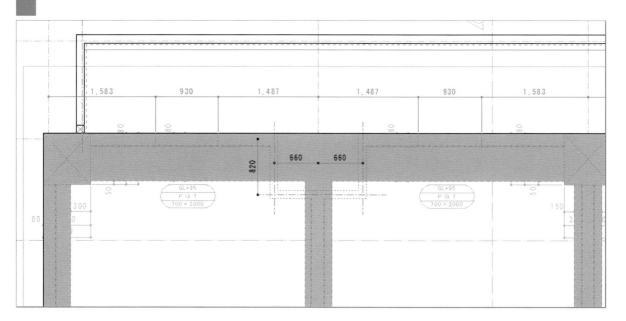

10 開口部（AW−特2A、AW−特2）の線を、「線色1、点線1」で作図します。

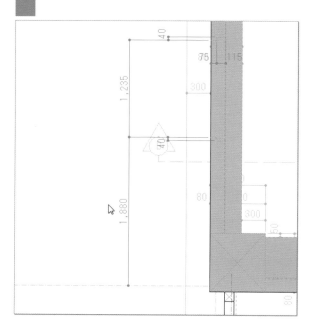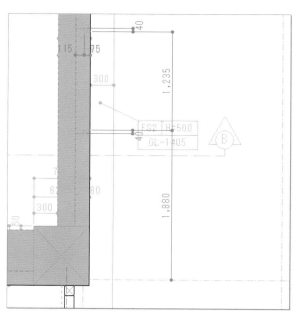

11 開口部（AW−02、AW−02A）の線を、「線色2、実線」（ハッチング）で作図します。
また、掃出開口部立上り線を、「線色1、実線」で作図します。

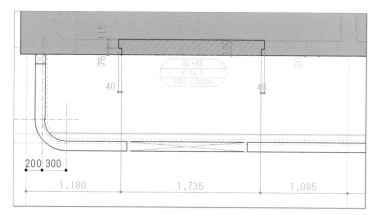

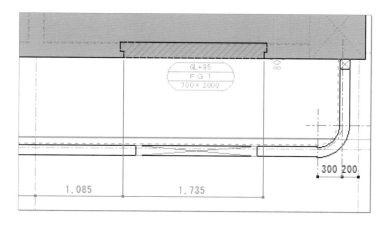

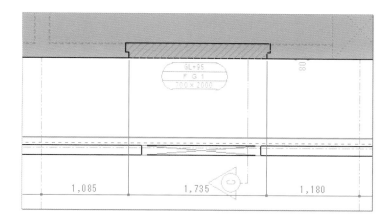

以上で、ここまでの作図が完了です。

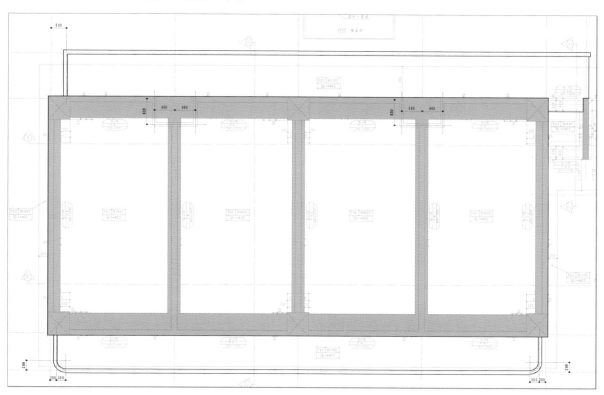

練習用施工図データ／CH06／CH06-02-03.jww

6.2.4 切断線、土間記号、説明などの作図

基礎伏図で作図した切断線をそのまま同じ位置で利用し、切断線、土間記号、説明などを作図します。

1 書込レイヤを「3-2」に切り替え、レイヤ「0」〜「1」を表示のみレイヤ、レイヤグループ「2」を編集可能レイヤに切り替えます。

2 切断線（A、B、C、Dの4本）のみ選択します。

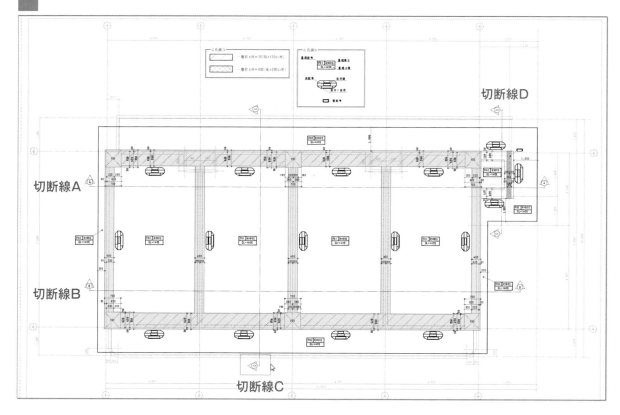

3 図の位置に基準点を変更してから、「コピー」コマンドを選択します。

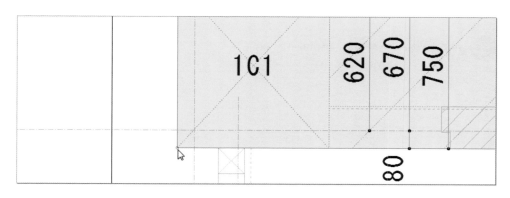

4 レイヤグループ「1」「2」を非表示レイヤに切り替えます。

5 「貼付」コマンドを選択し、**3**で設定した基準点と同じ点を🖱(右)します。

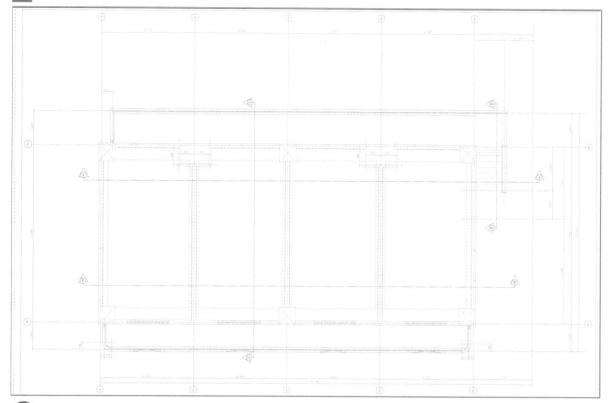

💿 練習用施工図データ／CH06／CH06－02－04－01.jww

6 「ソリッド図形」機能で、メインの土間スラブ(S1)を適当な色で塗りつぶします。

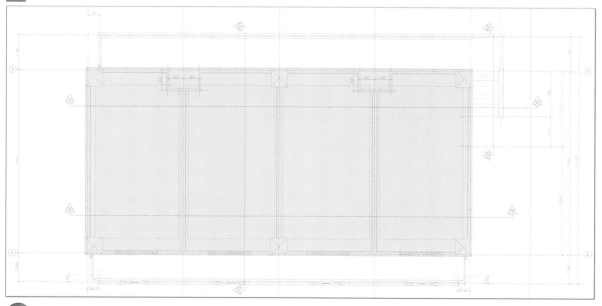

💿 練習用施工図データ／CH06／CH06－02－04－02.jww

7 ルーフドレンを外廊下3カ所、バルコニー5カ所に設置し、排水溝を目立たせるため、ハッチングします。
ルーフドレンの直径は「60」とします。

外廊下

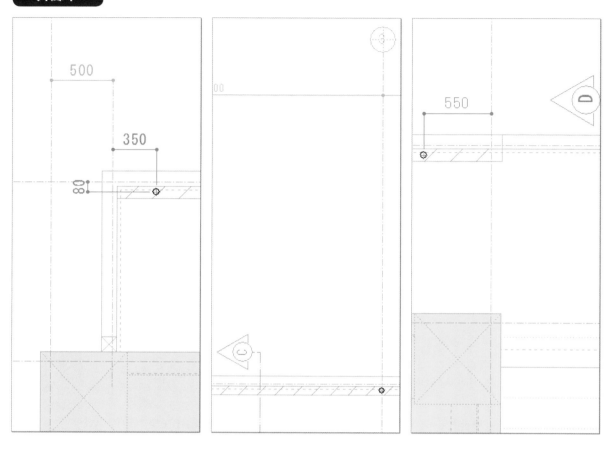

バルコニー

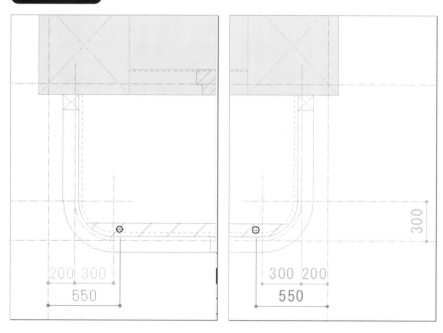

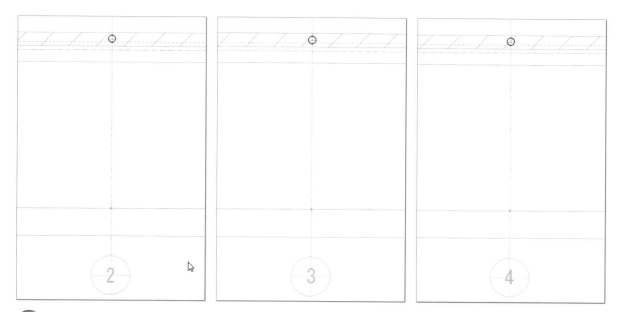

練習用施工図データ／CH06／CH06-02-04-03.jww

8 誘発目地を、外廊下とバルコニーの所定の位置に、どちらも「線色2、点線2」で作図します。

外廊下

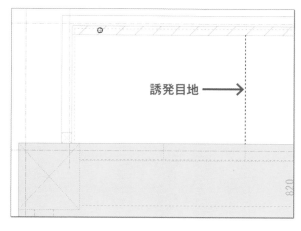

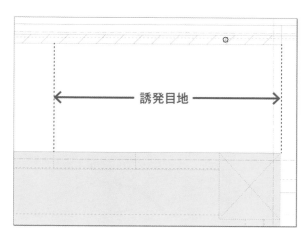

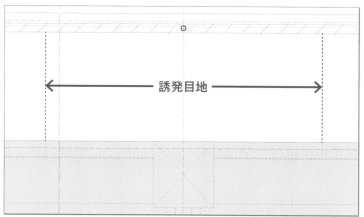

バルコニー

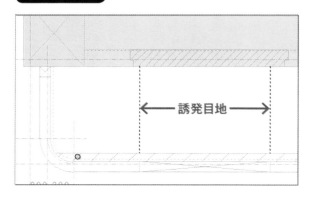 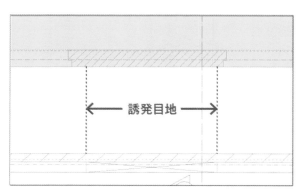

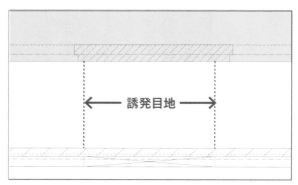 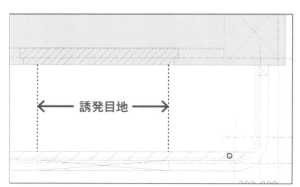

9 外廊下、バルコニーは水勾配があるので、矢印を「線色1、実線」で作図します。

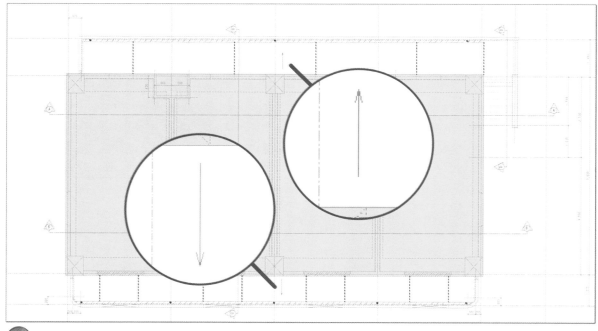

(CD) 練習用施工図データ／CH06／CH06-02-04-04.jww

10 「図形」コマンドで「スラブ記号1」を読み込んで（➡p.17）で **11** の図のように凡例を作図します。

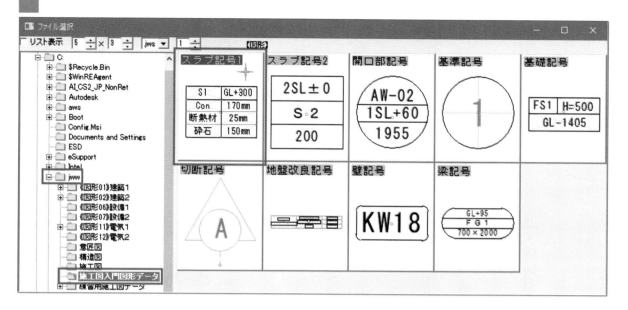

11 凡例の内容を複写して、図面内の各スラブにスラブ記号を配置します。

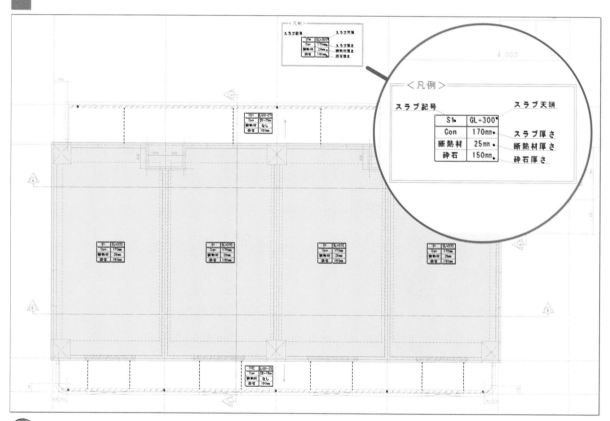

CD 練習用施工図データ／CH06／CH06-02-04-05.jww

スラブS1

S1	GL+300
Con	170mm
断熱材	25mm
砕石	150mm

スラブCS1（外廊下）

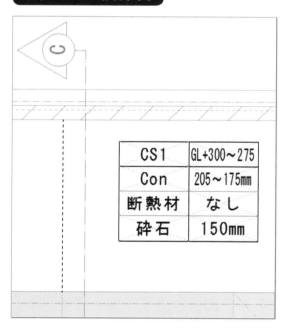

CS1	GL+300〜275
Con	205〜175mm
断熱材	なし
砕石	150mm

スラブCS2（バルコニー）

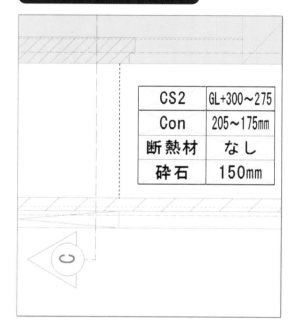

CS2	GL+300〜275
Con	205〜175mm
断熱材	なし
砕石	150mm

12 説明などを記入します。

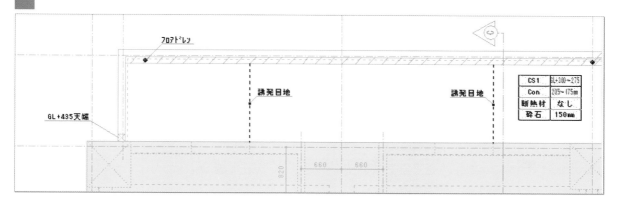

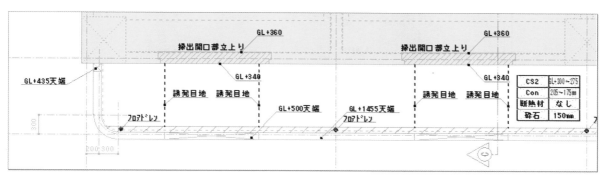

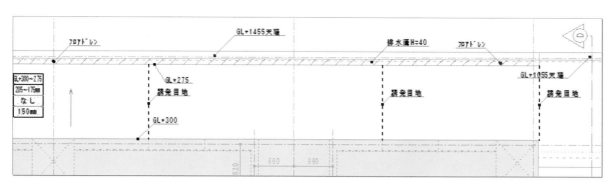

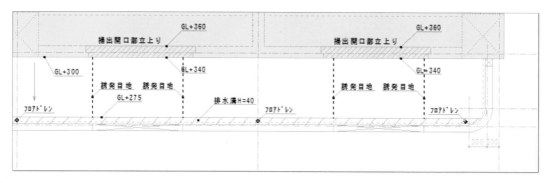

練習用施工図データ／CH06／CH06-02-04.jww

6.2.5 寸法の作図

1 書込レイヤを「3-3」に切り替えます。

2 レイヤグループ「2」のレイヤ「2」に「基礎伏図」として作図した寸法をまるごと複写してから、一部修正し、さらに追記することで作図します。手順は5章と同じです。

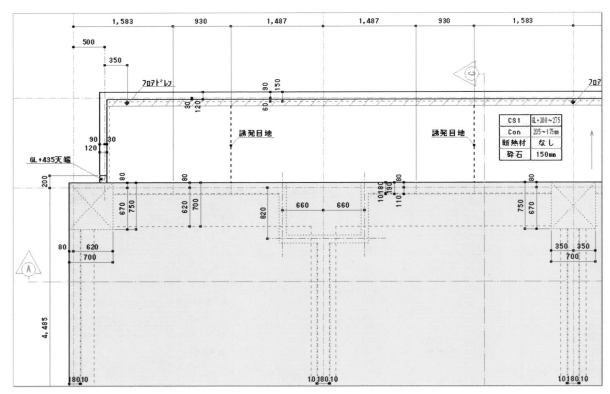

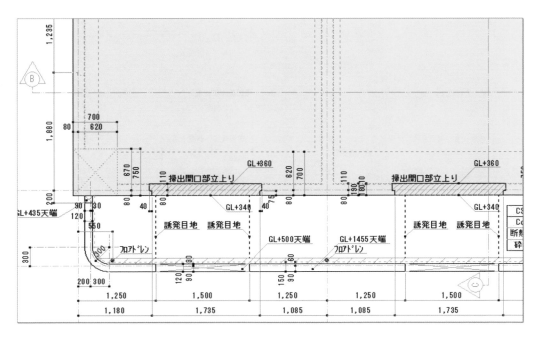

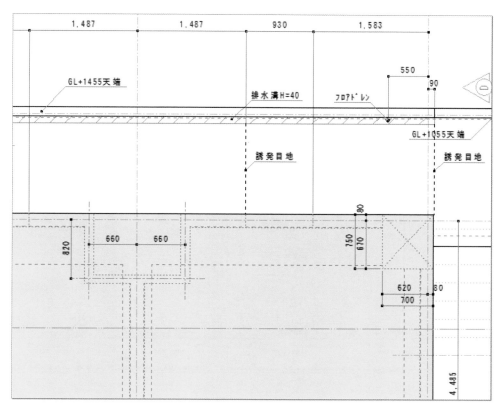

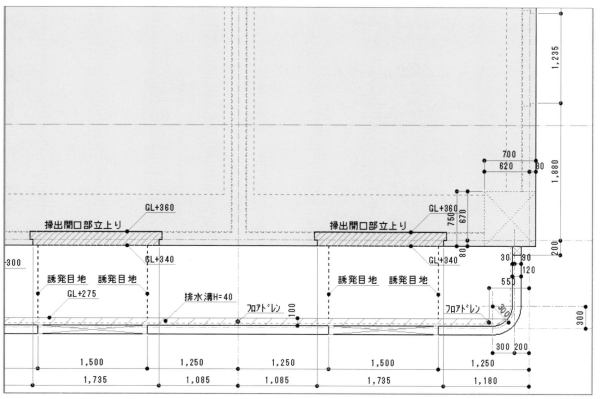

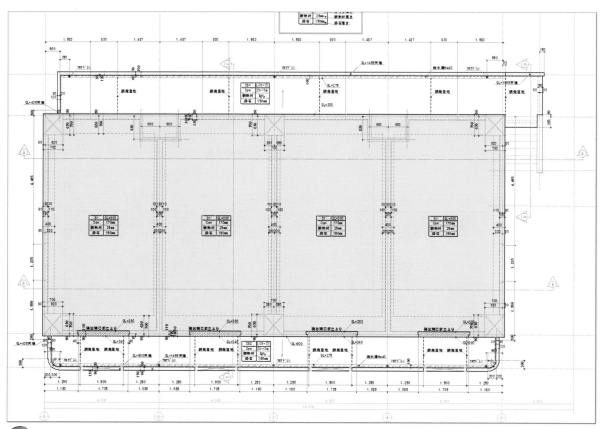

练习用施工図データ／CH06／CH06-02-05.jww

3 作図している図面「施工図03.jww」を上書き保存します。

施工図／施工図03.jww

6.3

土間断面図の作図

6.3節では、土間断面図を作図します。断面図を必要に応じて作図することで、高さ関係がよりわかりやすいものになり、施工ミスが少なくなります。

土間断面図の完成図例

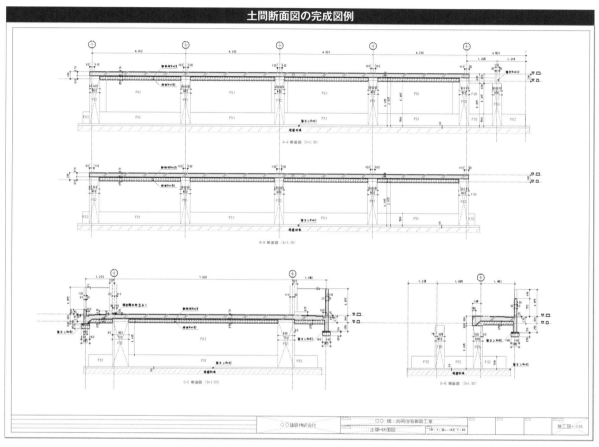

施工図／施工図03A.jww

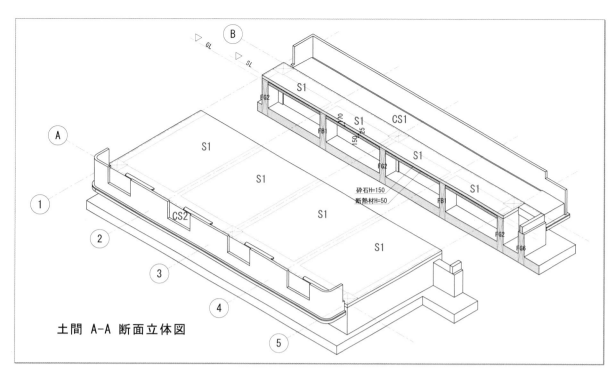

土間 A-A 断面立体図

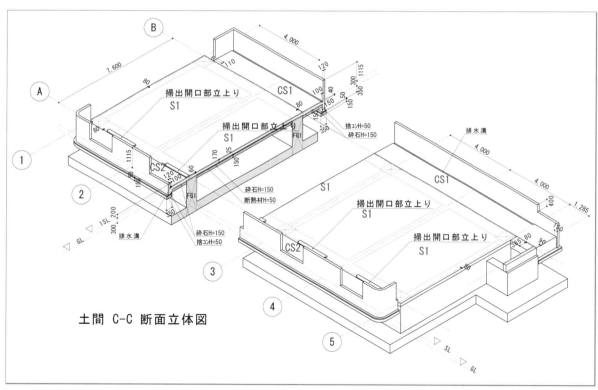

土間 C-C 断面立体図

6.3.1 土間伏図と基礎断面図を図面枠外に複写し作図準備

1 「CH06-02-05.jww」で、レイヤグループ「2」を表示のみに切り替えて、5章で作図した基礎伏図の輪郭が見えるようにします。

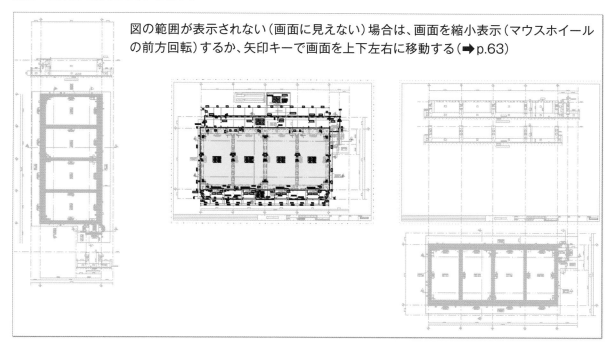

図の範囲が表示されない（画面に見えない）場合は、画面を縮小表示（マウスホイールの前方回転）するか、矢印キーで画面を上下左右に移動する（➡p.63）

2 「土間伏図」を複写し、図面枠外の「基礎伏図」と同じ位置に重ね、「A-A 断面図」「B-B 断面図」「C-C 断面図」「D-D 断面図」を作図するための準備をします。

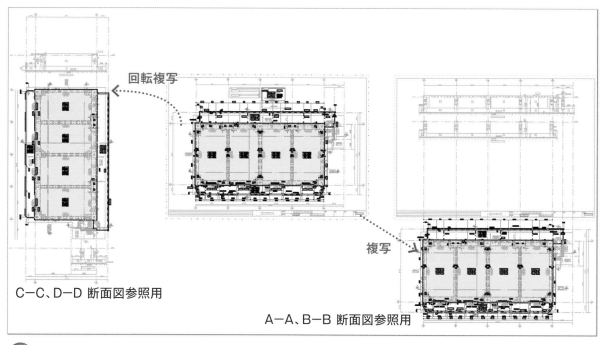

回転複写

C-C、D-D 断面図参照用

複写

A-A、B-B 断面図参照用

練習用施工図データ／CH06／CH06-03-01-01.jww

3 レイヤグループ「2」で作図した基礎伏図をレイヤグループ「3」の同じ位置でそのまま利用します。書込レイヤを「2-3」に切り替えて基礎断面図を表示させ、「コピー」コマンドを選択して、基礎断面図をコピーします。

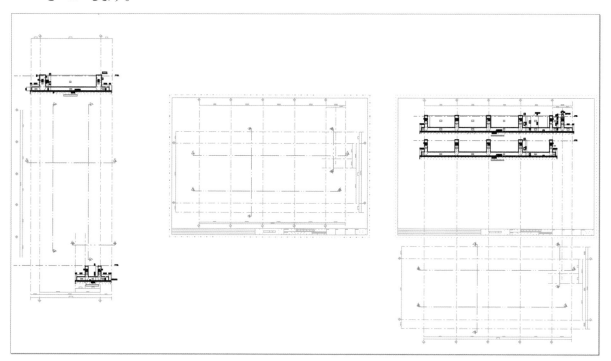

4 書込レイヤを「3-4」に、レイヤグループ「2」を表示のみレイヤに切り替えてから、「貼付」コマンドを選択して、**3**と同じ位置に基礎断面図を貼り付けます。

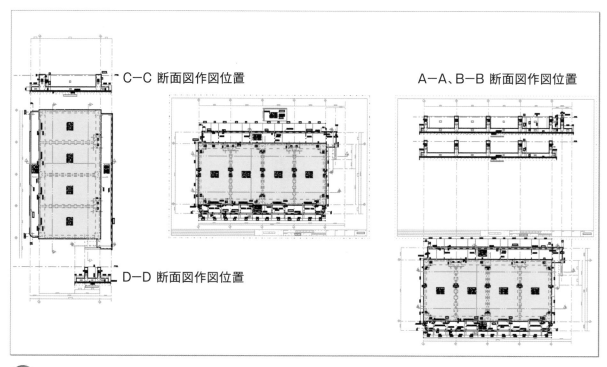

C-C 断面図作図位置　　　　　　　　　　　A-A、B-B 断面図作図位置

D-D 断面図作図位置

練習用施工図データ／CH06／CH06-03-01.jww

6.3.2 2つの伏図から各位置の線をかき延ばし断面図を作図

断面図は、伏図の切断線の位置から垂直線をかき延ばし、位置関係を確認し、高さ関係を水平線で作図して、仕上げていきます。

1 書込レイヤを「2-4」に切り替えます。また、レイヤグループ「F」を表示のみレイヤに切り替えます。

2 作図済みの基礎断面図が目立たないよう、「属性変更」コマンドで「線色1、実線」に切り替えてから、「A-A 断面図」および「B-B 断面図」を作図します(➡**部分拡大図：次ページ**)。

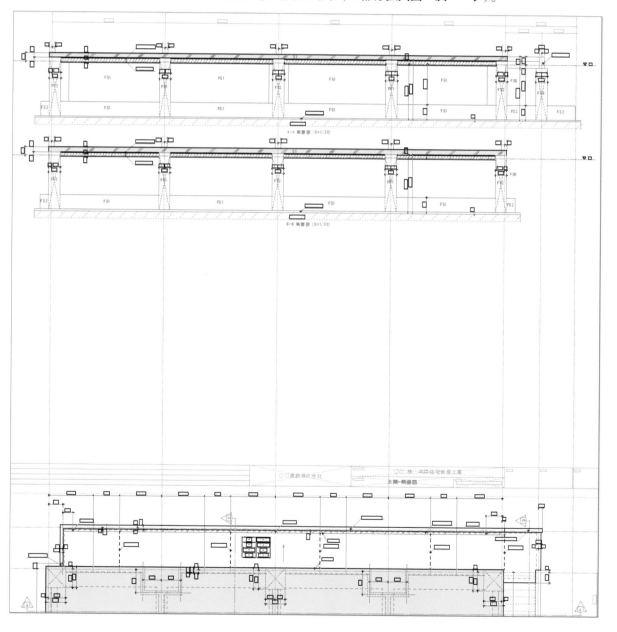

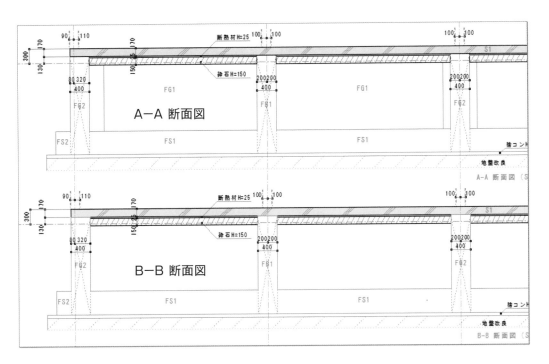

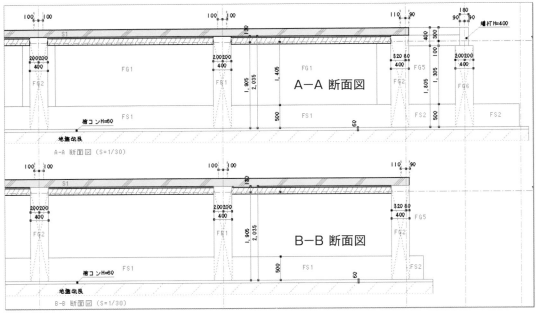

3 「C-C 断面図」を作図します。

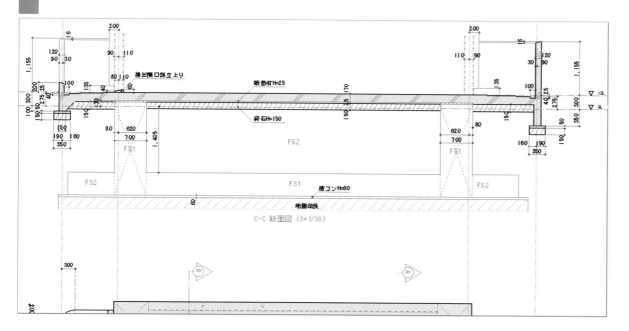

4 「D-D 断面図」を作図します。

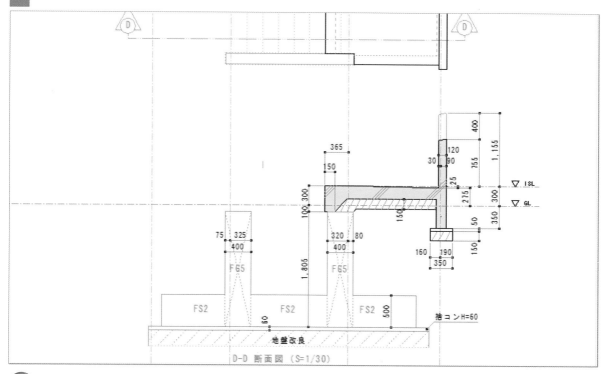

練習用施工図データ／CH06／CH06-03-02.jww

5 作図している図面「施工図03.jww」を上書き保存します。

施工図／施工図03.jww

6.3.3 4つの断面図を図面枠内にまとめる

1 作図した4つの断面図の位置を整えてまとめます。

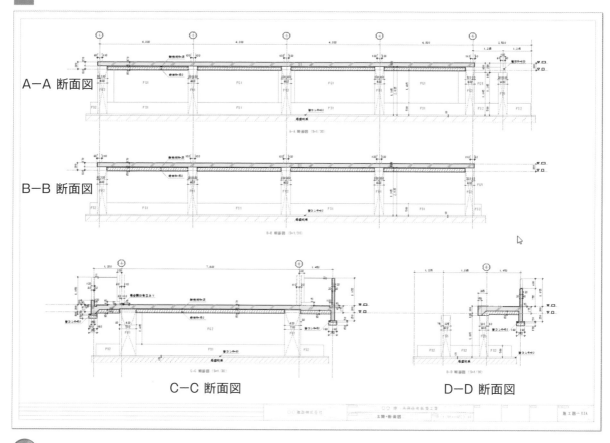

A–A 断面図

B–B 断面図

C–C 断面図　　　　　　　　　　　　D–D 断面図

🄲🄳 **練習用施工図データ／CH06／CH06-03-03.jww**

2 作図している図面に名前を付けて保存します。ここでは「施工図03A.jww」とします（➡p.135/ 155）。

以上で、6章での土間伏図とその断面図による施工図の作図は完了です。

🄲🄳 **施工図／施工図03A.jww**

7章

1階・2階見上げ図と断面図の作図

7章では、あらかじめ作図された鉄筋コンクリート造3階建「○○様　共同住宅新築工事」の「意匠図」と「構造図」を照合しながら、1階・2階躯体工事をするうえで必要な「施工図」を作図します。なお、ここからの作図では、p.17でハードディスクにコピーした「CH06-03-02.jww」（付録CDの「練習用施工図データ」フォルダの「CH06」フォルダに収録してあるファイル）を開いて、練習を開始してください。

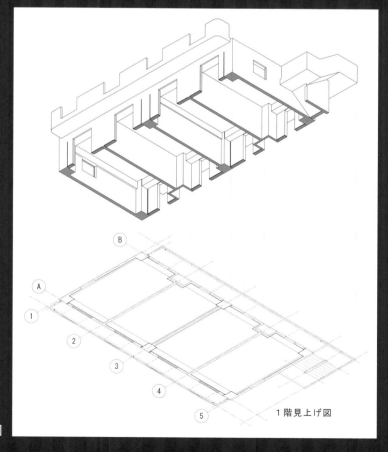

1階見上げ立体図

1階見上げ図

1階・2階見上げ図と断面図の作図準備

ここまで作図した図面はすべて「〜伏図」でしたが、ここからはその逆の「〜見上げ図」になります。鉄筋コンクリート造（本書では3階建）を施工する場合、たとえば、1階の壁・柱と2階の梁・スラブを同時にコンクリート打設します。したがって、「伏図」よりも「見上げ図」を作図した方が、都合がよくなります。

作図のポイント

施工図「1階・2階見上げ図」は、以下の「意匠図」と「構造図」を参照・照合しながら作図します。
本書で取り上げている建築物においては、1階と2階の見上げ図がほとんど同じなので、「1階見上げ図」と「2階見上げ図」をセットにした施工図「1階・2階見上げ図」とします。さらに、「1階・2階見上げ図」の位置関係を基にして、「1階断面図」および「2階断面図」を作図することで、高さ関係を明確にし、工事を的確に進めることができるようにします。

参考・照合する図面

意匠図

矩計図1	➡p.43	🆑	意匠図／D-17 矩計図1.pdf
矩計図2	➡p.44	🆑	意匠図／D-18 矩計図2.pdf
階段平面詳細図	➡p.45	🆑	意匠図／D-19 階段平面詳細図.pdf
階段断面詳細図	➡p.46	🆑	意匠図／D-20 階段断面詳細図.pdf
賃貸住戸平面詳細図	➡p.47	🆑	意匠図／D-21 賃貸住戸平面詳細図.pdf
1階建具案内図	➡p.48	🆑	意匠図／D-27 1階建具案内図.pdf
2,3階建具案内図	➡p.48	🆑	意匠図／D-28 2,3階建具案内図.pdf
鋼製建具表1	➡p.49	🆑	意匠図／D-30 鋼製建具表1.pdf

構造図

7.1.1　平面位置の確認

1 スラブの記号名称「S2」「CS1」「CS2」「CS9」および梁の記号名称「2G1」「2G2A」「B1」の位置を、構造図「2階伏図」（➡p.50）で確認します。

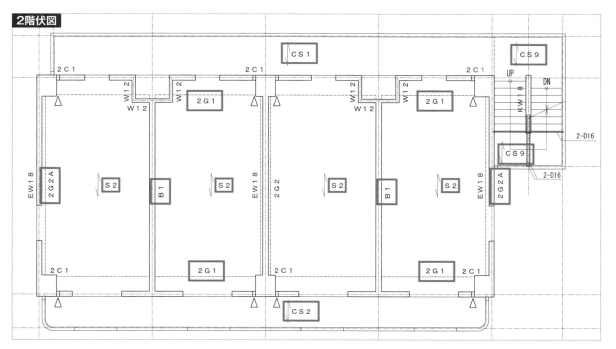

2 梁の記号名称「2G1（G1）」「2G2（G2）」「2G2A（G2A）」の大きさ（B×D）を、構造図「大梁リスト（1）」（➡ p.55）で確認します。

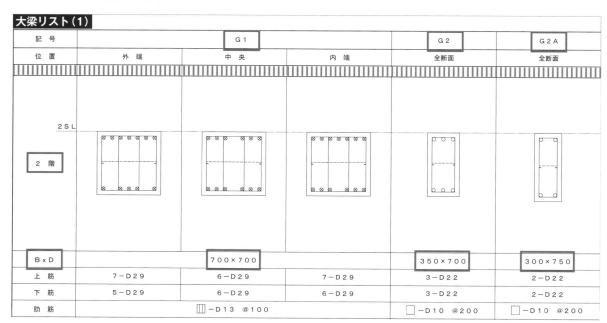

大梁リスト（1）

記 号		G 1			G 2	G 2 A
位 置	外 端	中 央	内 端		全断面	全断面
2 階						
B x D		700×700			350×700	300×750
上 筋	7-D29	6-D29	7-D29		3-D22	2-D22
下 筋	5-D29	6-D29	6-D29		3-D22	2-D22
肋 筋		▥-D13 @100			□-D10 @200	□-D10 @200

3 柱の記号名称「1C1」および壁の記号名称「W18」「W12」「EW18」「KW18」の位置を、構造図「1階伏図」（➡p.50）で確認します。特記のない壁は「W18」です。

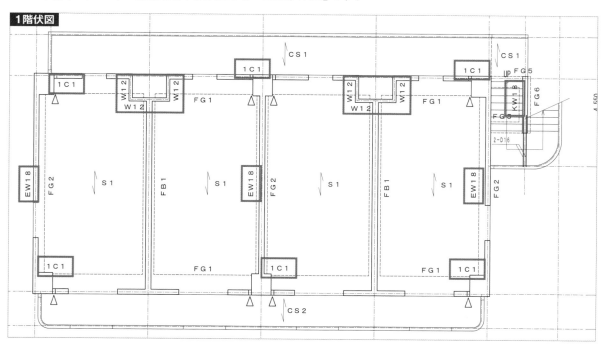

1階伏図

4 壁の記号名称「W18」「W12」「EW18」「KW18」の厚さを、構造図「壁リスト」(➡**p.52**)で確認します。

壁リスト

符　号	E W 1 8	W 1 8	K W 1 8	W 1 2
壁　厚	1 8 0	1 8 0	1 8 0	1 2 0
立　断　面	180	180	180	120

point ☞
壁は、6章の土間伏図である程度作図してあるものに追記します。

5 柱の記号名称「1C1」の大きさ(B×D)を、構造図「柱リスト」(➡**p.55**)で確認します。

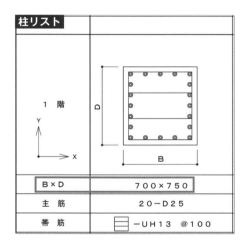

柱リスト		
1 階 ↑Y →X	D / B	
B×D	7 0 0 × 7 5 0	
主　筋	2 0 - D 2 5	
帯　筋	▭ - U H 1 3 　@ 1 0 0	

6 耐震スリットの位置は、意匠図「賃貸住戸平面詳細図」(➡**p.47**)には寸法がないので確認できません。
そこで、意匠図「賃貸住戸平面詳細図」のjwwファイル「D-21 賃貸住戸平面詳細図.jww」で、「測定」コマンドを使って確認します。結果は、図のように基準線から「670」離れた位置であることが読み取れます。

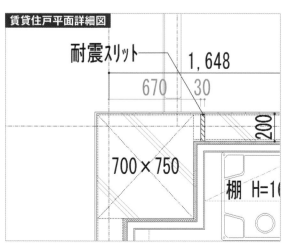

賃貸住戸平面詳細図
耐震スリット　1,648
670 30
200
700×750
棚 H=10

7 耐震スリットの幅は、構造図「壁リスト」（➡p.56）から、「30」のものを使用することが確認できます。

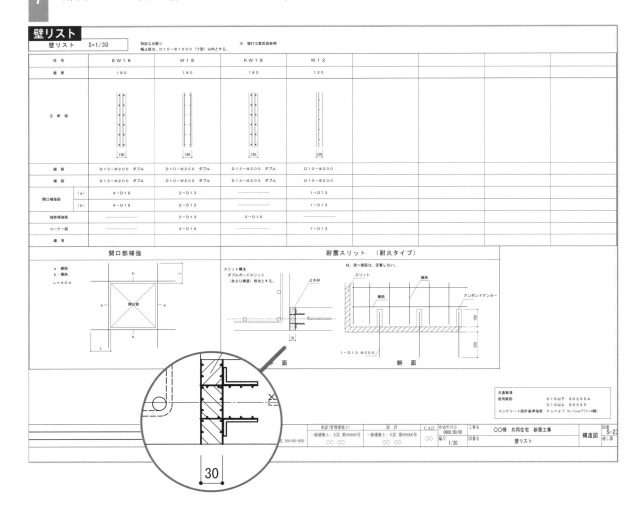

壁リスト

壁リスト	S=1/30		特記なき限り 幅止筋は、D10-@1000（ワ型）以内とする。	※ 増打は意匠図参照			
符 号			EW18	W18	KW18	W12	
壁 厚			180	180	180	120	
立 断 面			180	180	180	120	
縦 筋			D13-@200 ダブル	D10-@200 ダブル	D13-@200 ダブル	D10-@200	
横 筋			D13-@200 ダブル	D10-@200 ダブル	D13-@200 ダブル	D10-@200	
開口補強筋	(a)		4-D19	2-D13	———	1-D13	
	(b)		4-D19	2-D13	———	1-D13	
端部補強筋			———	2-D13	2-D16		
コーナー筋			———	4-D16		1-D13	
備 考							

開口部補強	耐震スリット　（耐火タイプ）

共通事項
使用鉄筋　　D16以下　SD295A
　　　　　　D19以上　SD345
コンクリート設計基準強度　Fc=27 N／mm²（1～4階）

	承認（管理建築士）	設 計	CAD	作成年月日 0000/00/00	工事名 〇〇様 共同住宅 新築工事		図番 S-23
TEL 000-000-0000	一級建築士：大臣 第000000号 〇〇 〇〇	一級建築士：大臣 第000000号 〇〇 〇〇	〇〇	縮尺 1/30	図書名 壁リスト	構造図	通し番

point ☞

意匠図「賃貸住戸平面詳細図」（➡p.47）と、構造図「壁リスト」（➡p.56）や他の構造図とでは、耐震スリットの位置が異なることがわかるが、協議の結果、ここでは意匠図を優先することになったので、意匠図「賃貸住戸平面詳細図」を元に耐震スリットの位置が決められました。

8 耐震スリットの立体的な位置を、構造図「軸組図(1)」(➡p.52)で確認します。

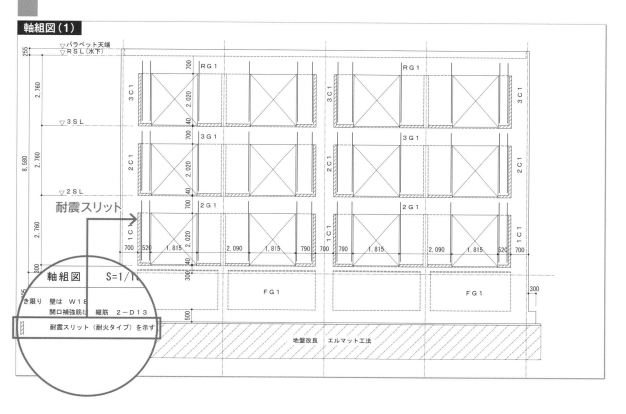

9 耐震スリットの立体的な位置は、構造図「軸組図(2)」(➡p.52)でも確認できます。

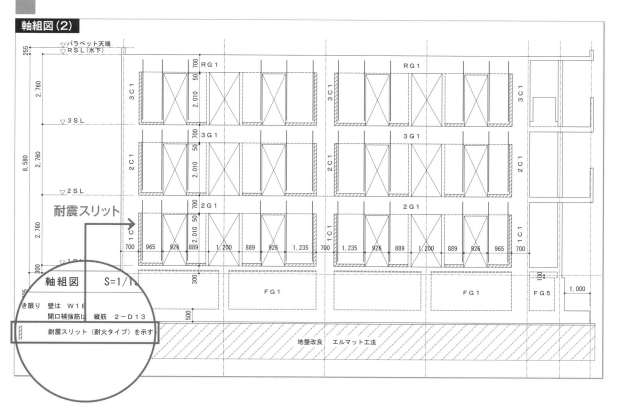

10　打込み断熱材（硬質ウレタンフォーム。厚20）の位置を、意匠図「矩計図1」（➡p.43）で確認します。

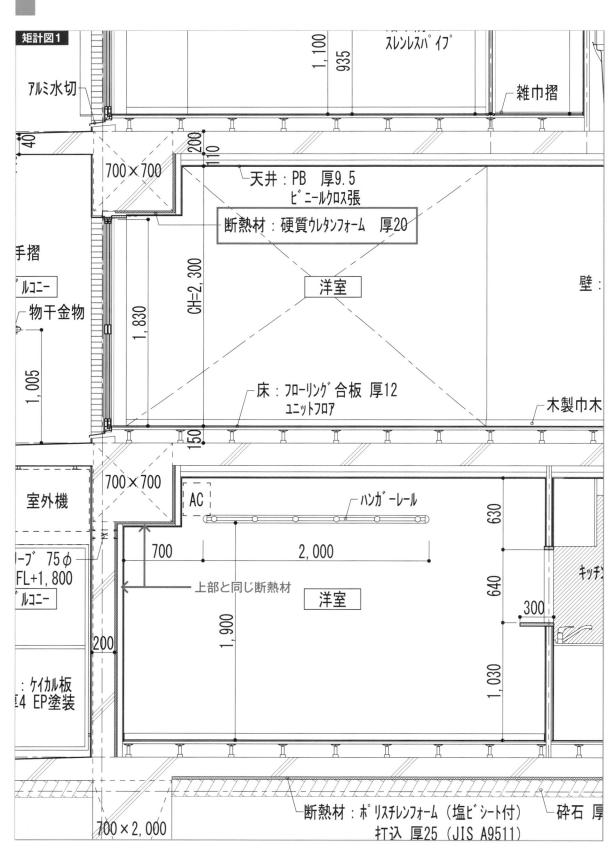

11 打込み断熱材（硬質ウレタンフォーム。厚20）の位置を、意匠図「賃貸住戸平面詳細図」（➡ p.47）で確認します。

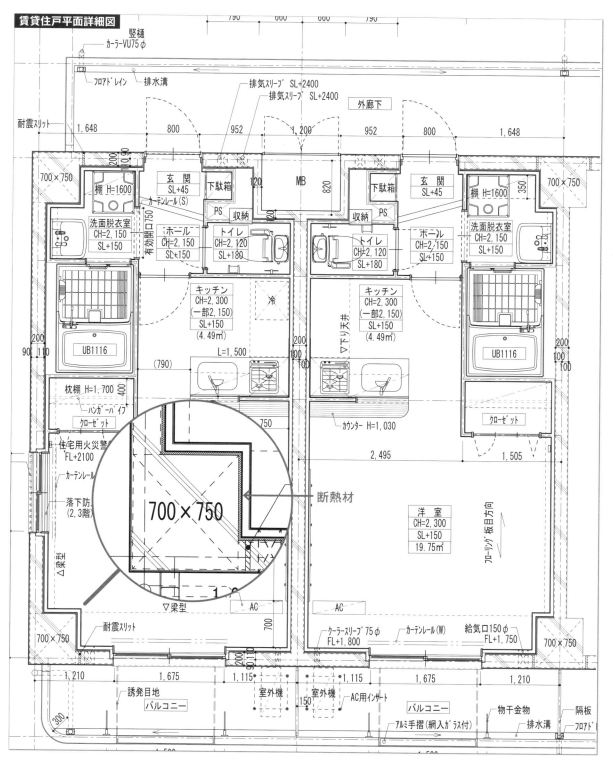

賃貸住戸平面詳細図

12 外階段の詳細は、10章で別途「階段平面図」「階段断面図」で示すので、ここでは輪郭だけを表示します。

7.1.2 高さの確認

1 階高（1SL～2SL間）は、諸図面で確認できます。「2760」になります。

2 スラブの記号名称「S2」「CS1」「CS2」「CS9」の高さ（厚さ）を、構造図「スラブリスト」（➡p.57）で確認します。

スラブリスト

スラブリスト（在来工法）

符 号	スラブ厚	位 置	主筋	配力筋	備 考
FS1	500	上端筋	D16－@150	D19－@150	ベタ基礎
		下端筋	D16－@150	D19－@150	
FS2	500	上端筋	D16－@150	D16－@150	ベタ基礎
		下端筋	D16－@150	D16－@150	
S1	170	上端筋	D10・D13－@200	D10・D13－@200	1F
		下端筋	D10・D13－@200	D10・D13－@200	
S2	200	上端筋	D10・D13－@200	D10・D13－@200	2F・3F
		下端筋	D10・D13－@200	D10・D13－@200	
S3	170	上端筋	D10・D13－@200	D10・D13－@200	RF
		下端筋	D10・D13－@200	D10・D13－@200	

片持ちスラブリスト

符 号	スラブ厚	位 置	主筋	配力筋	備 考
CS1	205～178	上端筋	D13－@100	D10－@200	1F
		下端筋	D10－@200	D10－@200	
		上端筋	D10・D13－@100	D10－@200	2F～3F
		下端筋	D10－@200	D10－@200	
CS2	205～177	上端筋	D10・D13－@100	D10－@200	1F
		下端筋	D10－@200	D10－@200	
		上端筋	D10・D13－@100	D10－@200	2F～3F
		下端筋	D10－@200	D10－@200	

スラブリスト（UB-55-10使用時）

符 号	スラブ厚	位 置	短辺方向（主筋）	長辺方向（配力筋）	備 考
S2	200	上端筋	D10・D13－@200	D10・D13－@200	2F～3F
		下端筋	D10・D13－@200	D10・D13－@200	

CS9	205～180	上端筋	D13－@100	D10－@200	2F～3F
		下端筋	D10－@200	D10－@200	
		上端筋	D10－@150	D10－@150	

3 スラブの記号名称「CS1」「CS2」および手摺の断面寸法を、構造図「雑配筋詳細図（1）」（➡p.60）で確認します。

雑配筋詳細図（1）

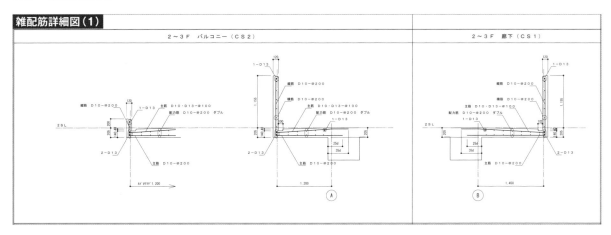

4 外廊下およびバルコニーの水切り近くの詳細を、意匠図「矩形図1.jww」を利用し、「測定」コマンドで実測して確認します。

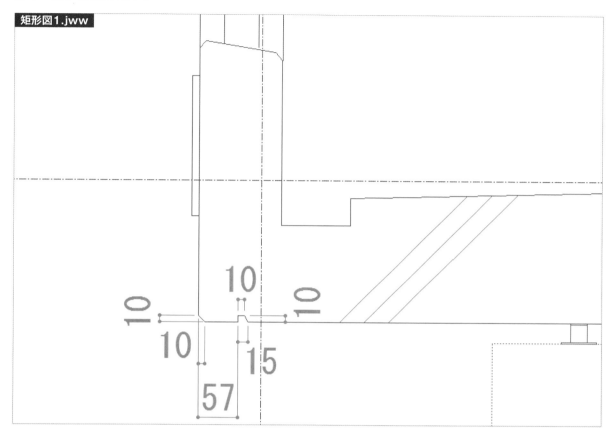

5 外壁の開口部の高さ寸法を、意匠図「矩計図1」（➡p.43）および「矩計図2」（➡p.44）で確認します。

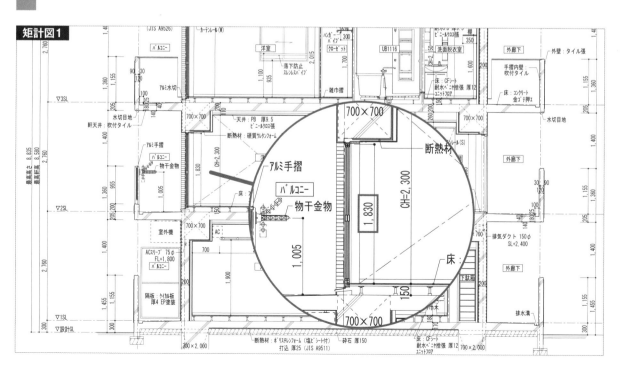

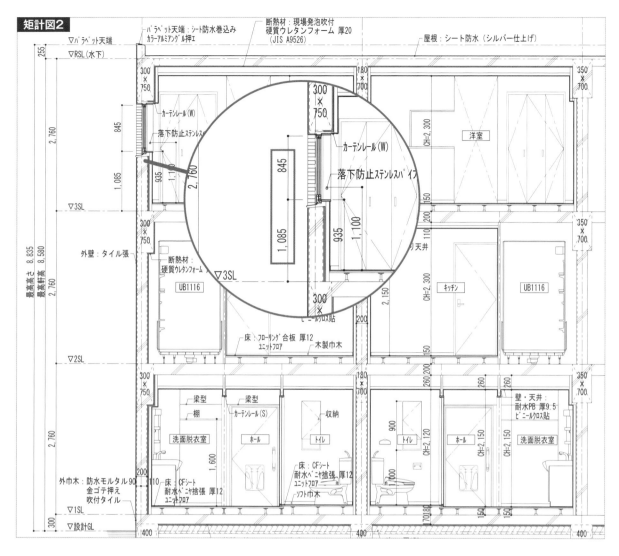

矩計図2

6　建具の配置を、意匠図「1階建具案内図」（➡p.48）で確認します。

7　建具の寸法を、意匠図「鋼製建具表1」（➡p.49）で確認します。

8　6、7の建具寸法が躯体の開口寸法とはならず、躯体と建具との関係はp.124〜125に掲載したようになります。現場において、これらの鋼製建具の部分詳細図（➡p.124）は鋼製建具業者によって作図され、詳細図の納まりを協議しながら決定することになります。

7.1.3 平面位置と高さの関係

ここまでの内容をまとめて立体図（アイソメ図）で表現すると、以下のようになります。

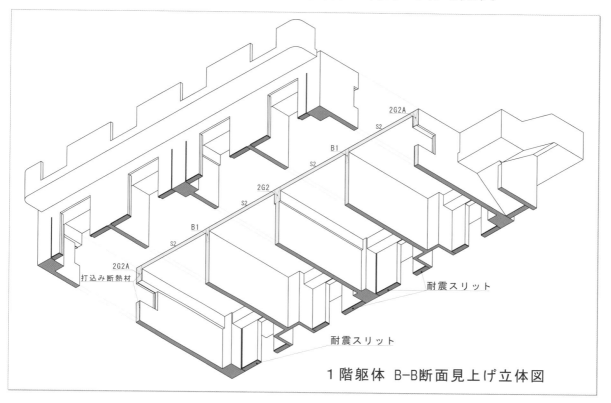

1階躯体 B-B断面見上げ立体図

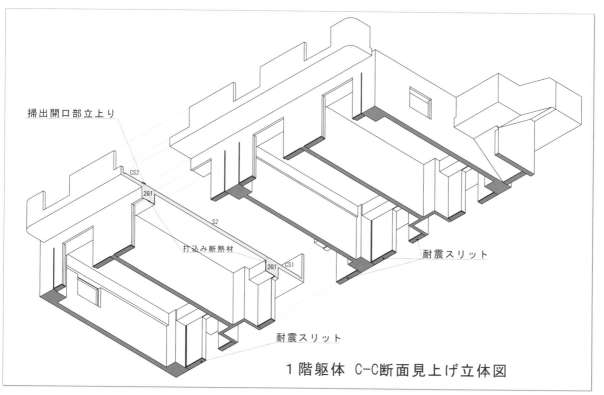

1階躯体 C-C断面見上げ立体図

7.2節では、1階見上げ図を作図します。6章で作図した図面「施工図03.jww」を加工します。

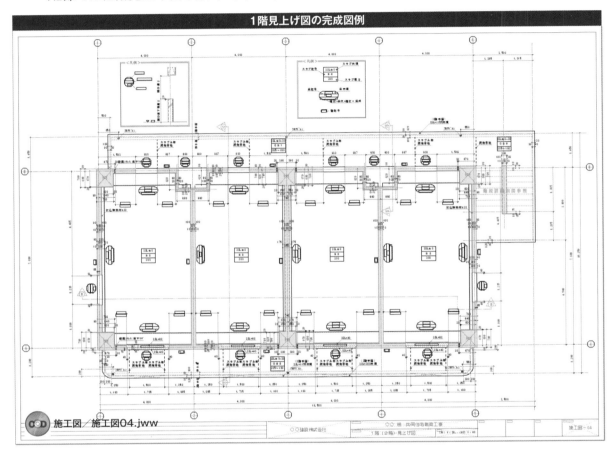

施工図／施工図04.jww

7.2.1 図面名と図面番号の記入、図面の保存

1 6章で作図した図面「CH06-03-02.jww」（または「施工図03.jww」）を開きます。

2 書込レイヤを「4-F」に切り替えます。
また、レイヤグループ「0」は表示のみレイヤに、レイヤグループ「1」「2」「3」は非表示レイヤに切り替えます。

3 文字種[6]に切り替え、図面下端の図面タイトル欄の所定の枠内に、図面名「1階（2階）見上げ図」、
図面番号「施工図-04」をそれぞれ記入します。

4 さらに、右側の図面枠にも、図面名「1階断面図」、図面番号「施工図－04A」をそれぞれ記入します。

右側の図面枠が表示されない（画面に見えない）場合は、画面を縮小表示（マウスホイールの前方回転）するか、矢印キーで画面を上下左右に移動する（➡p.63）

5 作図している図面に名前を付けて保存します。ここでは「施工図04.jww」とします。

練習用施工図データ／CH07／CH07-02-01.jww

7.2.2 追加の基準線を作図

1 レイヤグループ「3」のレイヤ「0」に作図した基準線と寸法を選択し、「コピー」コマンドを選択します。

2 書込レイヤを「4-0」に切り替え、「貼付」コマンドを選択し、**1**と同じ位置を🖱（右）して貼り付けます。

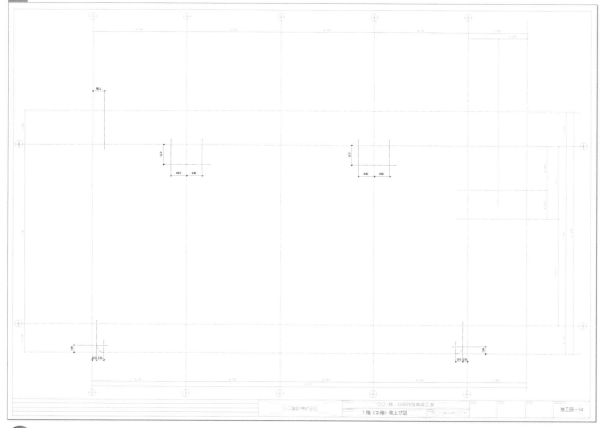

練習用施工図データ／CH07／CH07-02-02.jww

7.2.3 1階見上げ図の作図

1 書込レイヤを「4-1」に切り替えます。
また、レイヤグループ「3」を表示レイヤに切り替えます。

2 土間伏図を下絵として利用しますが、「ソリッド図形」機能による着色で全体が見えないため、図のようにソリッドをあらかじめ消去しておきます。

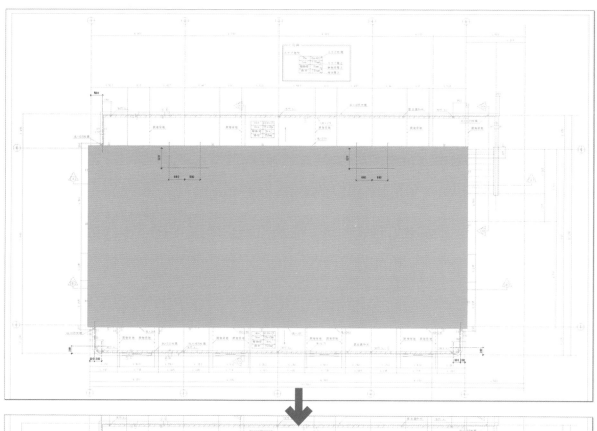

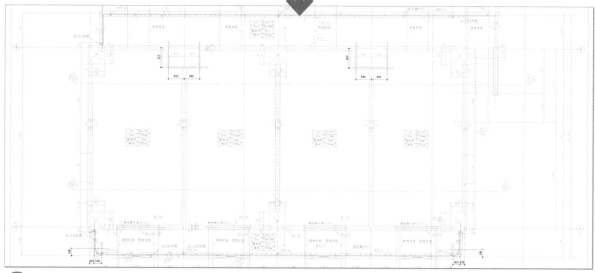

🔘 練習用施工図データ／CH07／CH07-02-03-00.jww

3 土間伏図を下絵として利用して、以下の線を、それぞれの線色・線種で順次、作図します。

外廊下、バルコニーの外周線	：「線色2、実線」
外廊下、バルコニーの手摺隠れ線	：「線色1、点線1」
建物本体の外周線（ふかし線）	：「線色1、点線2」 ※ 開口部は記入しない
柱の内側の線	：「線色1、実線」 ※ ×と壁の境界線は「線色1、点線1」
	※ 合わせて「1C1」も記入
外壁の内側の線	：「線色1、実線」 ※ 10mmのふかしは「線色1、点線2」
MB壁の外側線	：「線色3、実線」
MB壁の内側線	：「線色1、実線」
内壁の線	：「線色3、実線」 ※ 10mmのふかしは「線色1、点線2」
	※ 内壁は打込み断熱材がないため極太線「線色3」

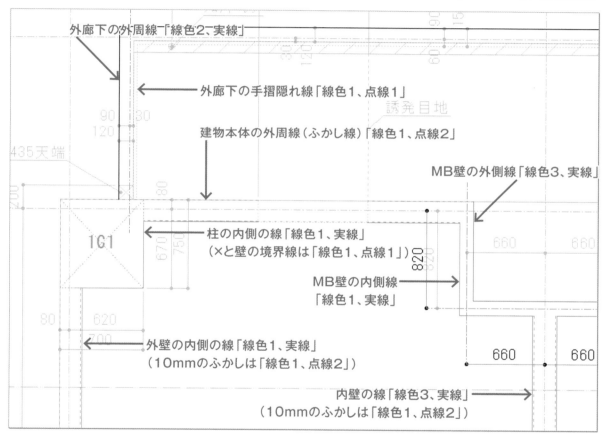

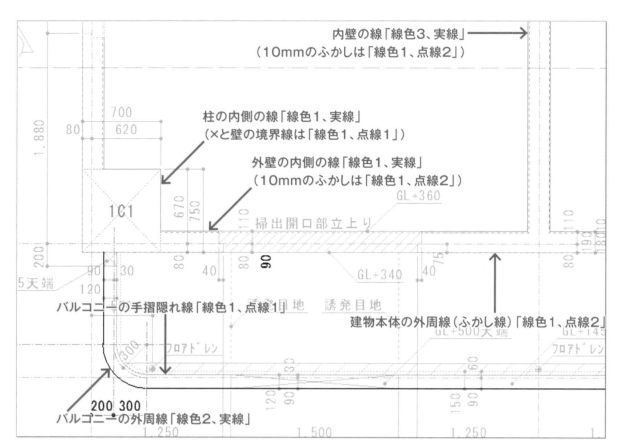

内壁の線「線色3、実線」
（10mmのふかしは「線色1、点線2」）

柱の内側の線「線色1、実線」
（×と壁の境界線は「線色1、点線1」）

外壁の内側の線「線色1、実線」
（10mmのふかしは「線色1、点線2」）

バルコニーの手摺隠れ線「線色1、点線1」

建物本体の外周線（ふかし線）「線色1、点線2」

バルコニーの外周線「線色2、実線」

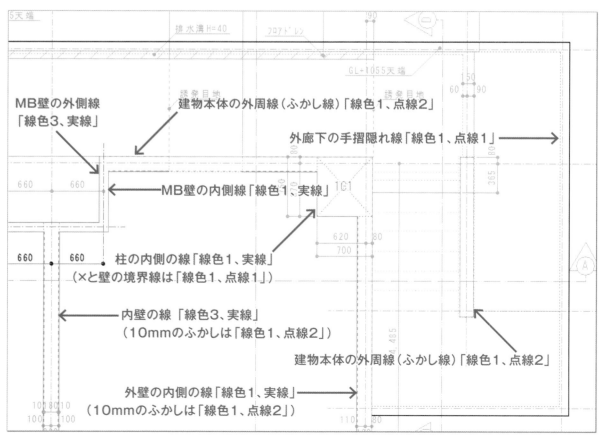

MB壁の外側線
「線色3、実線」

建物本体の外周線（ふかし線）「線色1、点線2」

外廊下の手摺隠れ線「線色1、点線1」

MB壁の内側線「線色1、実線」

柱の内側の線「線色1、実線」
（×と壁の境界線は「線色1、点線1」）

内壁の線「線色3、実線」
（10mmのふかしは「線色1、点線2」）

建物本体の外周線（ふかし線）「線色1、点線2」

外壁の内側の線「線色1、実線」
（10mmのふかしは「線色1、点線2」）

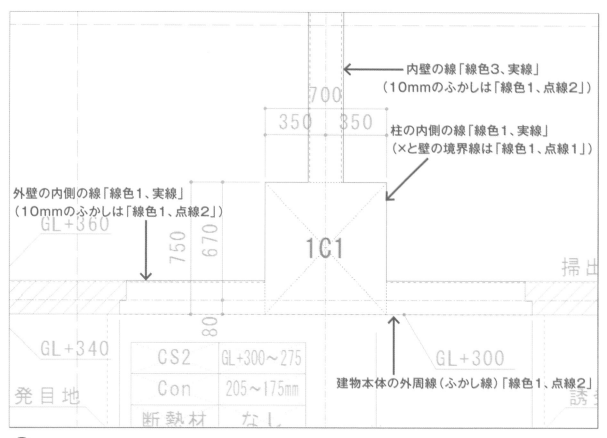

内壁の線「線色3、実線」
（10mmのふかしは「線色1、点線2」）

柱の内側の線「線色1、実線」
（×と壁の境界線は「線色1、点線1」）

外壁の内側の線「線色1、実線」
（10mmのふかしは「線色1、点線2」）

建物本体の外周線（ふかし線）「線色1、点線2」

練習用施工図データ／CH07／CH07-02-03-01.jww

4 同様に、土間伏図を下絵として利用して、以下の線を、それぞれの線色・線種で順次、作図します。

外廊下、バルコニーの排水溝の隠れ線 ： 「線色1、点線1」
バルコニーの手摺の段差の線 ： 「線色1、点線1」
外階段の段差隠れ線 ： 「線色1、点線1」

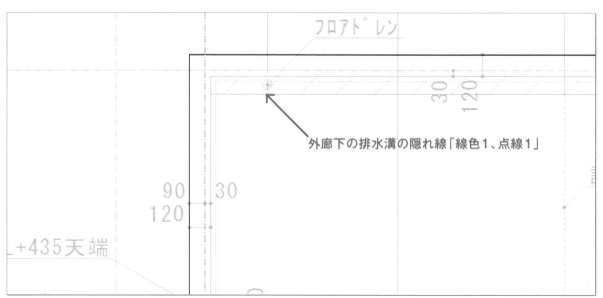

外廊下の排水溝の隠れ線「線色1、点線1」

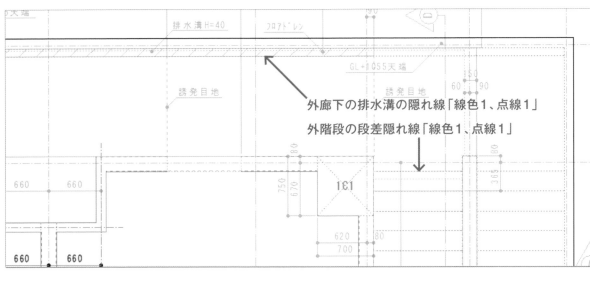

外廊下の排水溝の隠れ線「線色1、点線1」

外階段の段差隠れ線「線色1、点線1」

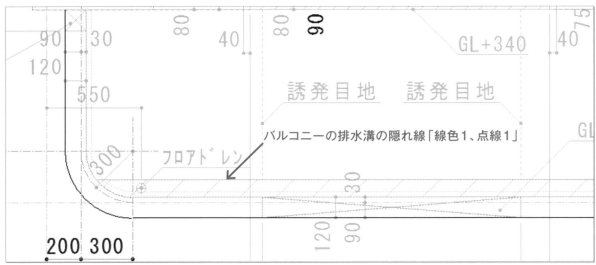

バルコニーの排水溝の隠れ線「線色1、点線1」

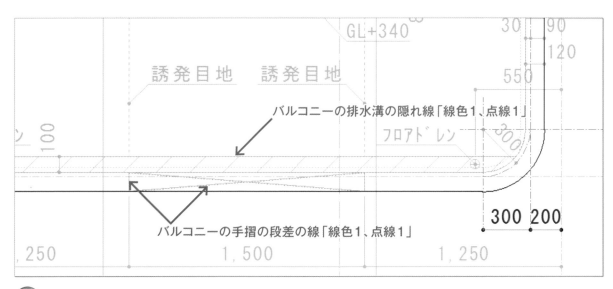

バルコニーの排水溝の隠れ線「線色1、点線1」

バルコニーの手摺の段差の線「線色1、点線1」

🄒🄓 練習用施工図データ／CH07／CH07-02-03-02.jww

5 同様に、土間伏図を下絵として利用して、以下の線を、それぞれの線色・線種で順次、作図します。

外壁の外側の線 　　　　　　　　　　：「**線色3、実線**」　※「線色1、点線2」のふかし線から10mm外側
建物本体にぶつかる外廊下の手摺で ：「**線色1、点線1**」
　　高さが低くなる部分の隠れ線

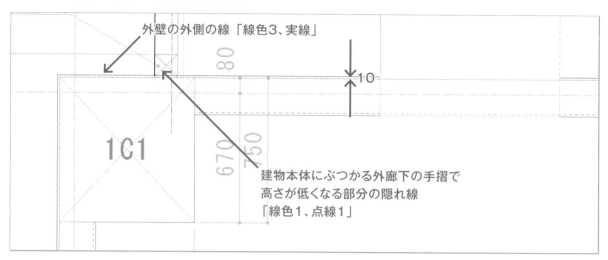

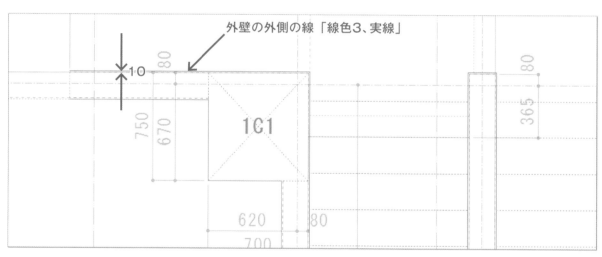

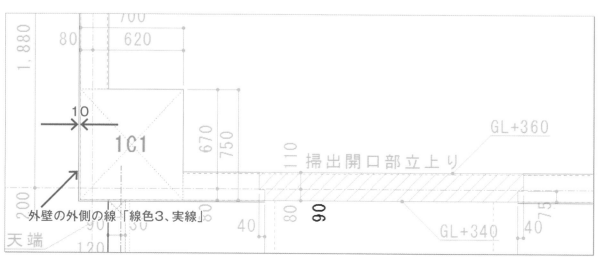

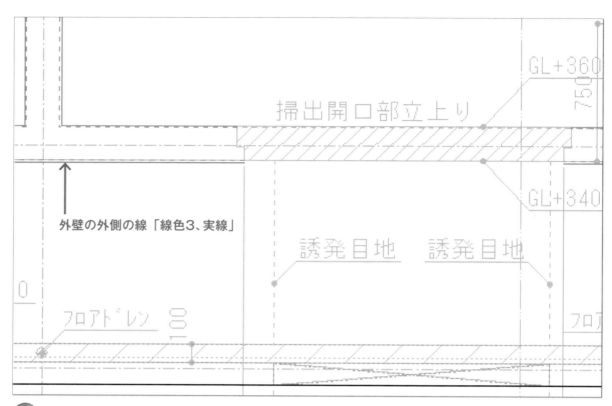

（CD）練習用施工図データ／CH07／CH07-02-03-03.jww

6 同様に、土間伏図を下絵として利用して、以下の線を、それぞれの線色・線種で順次、作図します。

外壁の内側の打込み断熱材の線 ：「線色3、実線」 ※「線色1、実線」の外壁内側線から20mm内側
開口部の止めの線 ：「線色3、実線」

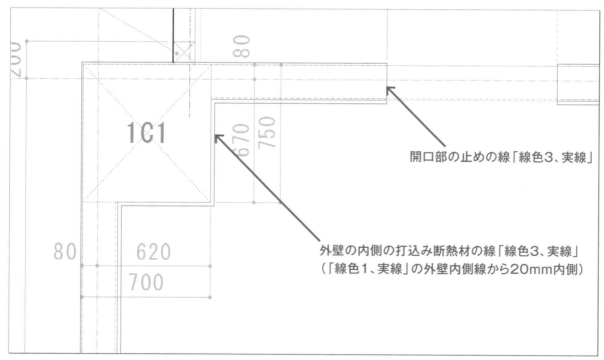

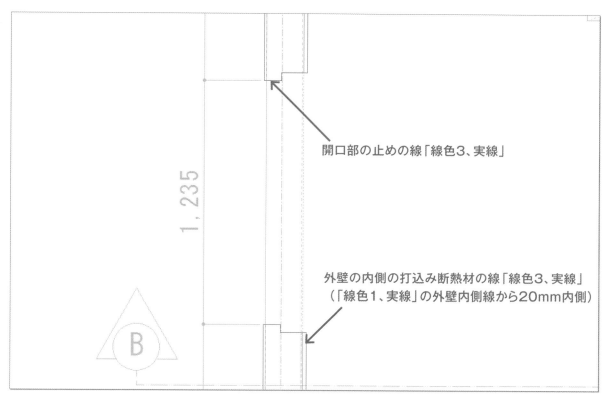

開口部の止めの線「線色3、実線」

外壁の内側の打込み断熱材の線「線色3、実線」
（「線色1、実線」の外壁内側線から20mm内側）

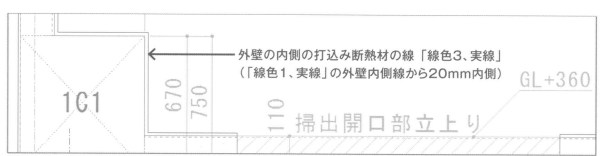

外壁の内側の打込み断熱材の線「線色3、実線」
（「線色1、実線」の外壁内側線から20mm内側）

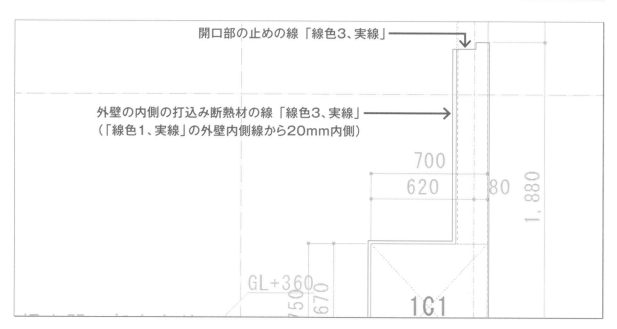

開口部の止めの線「線色3、実線」

外壁の内側の打込み断熱材の線「線色3、実線」
（「線色1、実線」の外壁内側線から20mm内側）

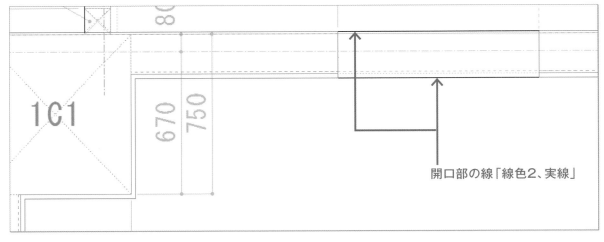

開口部の止めの線「線色3、実線」

20mm

外壁の内側の打込み断熱材の線「線色3、実線」
（「線色1、実線」の外壁内側線から20mm内側）

🔘 **練習用施工図データ／CH07／CH07-02-03-04.jww**

7 同様に、土間伏図を下絵として利用して、以下の線を、それぞれの線色・線種で順次、作図します。

開口部の線　　　　　　　　　：「線色2、実線」
掃出開口部立上り線　　　　　：「線色1、点線1」　※ハッチング、寸法記入

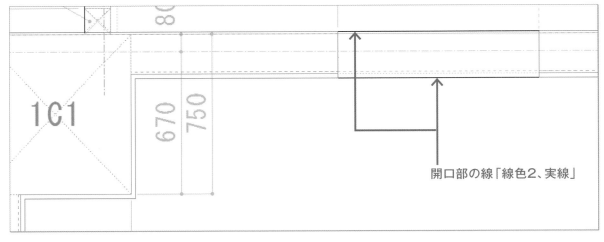

開口部の線「線色2、実線」

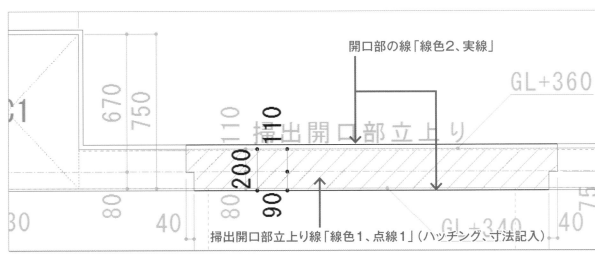

開口部の線「線色2、実線」

GL+360

GL+340

掃出開口部立上り線「線色1、点線1」（ハッチング、寸法記入）

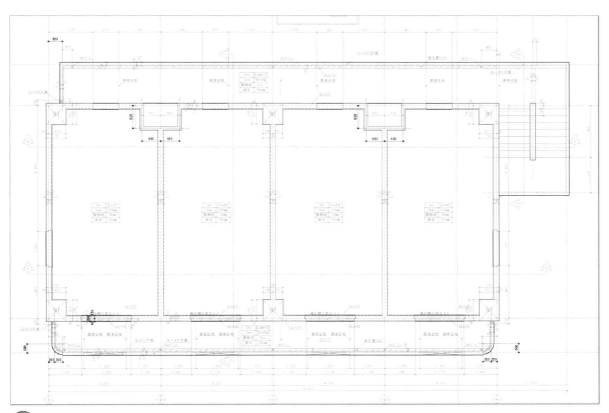

練習用施工図データ／CH07／CH07-02-03-05.jww

8 同様に、土間伏図を下絵として利用して、以下の線を、それぞれの線色・線種で順次、作図します。

梁の見えがかり線（姿線）　　　：「線色2、実線」
梁の断熱材の隠れ線　　　　　：「線色1、点線1」

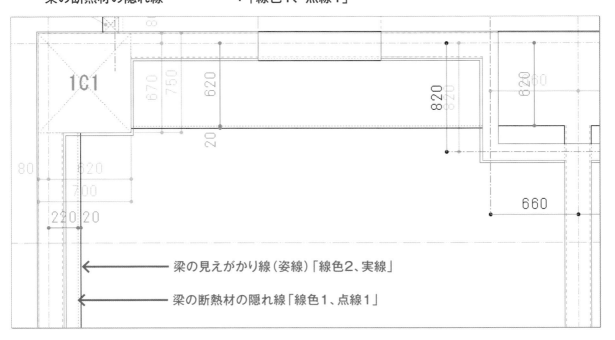

← ── 梁の見えがかり線（姿線）「線色2、実線」

← ── 梁の断熱材の隠れ線「線色1、点線1」

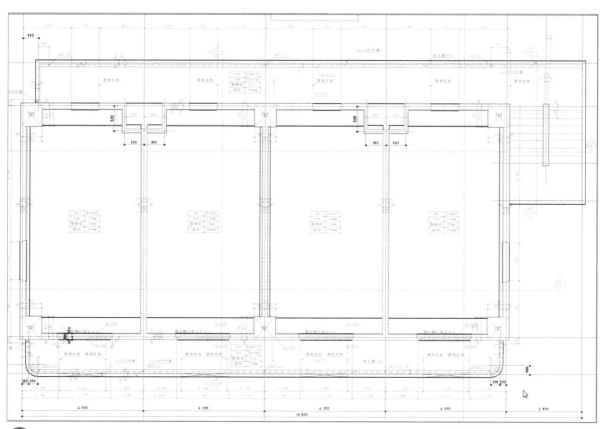

梁の見えがかり線（姿線）「線色2、実線」

220 20

700

620

80

1,880

20

1C1

620
750

110
110

撞出開口部立上り

200

90

80

200

GL+435天端

90　30

40

80

GL+134

120

梁の断熱材の隠れ線「線色1、点線1」

誘発目地　誘発目地

🔴 **練習用施工図データ／CH07／CH07-02-03.jww**

7.2.4　スラブ記号、梁記号、壁記号、切断線、説明などの作図

1　書込レイヤを「4-2」に切り替えます。
また、レイヤグループ「3」は非表示レイヤとし、必要に応じて一時的に表示レイヤに切り替えます。

2　Jw_cadをインストールしたCドライブの「jww」フォルダにあらかじめコピーしておいた「施工図入門図形データ」フォルダの図形「スラブ記号2」「開口部記号」「壁記号」「梁記号」を、「図形」コマンドを使って読み込み、下図のように凡例を作図します。

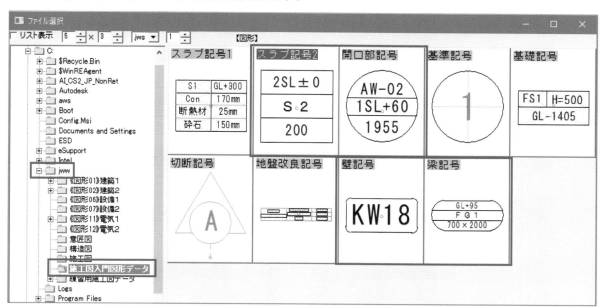

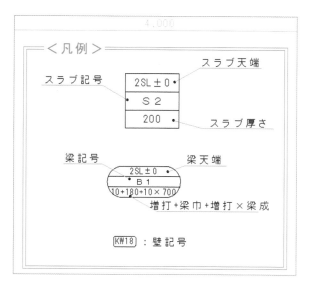

3 「7.1　1階・2階見上げ図と断面図の作図準備」（➡p.164）および6章全般を参考にして、以下の点に注意して、順次、作図していきます。

打込み断熱材　　　　　　　　　　　　　：「線色1、実線」 ※ ハッチング
耐震スリット　　　　　　　　　　　　　：「線色2、実線」 ※ ハッチング
スラブ記号、梁記号、壁記号、開口部記号 ： 7.1などの構造図を参考にして記号や数値を変更
柱・壁の水平断面部　　　　　　　　　　：「ソリッド図形」機能で着色

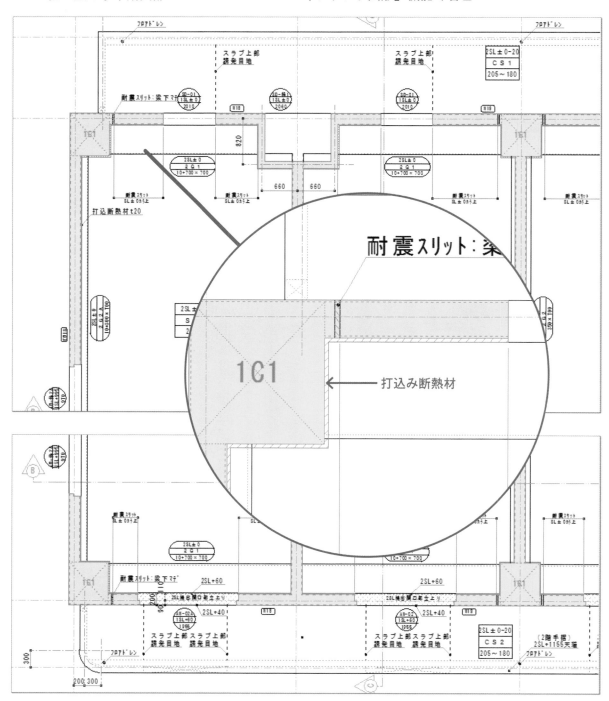

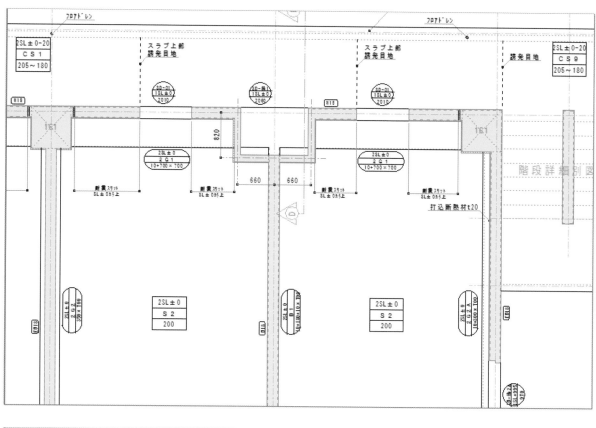

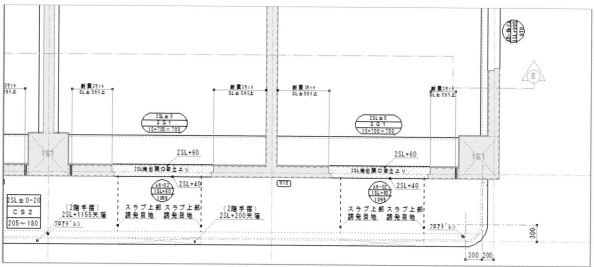

練習用施工図データ／CH07／CH07-02-04.jww

7.2.5 寸法の作図

1 書込レイヤを「4-3」に切り替えます。

2 レイヤグループ「3」のレイヤ「3」の「土間伏図」に作図した寸法を複写し、その一部を修正したり、さらに追記して、寸法を作図します。

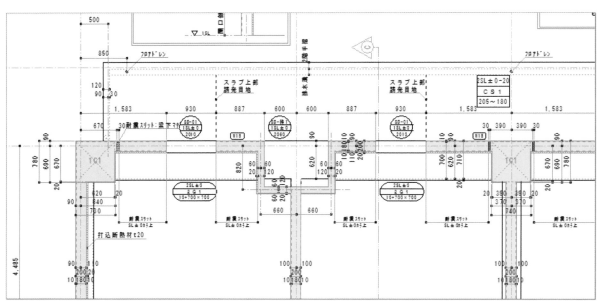

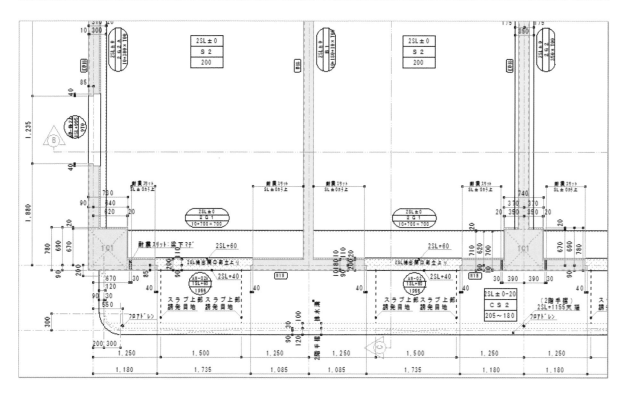

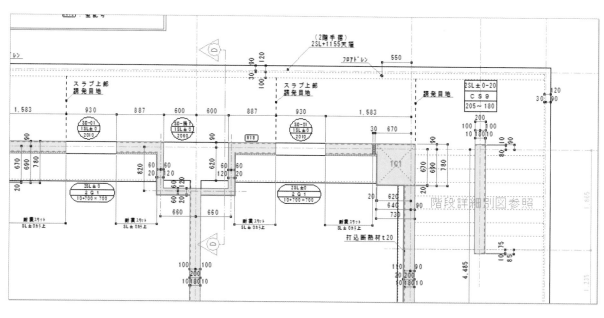

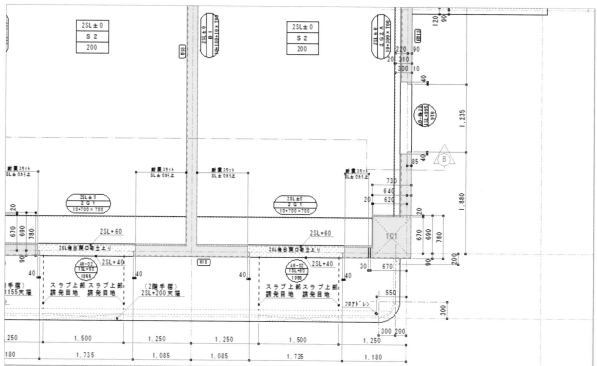

(CD) 練習用施工図データ／CH07／CH07-02-05.jww

7.3 1階・2階断面図の作図

7.3節では、1階・2階断面図を作図します。断面図を必要に応じて作図することで、高さ関係がよりわかりやすいものになり、施工ミスが少なくなります。

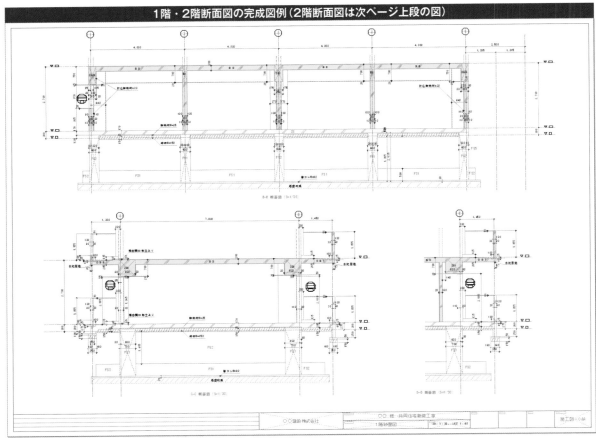

1階・2階断面図の完成図例（2階断面図は次ページ上段の図）

施工図／施工図04A.jww

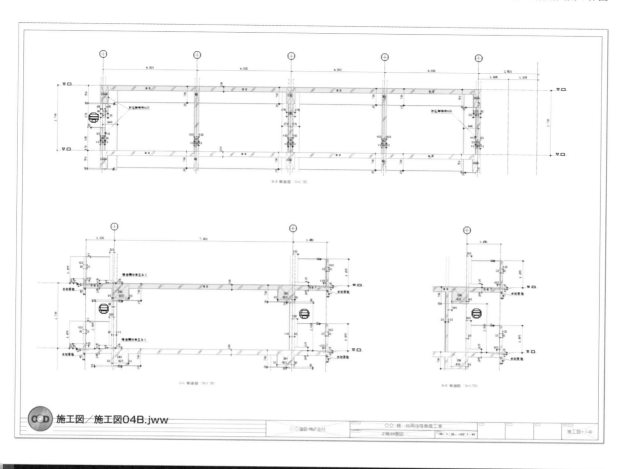

施工図／施工図04B.jww

7.3.1 1階見上げ図を図面枠の外側に複写

1 前節7.2で作図した1階見上げ図「CH07-02-05.jww」で、図を図面枠の外側に複写します。

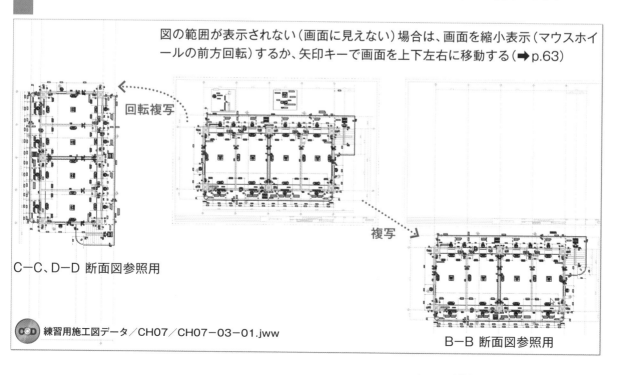

図の範囲が表示されない（画面に見えない）場合は、画面を縮小表示（マウスホイールの前方回転）するか、矢印キーで画面を上下左右に移動する（➡p.63）

回転複写

複写

C−C、D−D 断面図参照用

練習用施工図データ／CH07／CH07-03-01.jww

B−B 断面図参照用

7.3.2 1階見上げ図から線をかき延ばし、断面図を作図

1階・2階断面図は、1階見上げ図の切断線をかき延ばし、位置関係を確認し、高さ関係を水平線で作図して、仕上げていきます。

1 書込レイヤを「4-4」に切り替えます。

2 これまでに作図した基礎断面図、土間断面図をコピー&貼付し（➡p.158）、その上に1階断面図を作図します。

まず、「B-B 断面図」を作図します。

> **point** ☞
> 10章で「階段断面図」を作図するので、ここでは「A-A断面図」の作図は省略します。その他においては「B-B断面図」で「A-A断面図」の内容を補うことができます。

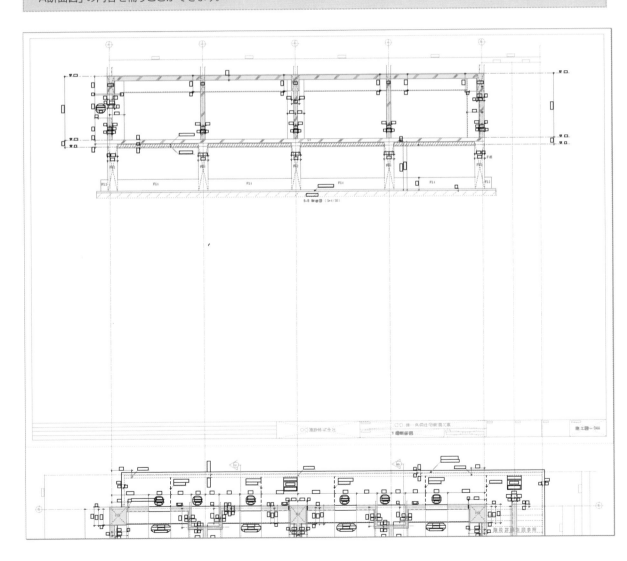

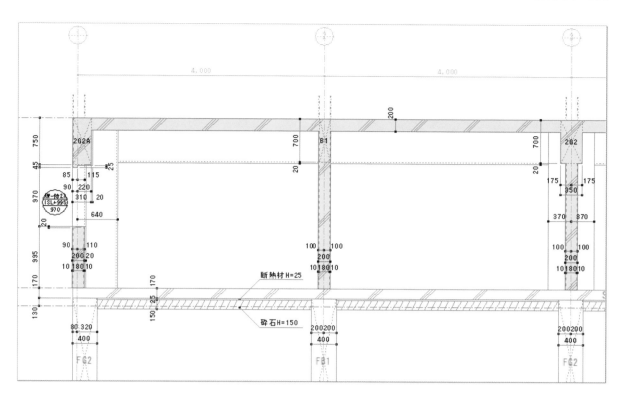

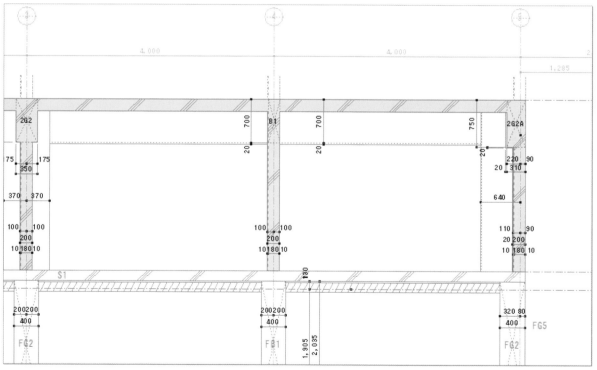

3 「C-C 断面図」を作図します。

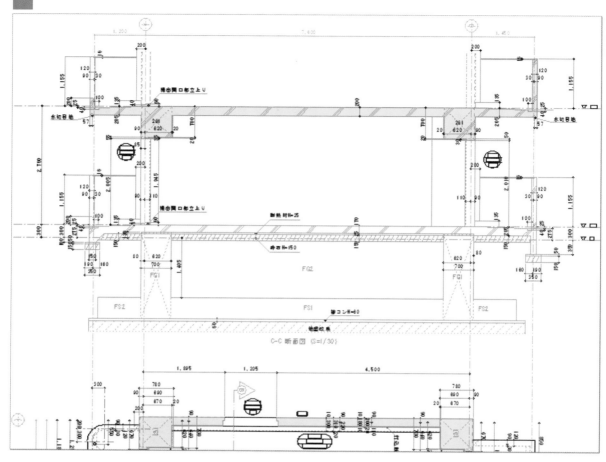

C-C 断面図 (S=1/30)

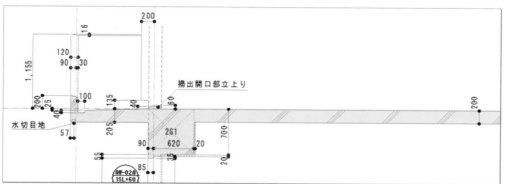

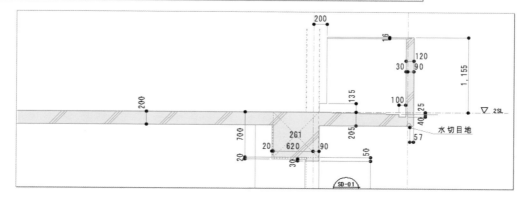

4 「D−D 断面図」を作図します。「D−D 断面図」の左部は「C−C 断面図」と同じなので、作図が終わったら、切断して消去します（➡**結果は次ページの図**）。

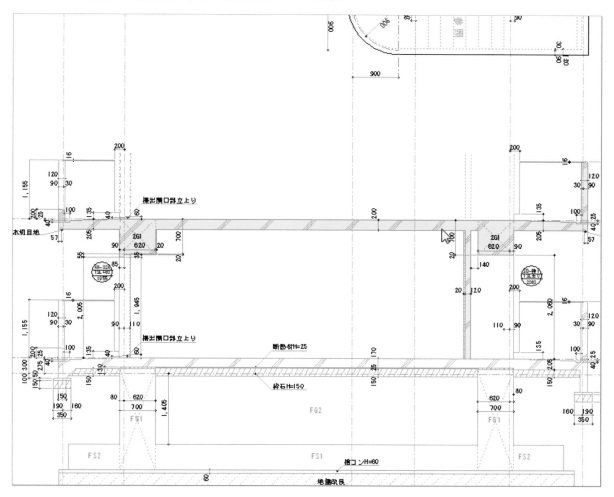

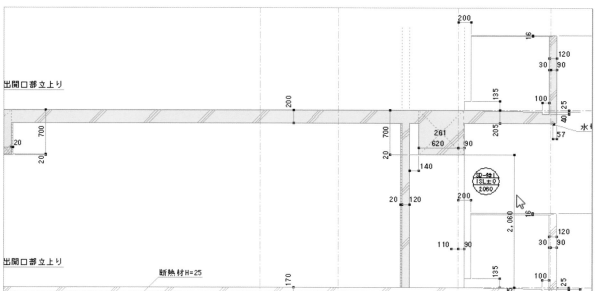

練習用施工図データ／CH07／CH07-03-02.jww

7.3.3 3つの断面図を図面枠内にまとめる

1 作図した3つの断面図の位置を整えてまとめます。

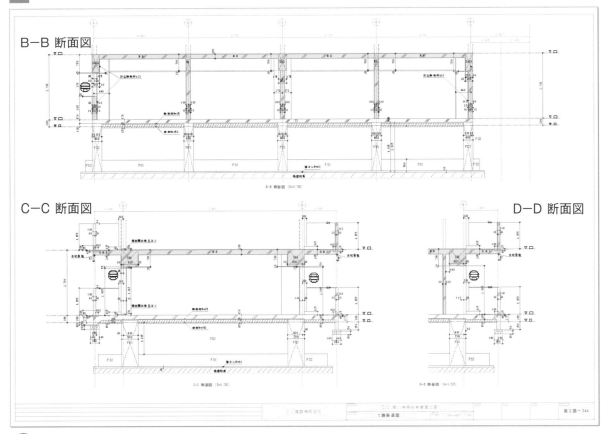

CD 練習用施工図データ／CH07／CH07-03-03.jww

2 作図している図面「施工図04.jww」を上書き保存します。

CD 施工図／施工図04.jww

3 作図している図面に名前を付けて保存します。ここでは「施工図04A.jww」とします（➡p.177/194）。

CD 施工図／施工図04A.jww

1階見上げ図と2階見上げ図はまったく同じで共通図面なので、7章では2階見上げ図および断面図の作図を省略しました。

なお、1階の断面図をそのままコピーして2階に積み上げれば2階の断面図ができますが、ここでは省略して、以下の完成図を付録CDに収録しておきます。

CD 施工図／施工図04B.jww

以上で、7章での1階・2階見上げ図とその断面図による施工図の作図は完了です。

8章

3階見上げ図と断面図の作図

8章では、あらかじめ作図された鉄筋コンクリート造3階建「○○様　共同住宅新築工事」の「意匠図」と「構造図」を照合しながら、3階躯体工事をするうえで必要な「施工図」を作図します。なお、ここからの作図では、p.17でハードディスクにコピーした「CH08−02−00.jww」(付録CDの「練習用施工図データ」フォルダの「CH08」フォルダに収録してあるファイル)を開いて、練習を開始してください。

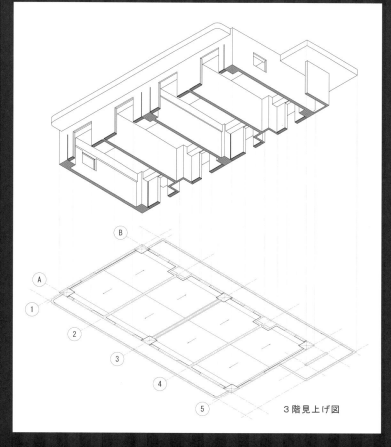

3階見上げ立体図

3階見上げ図

3階見上げ図と断面図の作図準備

3階見上げ図が1階・2階見上げ図と大きく異なる点は、梁の寸法が小さいこと、スラブが屋上のため水勾配が付いていること、それに伴い梁にも勾配が付いていることです。その他は、7章で作図した「1階・2階見上げ図」を利用しながら、作図を効率的に行います。

作図のポイント

施工図「3階見上げ図」は、以下の「意匠図」と「構造図」を照合しながら作図します。また、「3階見上げ図」の位置関係をもとにして、「3階断面図」を作図することで高さ関係を明確にし、工事を的確にすすめることができるようにします。

参考・照合する図面

意匠図

矩計図1	➡p.43	意匠図／D-17 矩計図1.pdf
矩計図2	➡p.44	意匠図／D-18 矩計図2.pdf
階段平面詳細図	➡p.45	意匠図／D-19 階段平面詳細図.pdf
階段断面詳細図	➡p.46	意匠図／D-20 階段断面詳細図.pdf
賃貸住戸平面詳細図	➡p.47	意匠図／D-21 賃貸住戸平面詳細図.pdf
1階建具案内図	➡p.48	意匠図／D-27 1階建具案内図.pdf
2,3階建具案内図	➡p.48	意匠図／D-28 2,3階建具案内図.pdf
鋼製建具表1	➡p.49	意匠図／D-30 鋼製建具表1.pdf

構造図

3階伏図	➡p.51	構造図／S-10 3階伏図.pdf
R階伏図	➡p.51	構造図／S-11 R階伏図.pdf
軸組図（1）	➡p.52	構造図／S-13 軸組図1.pdf
軸組図（2）	➡p.52	構造図／S-14 軸組図2.pdf
軸組図（3）	➡p.53	構造図／S-15 軸組図3.pdf
軸組図（4）	➡p.53	構造図／S-16 軸組図4.pdf
柱リスト	➡p.55	構造図／S-19 柱リスト.pdf
大梁リスト(2)・小梁リスト	➡p.56	構造図／S-21 大梁リスト2・小梁リスト.pdf
壁リスト	➡p.56	構造図／S-23 壁リスト.pdf
スラブリスト	➡p.57	構造図／S-24 スラブリスト.pdf
雑配筋詳細図（1）	➡p.60	構造図／SS-01 雑配筋詳細図1.pdf

8.1.1 平面位置の確認

1 スラブの記号名称「S3」「CS1」「CS2」「CS10」および梁の記号名称「RG1」「RG2」「RG2A」の位置を、構造図「R階伏図」（➡p.51）で確認します。

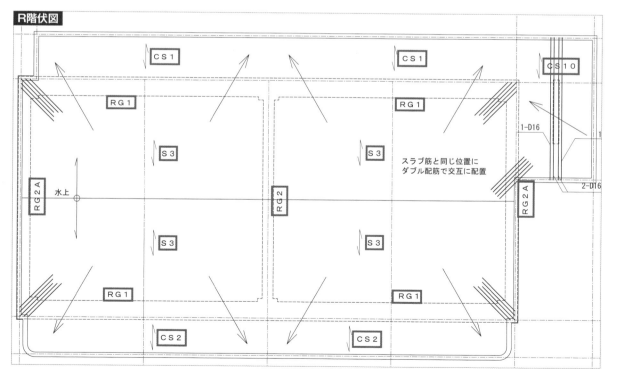

2 梁の記号名称「RG1」「RG2」「RG2A」の大きさ（B×D）を、構造図「大梁リスト（2）・小梁リスト」
（➡p.56）で確認します。

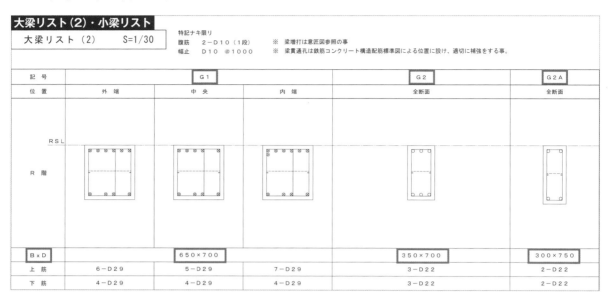

記号				G1		G2	G2A
位置	外端	中央	内端		全断面	全断面
B×D		650×700			350×700	300×750
上筋	6−D29	5−D29	7−D29		3−D22	2−D22
下筋	4−D29	4−D29	4−D29		3−D22	2−D22

point ☞
「RG1」「RG2」「RG2A」は、それぞれ、梁幅が2階梁と比べて小さくなっていることを確認します。

3 柱の記号名称「3C1」および壁の記号名称「W18」「W12」「EW18」「KW18」の位置を、構造図「3階伏
図」（➡p.51）で確認します。特記のない壁は「W18」です。

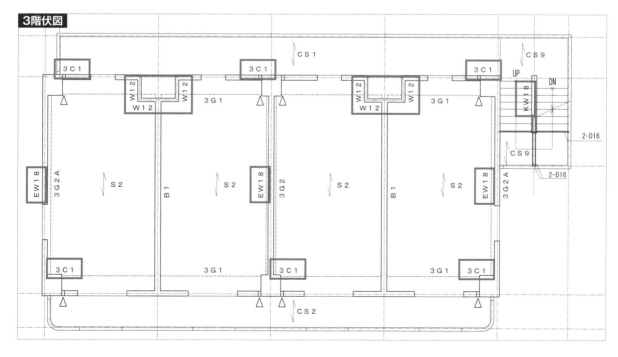

4 壁の記号名称「W18」「W12」「EW18」「KW18」の厚さを、構造図「壁リスト」(➡p.56)で確認します。

壁リスト

符　号	E W 1 8	W 1 8	K W 1 8	W 1 2
壁　厚	1 8 0	1 8 0	1 8 0	1 2 0
立　断　面	180	180	180	120

point ☞

壁は、7章「1階・2階見上げ図」と同じです。

5 柱の記号名称「3C1」の大きさ(B×D)を、構造図「柱リスト」(➡p.55)で確認します。

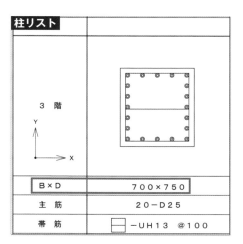

柱リスト

3 階	
B×D	7 0 0×7 5 0
主　筋	2 0－D 2 5
帯　筋	－UH13 @100

8.1.2 高さの確認

1 階高（3SL〜RSL間）は、諸図面で確認できます。「2760」になります。

2 スラブの記号名称「S3」「CS1」「CS2」「CS10」の高さ（厚さ）を、構造図「スラブリスト」（➡p.57）で確認します。

スラブリスト

スラブリスト（在来工法）

符 号	スラブ厚	位 置	主筋	配力筋	備 考
FS1	500	上端筋	D16-@150	D19-@150	ベタ基礎
		下端筋	D16-@150	D19-@150	
FS2	500	上端筋	D16-@150	D16-@150	ベタ基礎
		下端筋	D16-@150	D16-@150	
S1	170	上端筋	D10・D13-@200	D10・D13-@200	1F
		下端筋	D10・D13-@200	D10・D13-@200	
S2	200	上端筋	D10・D13-@200	D10・D13-@200	2F〜3F
		下端筋	D10・D13-@200	D10・D13-@200	
S3	170	上端筋	D10・D13-@200	D10・D13-@200	RF
		下端筋	D10・D13-@200	D10・D13-@200	

片持ちスラブリスト

符 号	スラブ厚	位 置	主筋	配力筋	備 考
CS1	205〜178	上端筋	D13-@100	D10-@200	1F
		下端筋	D10-@200	D10-@200	
		上端筋	D10・D13-@100	D10-@200	2F〜RF
		下端筋	D10-@200	D10-@200	
CS2	205〜177	上端筋	D10・D13-@100	D10-@200	1F
		下端筋	D10-@200	D10-@200	
		上端筋	D10・D13-@100	D10-@200	2F〜RF
		下端筋	D10-@200	D10-@200	

スラブリスト（UB-55-10使用時）

符 号	スラブ厚	位 置	短辺方向（主筋）	長辺方向（配力筋）	備 考
S2	200	上端筋	D10・D13-@200	D10・D13-@200	2F〜3F
		下端筋	D10・D13-@200	D10・D13-@200	
S3	170	上端筋	D10・D13-@200	D10・D13-@200	RF
		下端筋	D10・D13-@200	D10・D13-@200	

CS9	205〜180	上端筋	D13-@100	D10-@200	2F〜3F
		下端筋	D10-@200	D10-@200	
CS10	195〜155	上端筋	D10-@150	D10-@150	RF
		下端筋	D10-@150	D10-@150	

3 スラブの記号名称「CS1」「CS2」および手摺の断面寸法を、構造図「雑配筋詳細図(1)」（➡p.60）で確認します。

雑配筋詳細図（1）

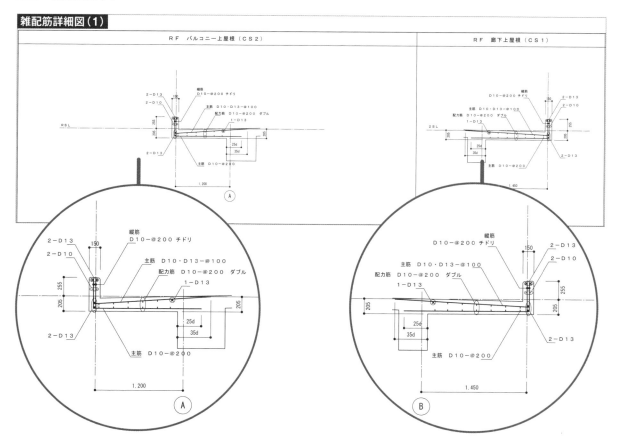

8.1.3 平面位置と高さの関係

ここまでの内容をまとめて立体図（アイソメ図）で表現すると、以下のようになります。

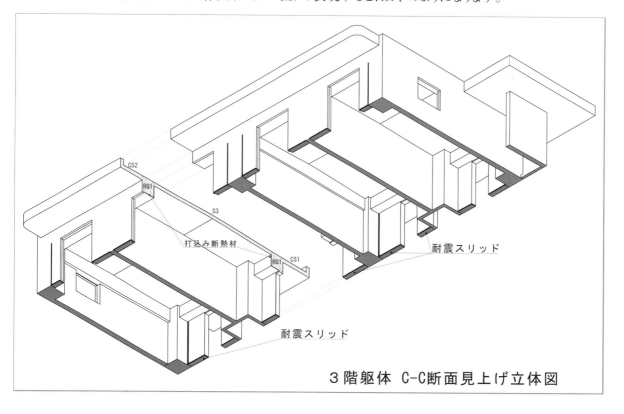

３階躯体　C-C断面見上げ立体図

3階見上げ図の作図

7章では3階見上げ図および断面図の作図を省略したため、8.2節で3階見上げ図を作図します。付録CDの「練習用施工図データ」フォルダの「CH08」フォルダに収録した「CH08-02-00.jww」を加工して作図します。

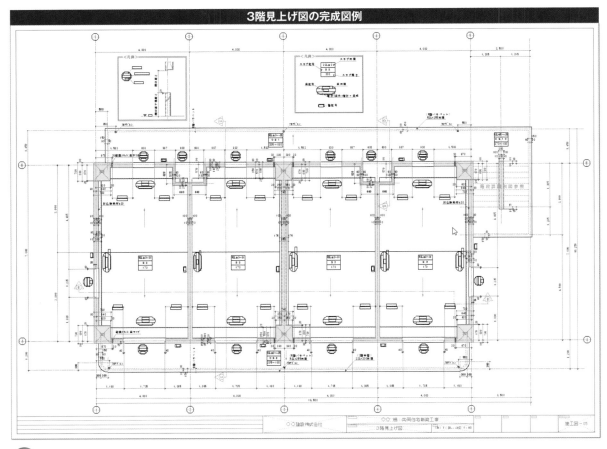

3階見上げ図の完成図例

📀 施工図／施工図05.jww

8.2.1 図面名と図面番号の記入、図面の保存

1 「CH08-02-00.jww」を開き、書込レイヤを「5-F」に切り替えます。
また、レイヤグループ「0」は表示のみレイヤに、レイヤグループ「1」「2」「3」「4」は非表示レイヤに切り替えます。

2 文字種[6]に切り替え、図面下端の図面タイトル欄の所定の枠内に、図面名「3階見上げ図」、図面番号「施工図-05」をそれぞれ記入します。

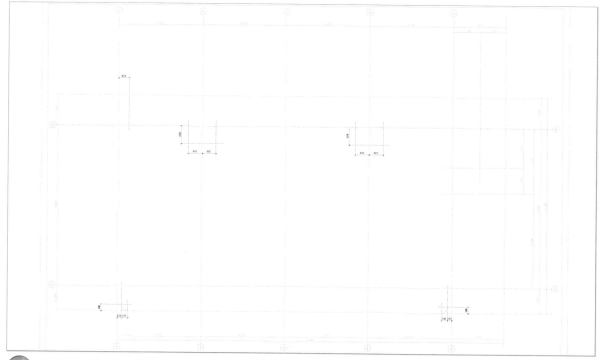

3 さらに、右側の図面枠にも図面名「2・3階断面図」、図面番号「施工図-05A」をそれぞれ記入します。

右側の図面枠が表示されない（画面に見えない）場合は、画面を縮小表示（マウスホイールの前方回転）するか、矢印キーで画面を上下左右に移動する（➡p.63）

4 作図している図面に名前を付けて保存します。ここでは「施工図05.jww」とします。

8.2.2 追加の基準線を作図

1 レイヤグループ「4」のレイヤ「0」に作図した基準線と寸法を選択し、「コピー」コマンドを選択します。

2 書込レイヤを「5-0」に切り替え、「貼付」コマンドを選択し、**1**の図と同じ位置を🖱（右）して貼り付けます。

8.2.3 3階見上げ図の作図

1 レイヤグループ「4」のレイヤ「1」に作図した柱・壁・梁などを選択し、「コピー」コマンドを選択します。

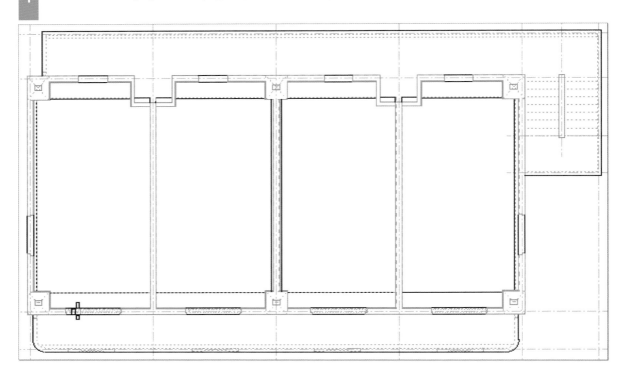

2 書込レイヤを「5-1」に切り替え、「貼付」コマンドを選択し、**1**と同じ位置を🖱（右）して貼り付けます。ここで、大梁「RG1」の幅が700から650に狭くなっているところを修正します。また、柱記号を「3C1」に変更します。

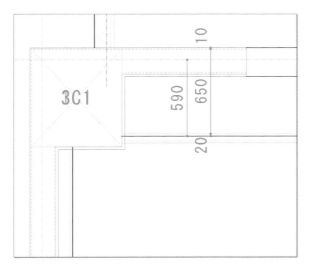

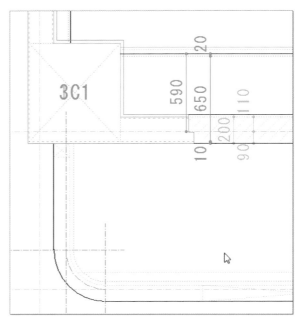

🔘 練習用施工図データ／CH08／CH08-02-03.jww

8.2.4 スラブ記号、梁記号、壁記号、切断線、説明などの作図

1 レイヤグループ「4」のレイヤ「2」に作図した記号類を選択し、「コピー」コマンドを選択します。

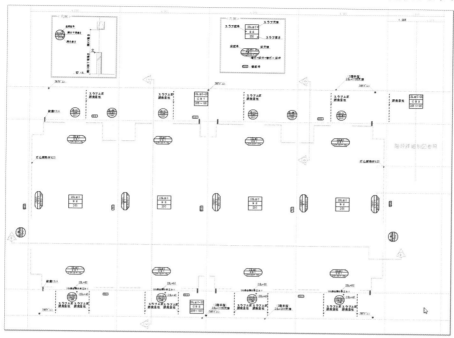

2 書込レイヤを「5-2」に切り替え、「貼付」コマンドを選択し、**1**の図と同じ位置を◯(右)して貼り付けます。ここで、不具合、記号、数値を修正します(➡**部分拡大図：次ページ～**)。

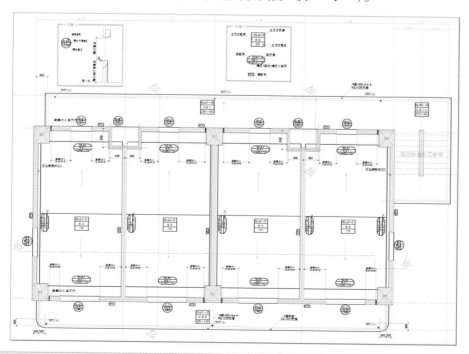

point ☞

スラブは切妻の勾配屋根のため、A通りとB通りの中心に線が入ります。

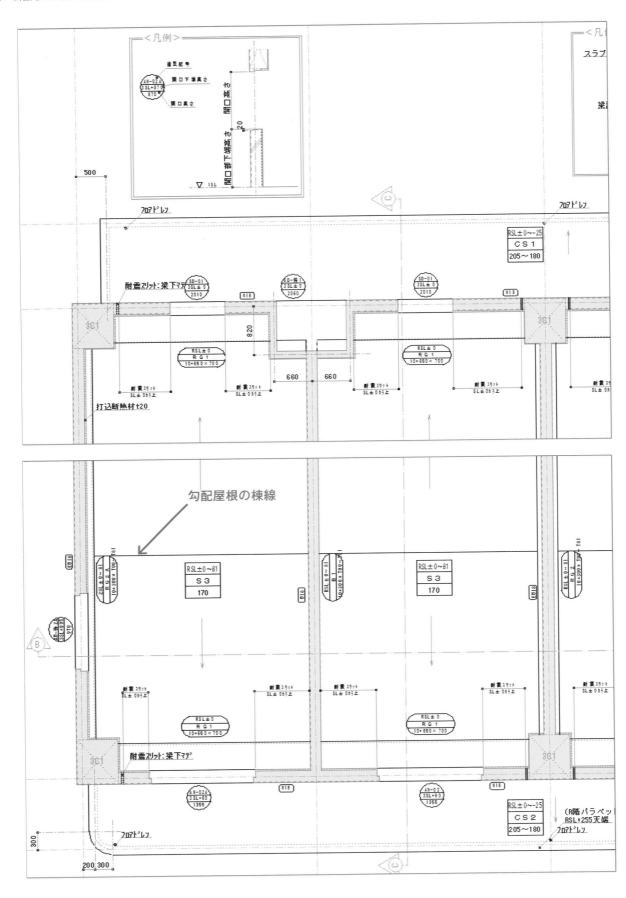

勾配屋根の棟線

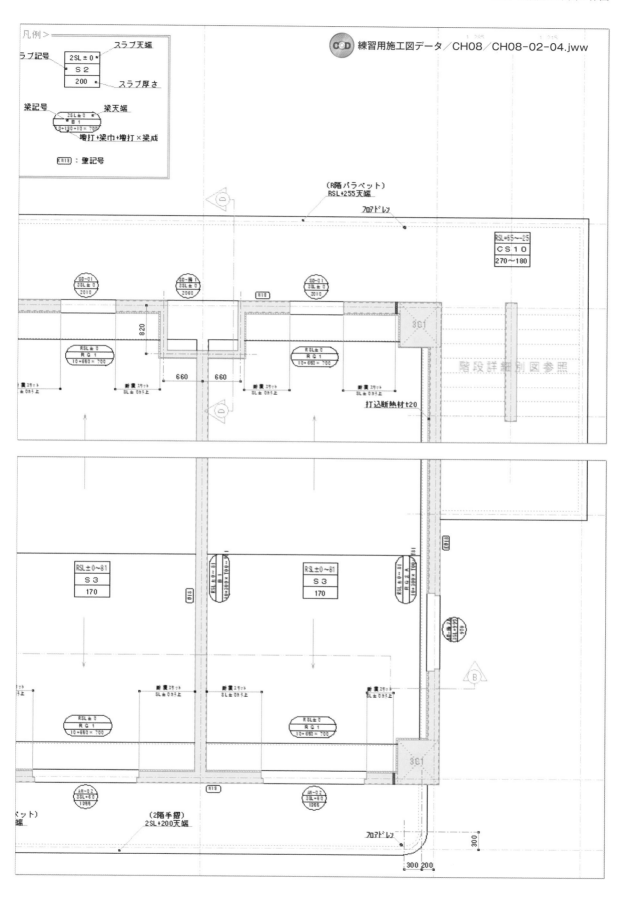

8.2.5 寸法の作図

1 レイヤグループ「4」のレイヤ「3」に作図した寸法を選択し、「コピー」コマンドを選択します。

2 書込レイヤを「5-3」に切り替え、「貼付」コマンドを選択し、p.211「8.2.4」**2**と同じ位置を🖱(右)して貼り付けます。ここで、寸法の数値を修正します。

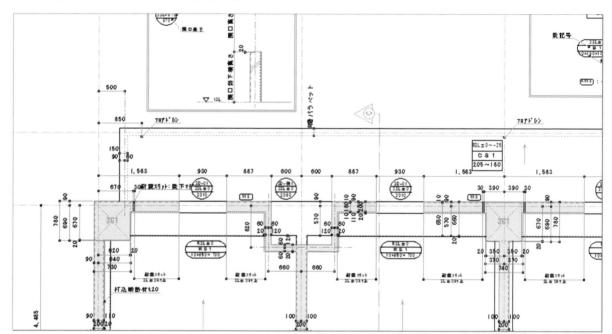

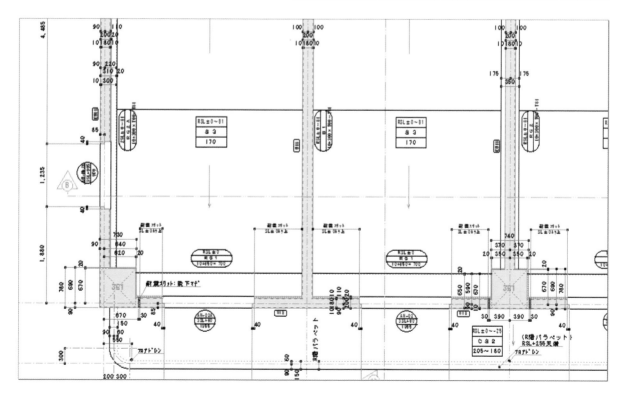

練習用施工図データ／CH08／CH08-02-05.jww

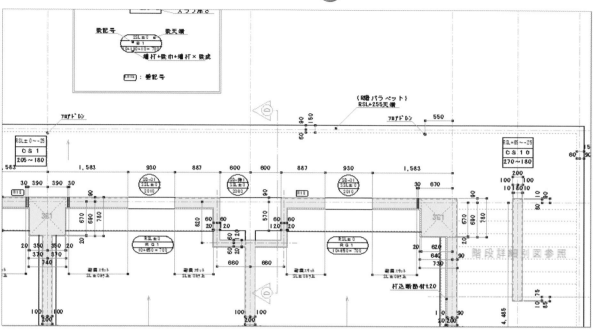

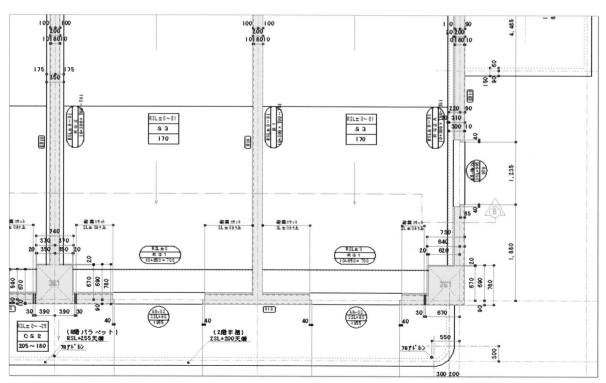

8.3節では、3階断面図を作図します。断面図を必要に応じて作図することで、高さ関係がよりわかりやすいものになり、施工ミスが少なくなります。

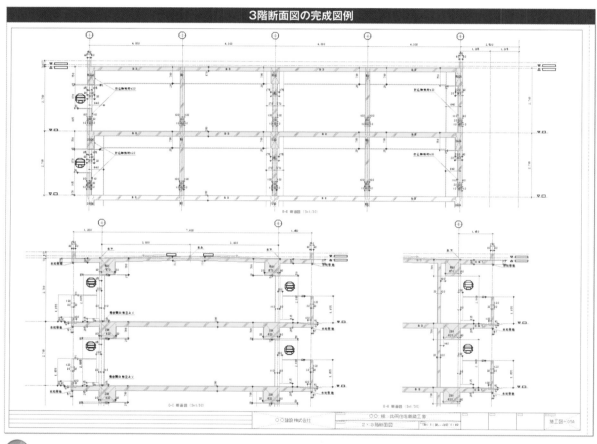

3階断面図の完成図例

施工図／施工図05A.jww

8.3.1 3階見上げ図を図面枠の外側に複写

1 前節で作図した3階見上げ図「CH08-02-05.jww」で、図を図面枠の外側に複写します。

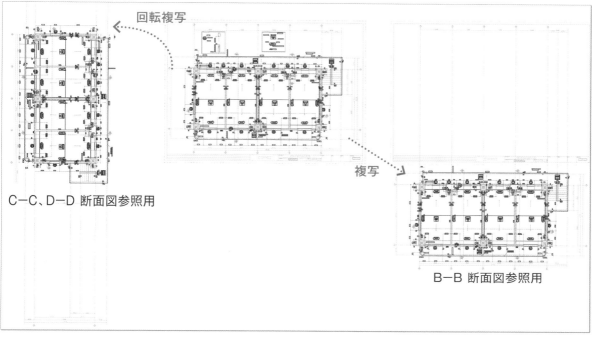

回転複写

複写

C-C、D-D 断面図参照用

B-B 断面図参照用

図の範囲が表示されない（画面に見えない）場合は、画面を縮小表示（マウスホイールの前方回転）するか、矢印キーで画面を上下左右に移動する（➡p.63）

CD 練習用施工図データ／CH08／CH08-03-01.jww

8.3.2 3階見上げ図から線をかき延ばし、断面図を作図

3階断面図は、3階見上げ図の切断線の位置から垂直線をかき延ばし、位置関係を確認し、高さ関係を水平線で作図して、仕上げていきます。

1 書込レイヤを「5-4」に切り替えます。
これまで作図した断面図をコピー＆貼付し（➡p.158）、その上に3階断面図を作図します。

2 「B-B 断面図」を作図します。

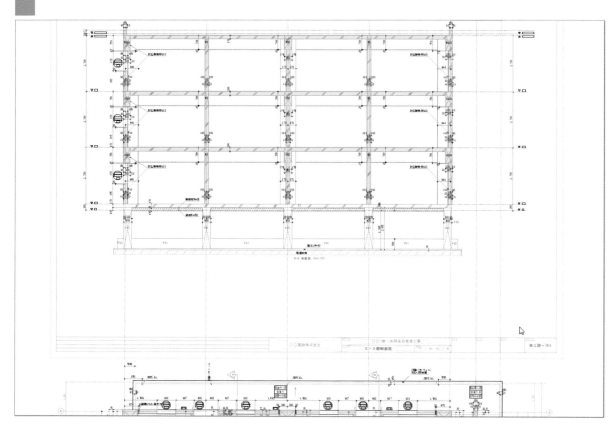

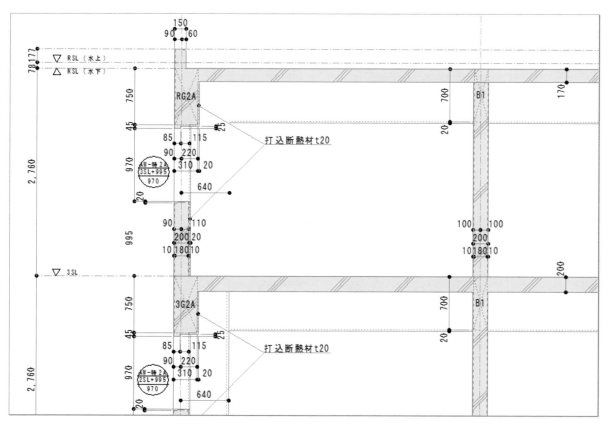

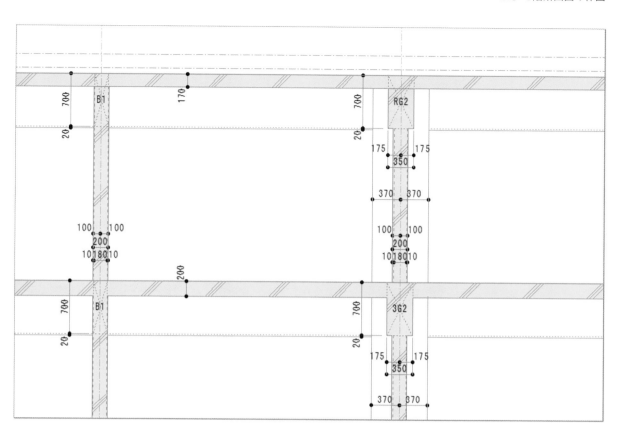

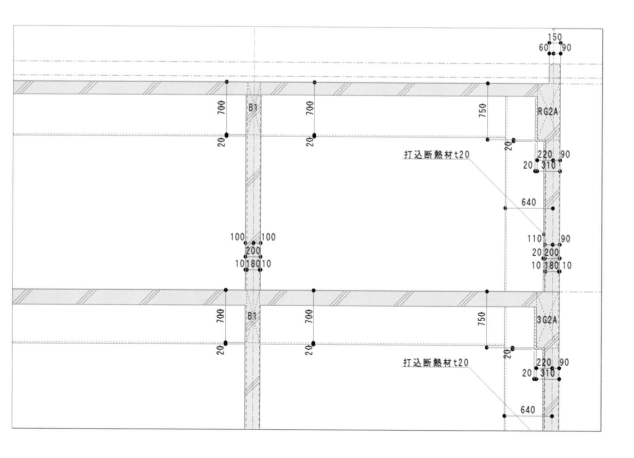

3 「C−C 断面図」を作図します（➡ **作図位置はp.217。部分拡大図：次ページ**）。

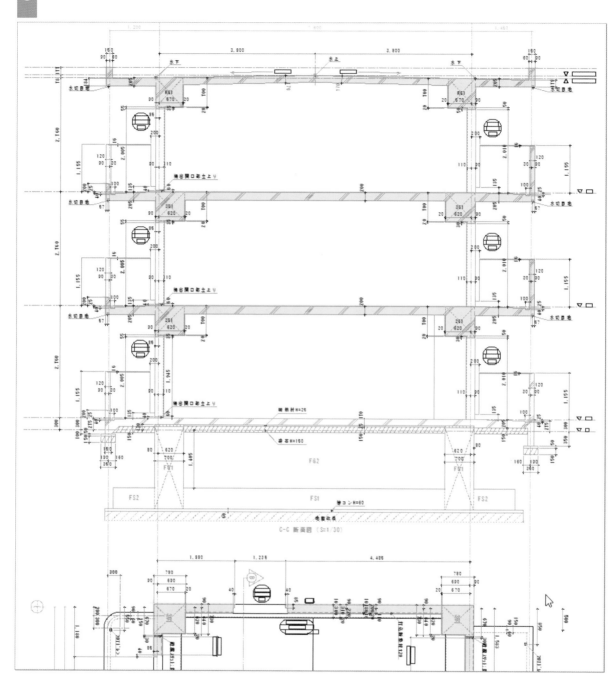

C-C 断面図　(S=1/30)

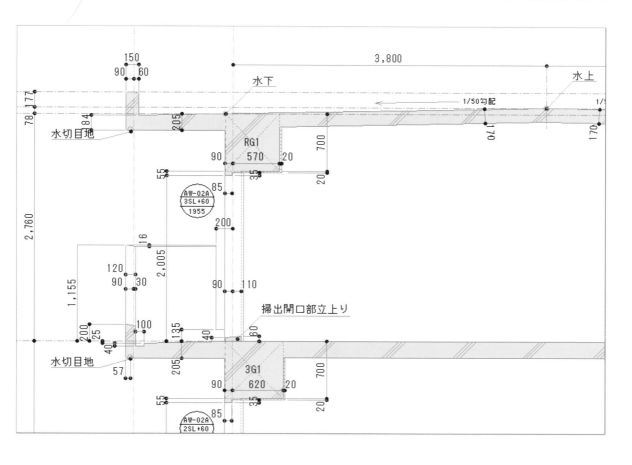

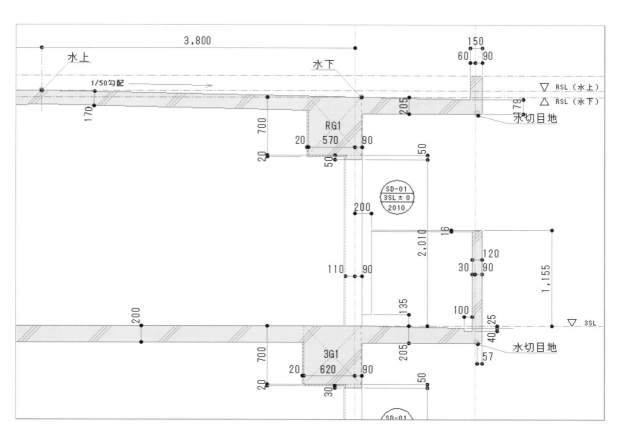

4 「D−D 断面図」を作図します（➡ **作図位置はp.217。部分拡大図：次ページ**）。

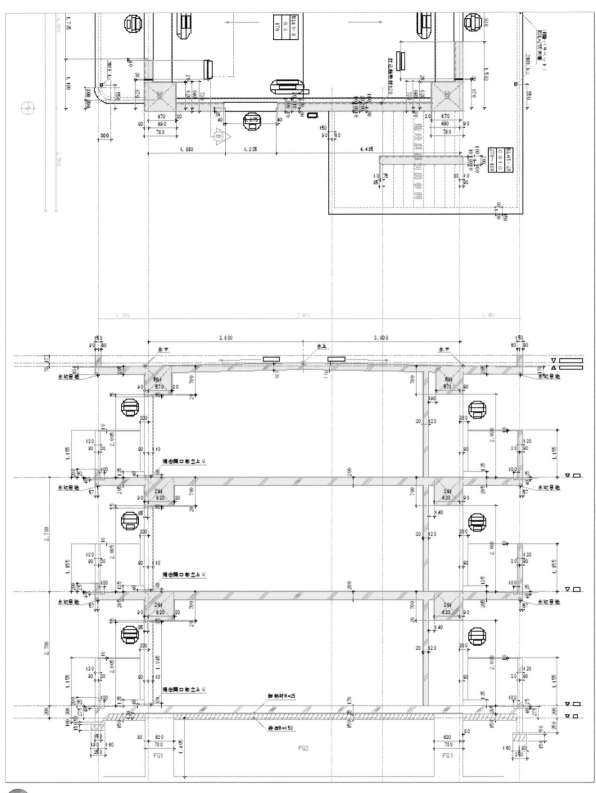

🅒🅓 練習用施工図データ／CH08／CH08−03−02.jww

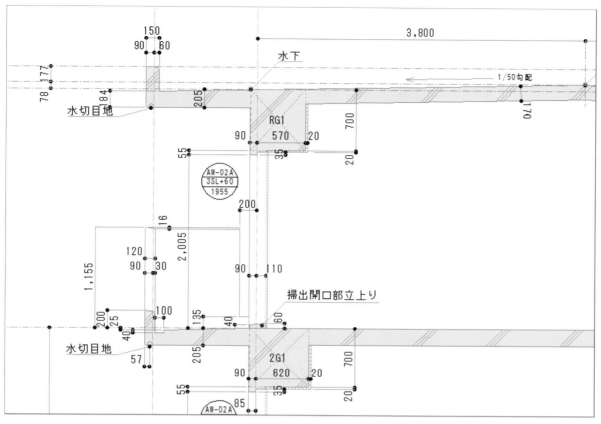

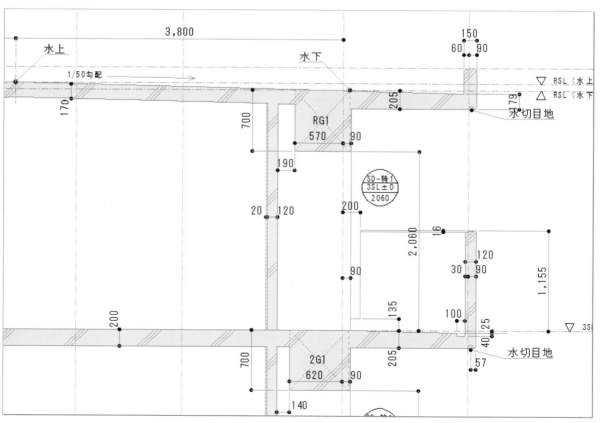

8.3.3 3つの断面図を図面枠内にまとめる

1 作図した3つの断面図の位置を整えてまとめます。

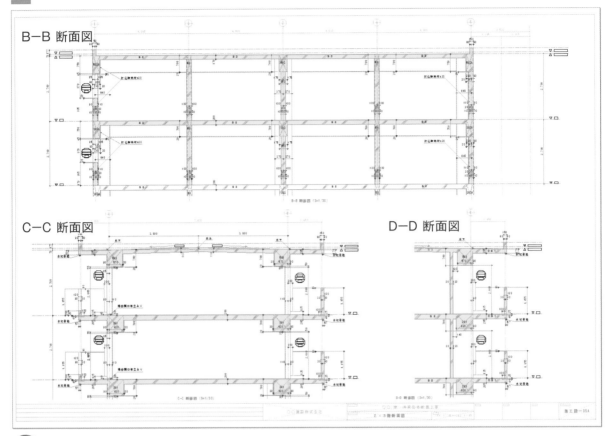

🄒🅓 **練習用施工図データ／CH08／CH08-03-03.jww**

2 作図している図面「施工図05.jww」を上書き保存します。

🄒🅓 **施工図／施工図05.jww**

3 作図している図面に名前を付けて保存します。ここでは「施工図05A.jww」とします（➡p.209/216）。

以上で、8章での3階見上げ図とその断面図による施工図の作図は完了です。

🄒🅓 **施工図／施工図05A.jww**

9章

屋根伏図の作図

9章では、あらかじめ作図された鉄筋コンクリート造3階建「○○様　共同住宅新築工事」の「意匠図」と「構造図」を照合しながら、8章同様、3階躯体工事をするうえで必要な「施工図」を作図します。なお、ここからの作図では、p.17でハードディスクにコピーした「CH08-03-02.jww」（付録CDの「練習用施工図データ」フォルダの「CH08」フォルダに収録してあるファイル）を開いて、練習を開始してください。

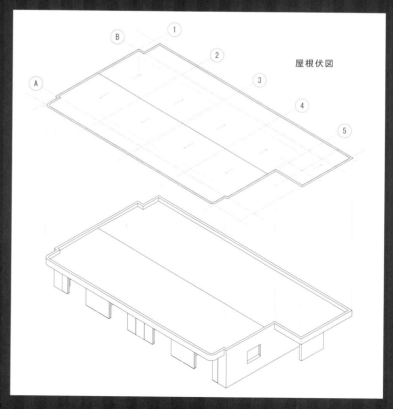

屋根伏図

屋根伏立体図
（3階躯体立体図）

9.1 屋根伏図の作図準備

屋根伏図は、3階見上げ図で表現できなかった部分を補うために必要な図面です。特に、パラペットの位置や屋根勾配などを示すのに重要です。

作図のポイント

施工図「屋根伏図」は、以下の「意匠図」と「構造図」を照合しながら作図します。また、屋根伏図は、3階見上げ図を下絵にして作図していきます。

参考・照合する図面

意匠図

矩計図1	➡p.43	CD	意匠図／D-17 矩計図1.pdf
矩計図2	➡p.44	CD	意匠図／D-18 矩計図2.pdf

構造図

R階伏図	➡p.51	CD	構造図／S-11 R階伏図.pdf
軸組図（1）	➡p.52	CD	構造図／S-13 軸組図1.pdf
軸組図（2）	➡p.52	CD	構造図／S-14 軸組図2.pdf
軸組図（3）	➡p.53	CD	構造図／S-15 軸組図3.pdf
軸組図（4）	➡p.53	CD	構造図／S-16 軸組図4.pdf
大梁リスト（2）・小梁リスト	➡p.56	CD	構造図／S-21 大梁リスト2・小梁リスト.pdf
スラブリスト	➡p.57	CD	構造図／S-24 スラブリスト.pdf
雑配筋詳細図（1）	➡p.60	CD	構造図／SS-01 雑配筋詳細図1.pdf

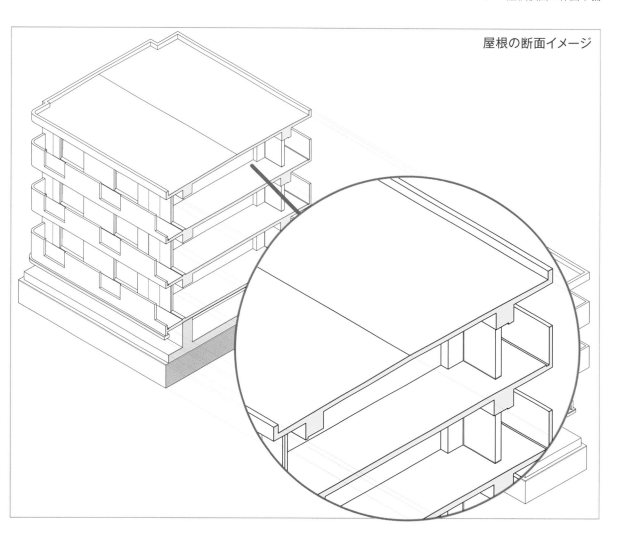

屋根の断面イメージ

9.1.1 平面位置の確認

1 スラブの記号名称「S3」「CS1」「CS2」「CS10」の位置を、構造図「R階伏図」(➡p.51)で確認します。8章で確認済みです(➡p.203)。

2 パラペットの厚さおよびパラペットと基準線との関係を諸図面から確認します。壁厚「150」、基準線から外へ「90」、内へ「60」になります。

9.1.2 高さの確認

1 スラブの記号名称「S3」「CS1」「CS2」「CS10」の高さ(厚さ)を、構造図「スラブリスト」(➡p.57)で確認します。8章で確認済みです(➡p.206)。

2 スラブの記号名称「CS1」「CS2」および手摺の断面寸法を、構造図「雑配筋詳細図(1)」(➡p.60)で確認します。8章で確認済みです(➡p.206)。

9.2

屋根伏図の作図

9.2節では、屋根伏図を作図します。屋根伏図は「施工図05.jww」を下絵にして作図します。

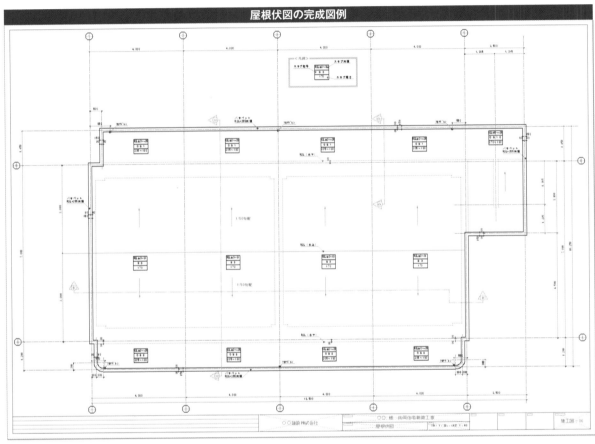

屋根伏図の完成図例

(CD) 施工図／施工図06.jww

9.2.1 図面名と図面番号の記入、図面の保存

1 8章で作図した図面「CH08-03-02.jww」(または「施工図05.jww」)を開き、書込レイヤを「6-F」に切り替えます。
また、レイヤグループ「0」は表示のみレイヤに、レイヤグループ「1」「2」「3」「4」「5」は非表示レイヤに切り替えます。

2 文字種［6］に切り替え、図面下端の図面タイトル欄の所定の枠内に、図面名「屋根伏図」、図面番号「施工図−06」をそれぞれ記入します。

3 作図している図面に名前を付けて保存します。ここでは「施工図06.jww」とします。

COD 練習用施工図データ／CH09／CH09-02-01.jww

9.2.2 追加の基準線を作図

1 レイヤグループ「5」のレイヤ「0」に作図した基準線と寸法を選択し、「コピー」コマンドを選択します。

2 書込レイヤを「6−0」に切り替え、「貼付」コマンドを選択し、**1** の図と同じ位置を🖰（右）して貼り付けます。

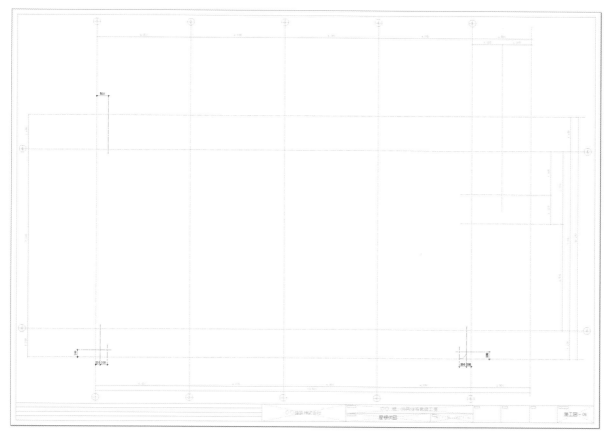

COD 練習用施工図データ／CH09／CH09-02-02.jww

9.2.3 屋根伏図の作図

1 書込レイヤを「6-1」に切り替えます。
また、レイヤグループ「5」は表示のみレイヤに切り替えます。

2 屋根の外周線を「線色2、実線」で、下絵に従って作図します。
また、作図した外周線を内側に150mmの間隔で複線し、150mmの厚さを作ります（**➡部分拡大図：
次ページ。150mmは赤枠を参照**）。

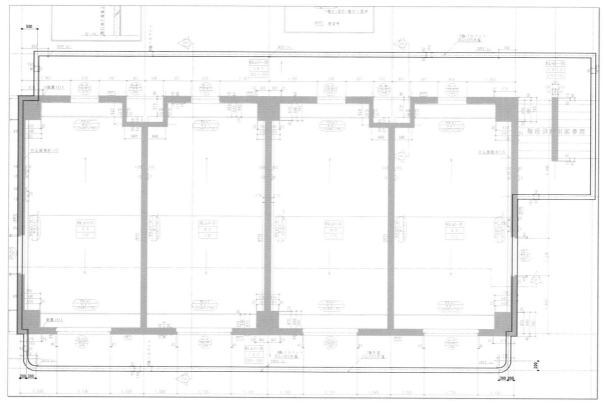

GD 練習用施工図データ／CH09／CH09-02-03-01.jww

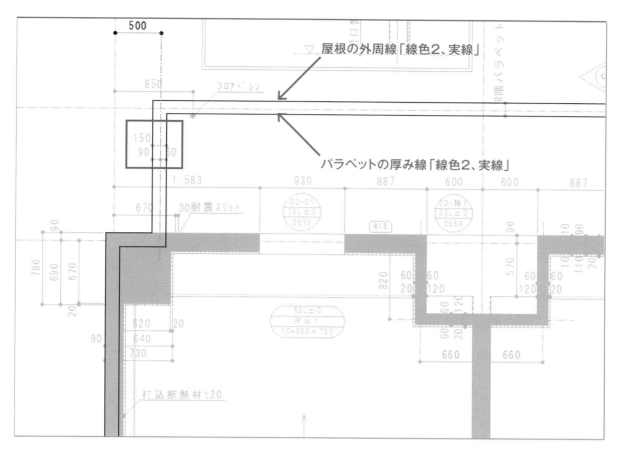

屋根の外周線「線色2、実線」

パラペットの厚み線「線色2、実線」

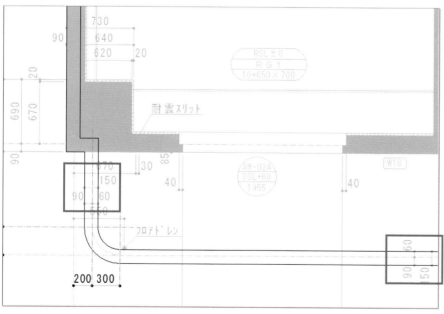

3 柱・壁・梁の線を「線色1、点線1」で下絵に従って作図します。
また、棟線および水勾配の矢印を「線色1、実線」で作図します（➡ **部分拡大図：次ページ**）。

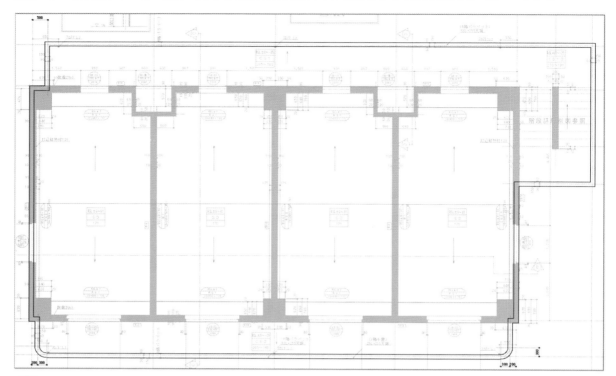

🄒🄓 練習用施工図データ／CH09／CH09-02-03.jww

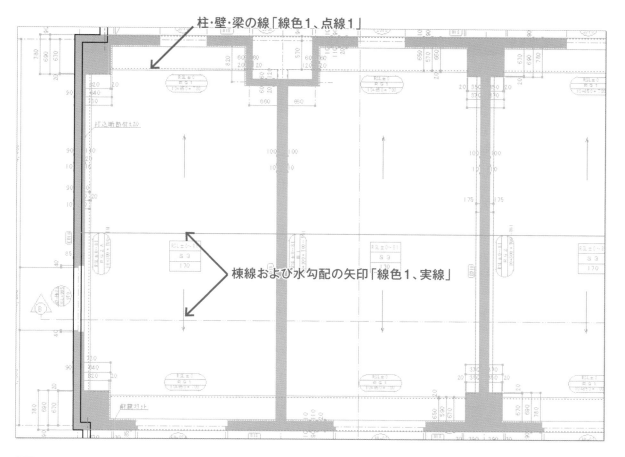

柱・壁・梁の線「線色1、点線1」

棟線および水勾配の矢印「線色1、実線」

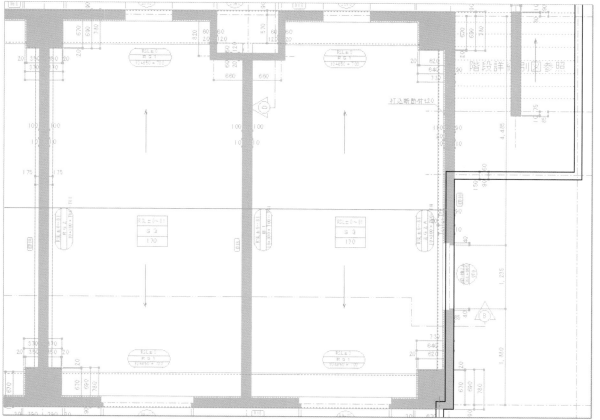

9.2.4 スラブ記号、寸法、凡例、説明などの作図

1 書込レイヤを「6-2」に切り替えます。

2 スラブ記号、寸法、凡例、説明などを、必要に応じて他図面からコピー&貼付で作図します（**➡部分拡大図：次ページ～**）。

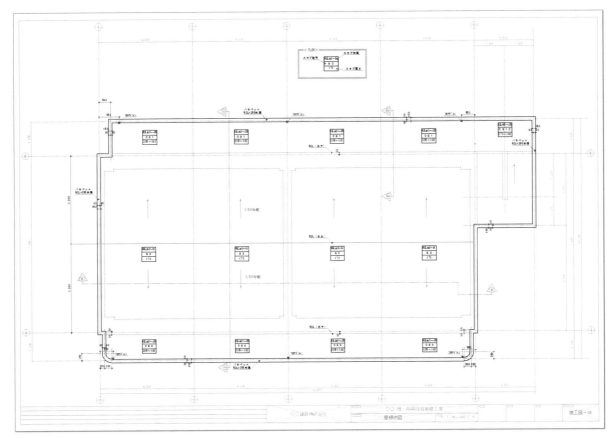

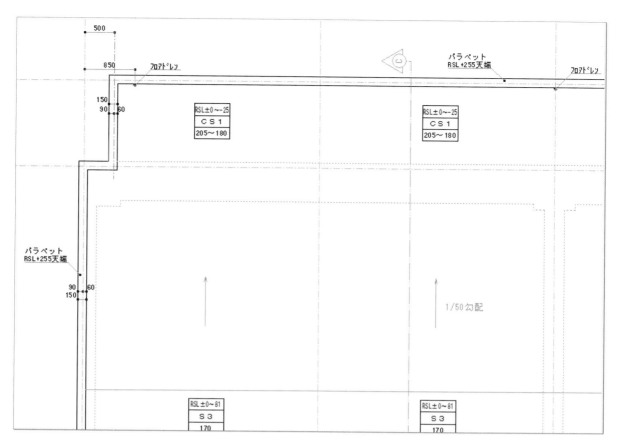

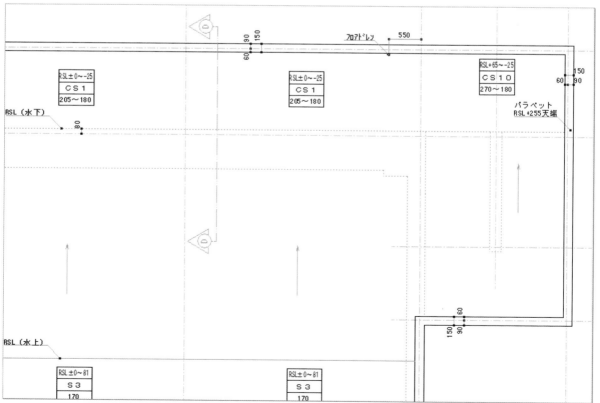

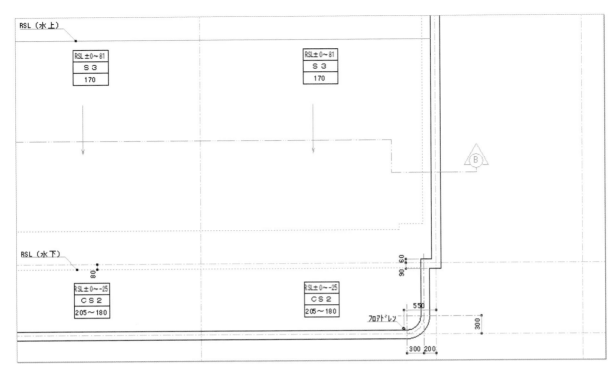

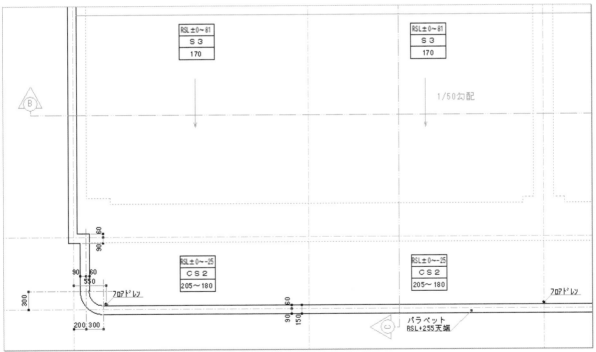

(CD) 練習用施工図データ／CH09／CH09-02-04.jww

3 作図している図面「施工図06.jww」を上書き保存します。

以上で、9章での屋根伏図による施工図の作図は完了です。

(CD) 施工図／施工図06.jww

10章

階段平面図と断面図の作図

10章では、あらかじめ作図された鉄筋コンクリート造3階建「○○様　共同住宅新築工事」の「意匠図」と「構造図」を照合しながら、外階段の躯体工事を施工するうえで必要な「施工図」を作図します。なお、ここからの作図では、p.17でハードディスクにコピーした「CH10−02−01.jww」（付録CDの「練習用施工図データ」フォルダの「CH10」フォルダに収録してあるファイル）を開いて、練習を開始してください。

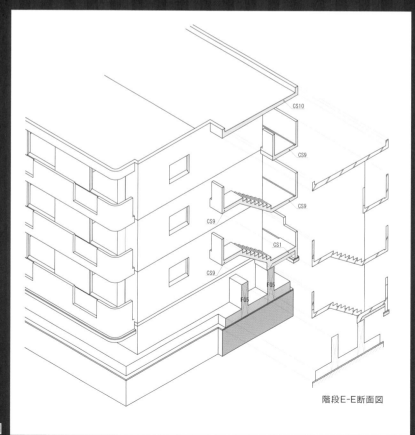

階段E-E断面図

階段E−E断面立体図

10.1 階段平面図と断面図の作図準備

階段平面図および断面図は、アウトラインや詳細がある程度作図できている意匠図「階段平面詳細図」および「階段断面詳細図」のjww図面ファイルをそのまま使用し、構造図と照合し、手直しして作図します。

作図のポイント

施工図「階段平面図」および「階段断面図」は、以下の「意匠図」と「構造図」を照合しながら作図します。

参考・照合する図面

意匠図

矩計図1	➡p.43	(CD)	意匠図／D-17 矩計図1.pdf
矩計図2	➡p.44	(CD)	意匠図／D-18 矩計図2.pdf
階段平面詳細図	➡p.45	(CD)	意匠図／D-19 階段平面詳細図.pdf
階段断面詳細図	➡p.46	(CD)	意匠図／D-20 階段断面詳細図.pdf

構造図

R階伏図	➡p.51	(CD)	構造図／S-11 R階伏図.pdf
スラブリスト	➡p.57	(CD)	構造図／S-24 スラブリスト.pdf
階段配筋詳細図	➡p.59	(CD)	構造図／S-26 階段配筋詳細図.pdf
雑配筋詳細図（1）	➡p.60	(CD)	構造図／SS-01 雑配筋詳細図1.pdf

10.1.1 平面位置の確認

1 スラブの記号名称「CS10」の位置を、構造図「R階伏図」（➡p.51）で確認します。8章で確認済みです（➡p.203）。

2 各階の階段平面図の詳細は、意匠図「階段平面詳細図」（➡p.45）で確認します。

10.1.2 高さの確認

1 スラブの記号名称「CS10」の高さ（厚さ。スラブリストでは「スラブ厚」）を、構造図「スラブリスト」（➡ p.57）で確認します。8章で確認済みです（➡ p.206）。

スラブリスト

片持ちスラブリスト

符　号	スラブ厚	位　置	主筋	配力筋
CS10	195〜155	上端筋	D10−@150	D10−@150
		下端筋	D10−@150	D10−@150

2 スラブの記号名称「CS1」「CS2」の断面寸法を、構造図「雑配筋詳細図(1)」（➡ p.60）で確認します。8章で確認済みです（➡ p.206）。

3 スラブの記号名称「CS9」「CS10」の断面寸法を、構造図「階段配筋詳細図」（➡ p.59）で確認します。

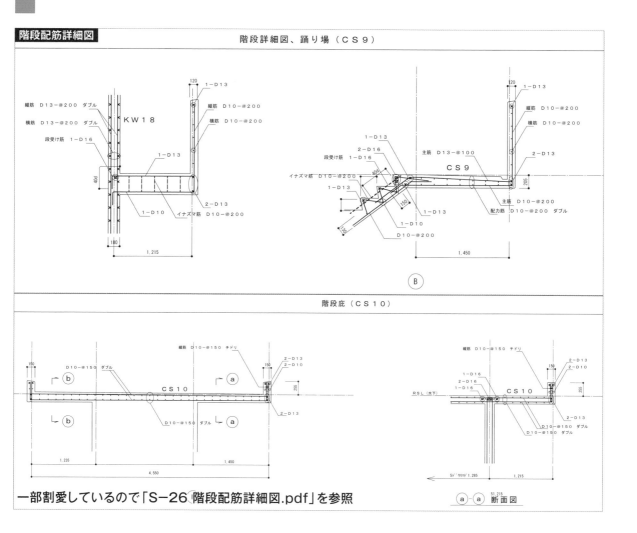

階段配筋詳細図

一部割愛しているので「S−26 階段配筋詳細図.pdf」を参照

10.1.3　断面図と立体図（アイソメ図）との関連

ここまでの内容をまとめて立体図（アイソメ図）で表現すると、以下のようになります。

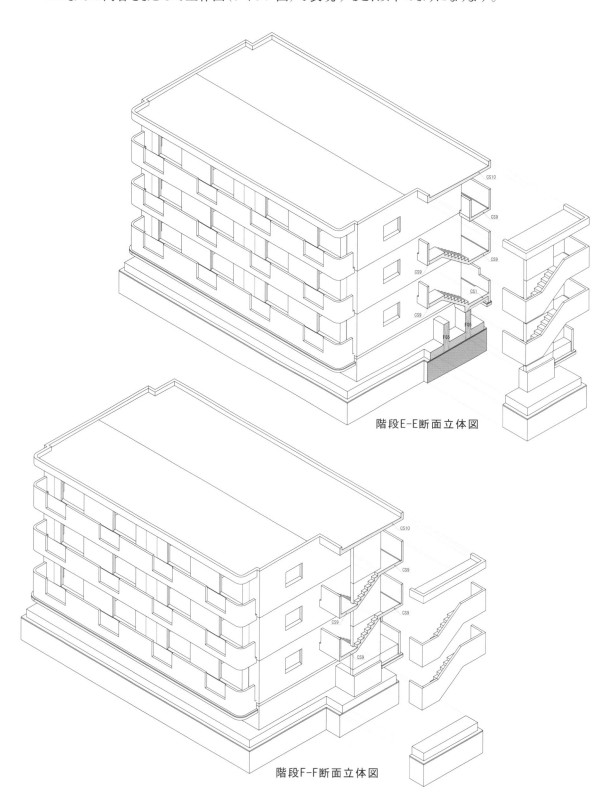

階段E-E断面立体図

階段F-F断面立体図

階段平面図と断面図の作図

10.2節では、階段平面図と階段断面図を作図します。

階段平面図・断面図の完成図例

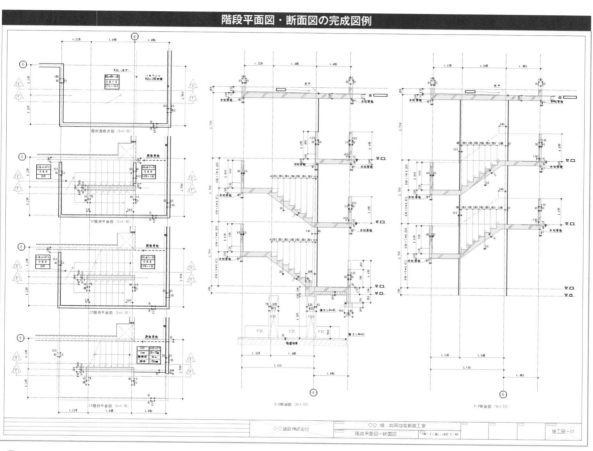

施工図／施工図07.jww

10.2.1　図面名と図面番号の記入、図面の保存

1　p.17でハードディスクにコピーした「練習用施工図データ」フォルダの「CH10」フォルダの「CH10-02-01.jww」を開きます。この図面のレイヤグループ「7」のレイヤ「F」に、文字種[6]で、図面名「階段平面図・断面図」、図面番号「施工図-07」と記入済みです。

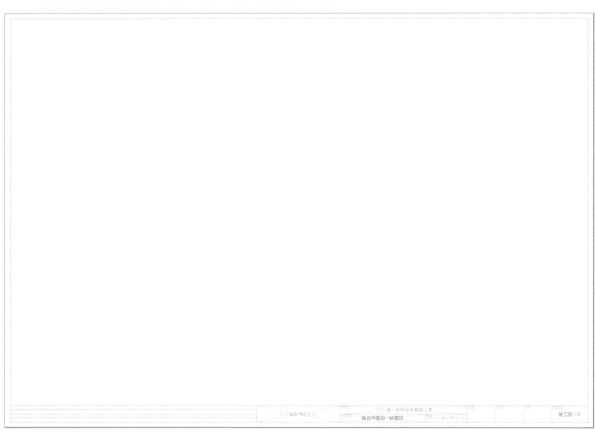

2　作図している図面に名前を付けて保存します。ここでは「施工図07.jww」とします。

🔘 **練習用施工図データ／CH10／CH10-02-01.jww**

10.2.2　ここまで作図した施工図と意匠図をコピーし、修正

1　書込レイヤを「7-1」に切り替えます。

2　Jw_cadをもう1つ起動して、p.17でハードディスクにコピーした「施工図」フォルダの「施工図06.jww」を開きます。

---

point ☞
Jw_cadは、複数の図面（jww）ファイルを開くことができません。ただ、複数のJw_cadを起動しておくことができるので、この機能を利用することで、複数の図面ファイルを同時に使うことができ、図面間のコピー&貼付が簡単にできます。

---

3 図のような範囲を「範囲選択」コマンドの「切取り選択」で選択し、「コピー」コマンドを選択します。

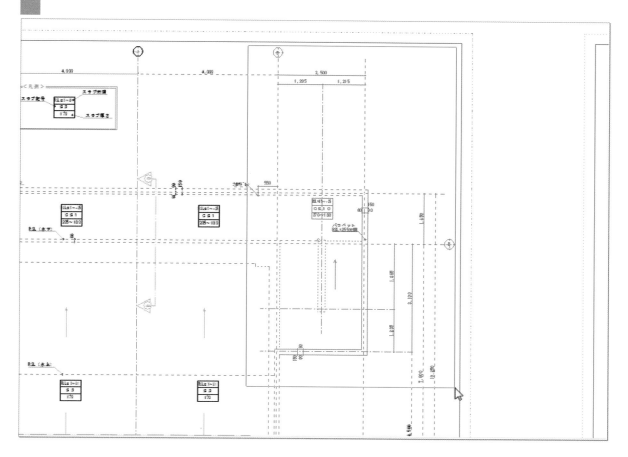

4 最初の図面ファイル「施工図07.jww」(または「CH10-02-01.jww」)の画面に戻り、「貼付」コマンドを選択して、適当なスペースに時計回りに90°回転させて貼り付けます。

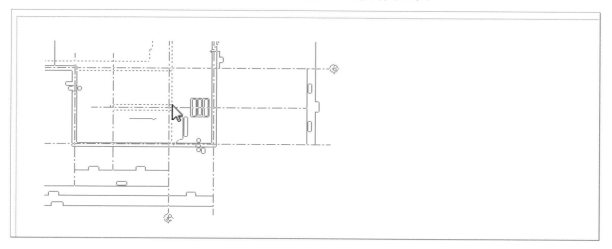

5 同じ要領で、p.17でハードディスクにコピーした「施工図」フォルダの中の各図面から以下に示す範囲を選択し、最初の図面ファイル「施工図07.jww」（または「CH10-02-01.jww」）の図に示す付近の位置にコピー＆貼付を順次、行います。

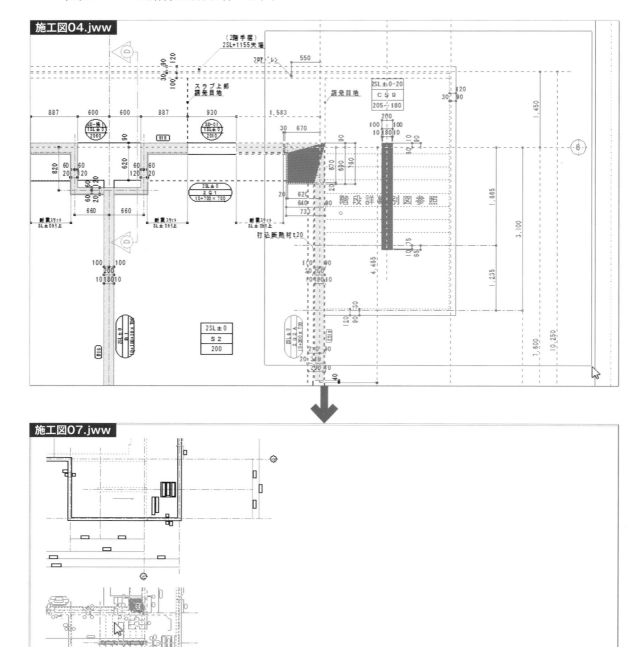

空きスペースを表示する場合は、画面を縮小表示（マウスホイールの前方回転）するか、矢印キーで画面を上下左右に移動する（➡p.63）

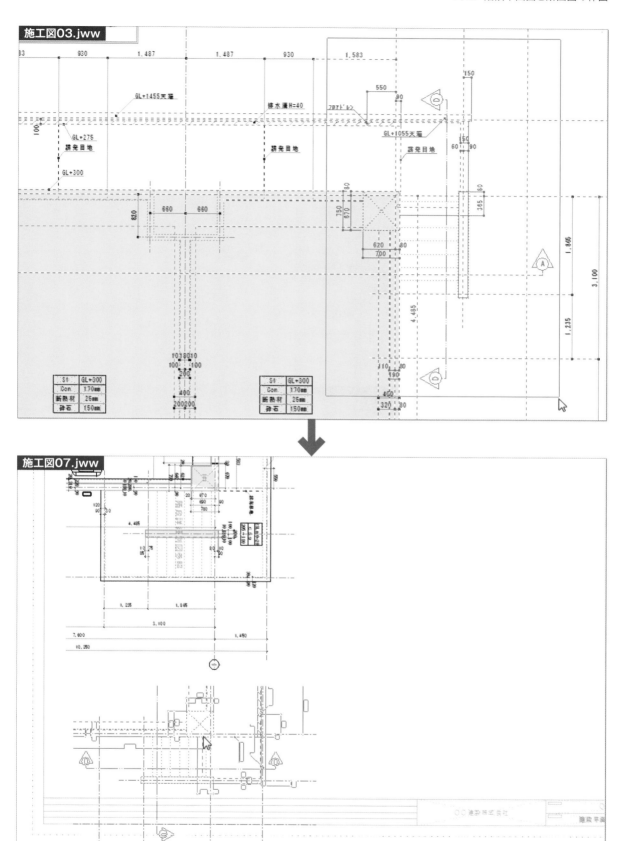

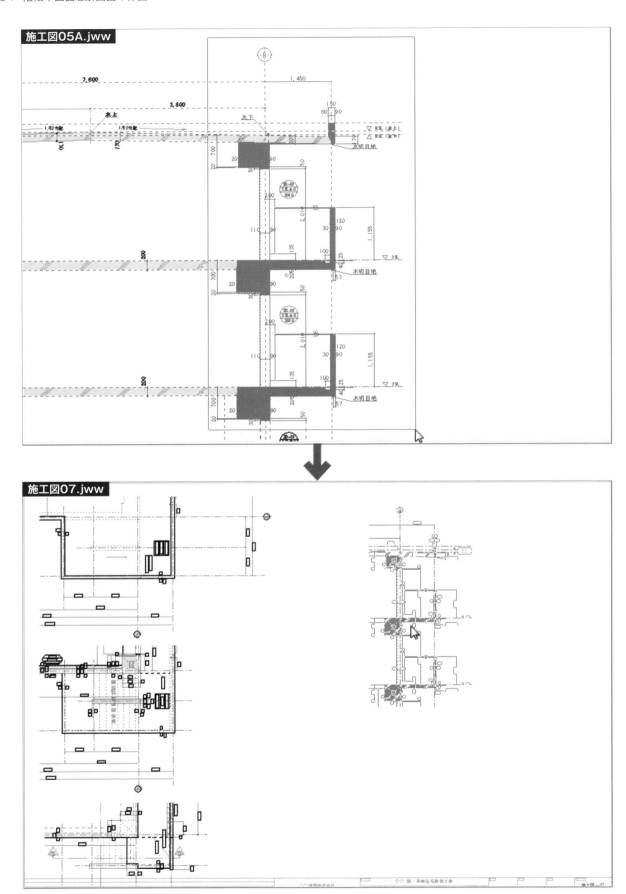

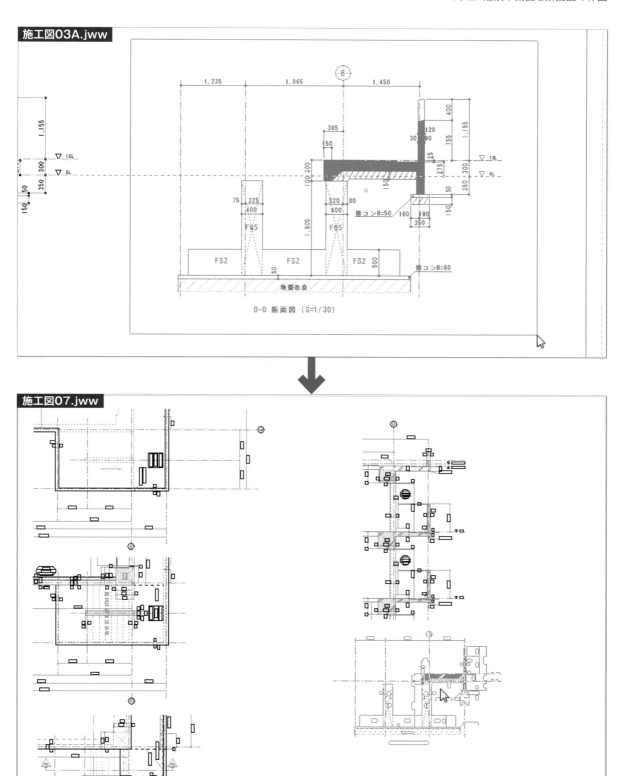

施工図03A.jww

1,235　　1,865　　1,450

365

50

120
30 90

D-D 断面図 （S=1/30）

施工図07.jww

6 同じ要領で、p.17でハードディスクにコピーした「意匠図」フォルダの「D-20 階段断面詳細図.jww」
から、以下に示す範囲を選択し、最初の図面「施工図07.jww」(または「CH10-02-01.jww」)の図
に示す付近の位置にコピー&貼付を行います。

階段断面詳細図.jww

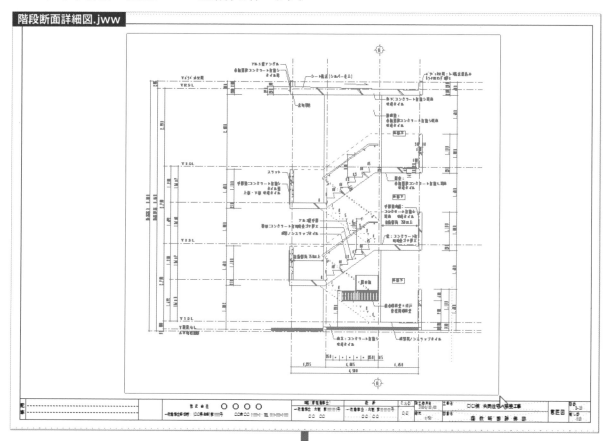

施工図07.jww

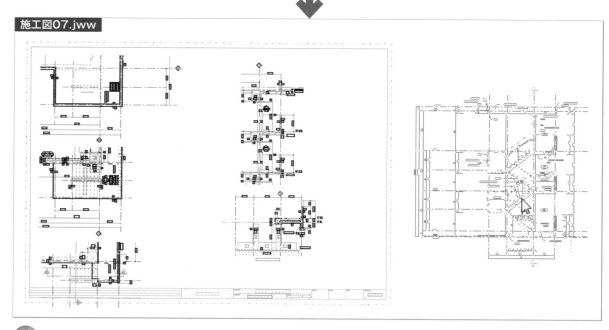

🔘 練習用施工図データ／CH10／CH10-02-02.jww

10.2.3 基準線と基準記号の作図

1 書込レイヤを「7-0」に切り替えます。

2 前ページでコピー&貼付した図面「施工図07.jww」(または「CH10-02-02.jww」)をすべて図面枠外に移動し、図面枠内に基準線および基準記号を作図します(➡ **部分拡大図：下段**)。

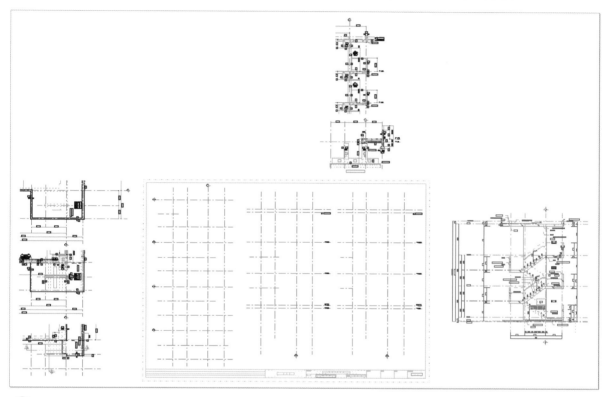

(COD) 練習用施工図データ／CH10／CH10-02-03.jww

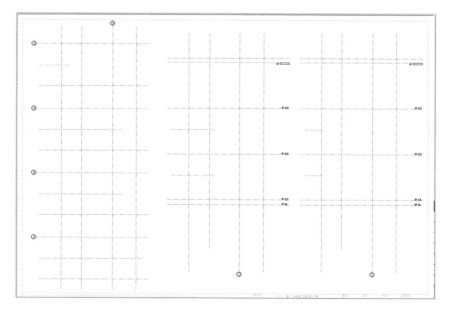

3 書込レイヤを「7-1」に切り替え、**2** で作図した基準線と基準記号をガイドに、「施工図07.jww」（または「CH10-02-03.jww」➡p.249）の枠外の図を利用して、階段平面図および断面図を作図します（➡部分拡大図：次ページ～）。

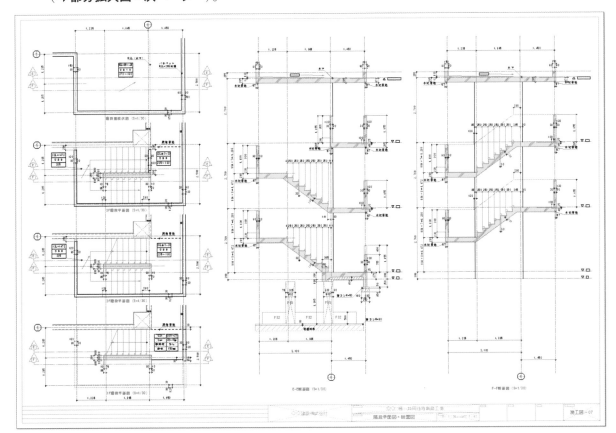

CD 練習用施工図データ／CH10／CH10-02-04.jww

4 作図している図面「施工図07.jww」を上書き保存します。

CD 施工図／施工図07.jww

以上で、10章での階段平面図とその断面図による施工図の作図は完了です。

本書での施工図作図の練習は終了です。
ここまで、12種類の施工図を限られた誌面の中、最小限の説明（特に断面図）で作図してきましたが、本書に沿って作図を進めた場合、うまくいかない場面も多かったのではないでしょうか。
そんな時のために、付録CDの「練習用施工図データ」フォルダに作図途中の図面ファイル（➡p.17）を収録してあります。

今回の本は、鉄筋コンクリート（RC）造の躯体工事の施工図に特化した内容になりましたが、本書で練習したことを他の施工図作成にも応用して、さらにスキルアップすることを祈ります。頑張ってください。

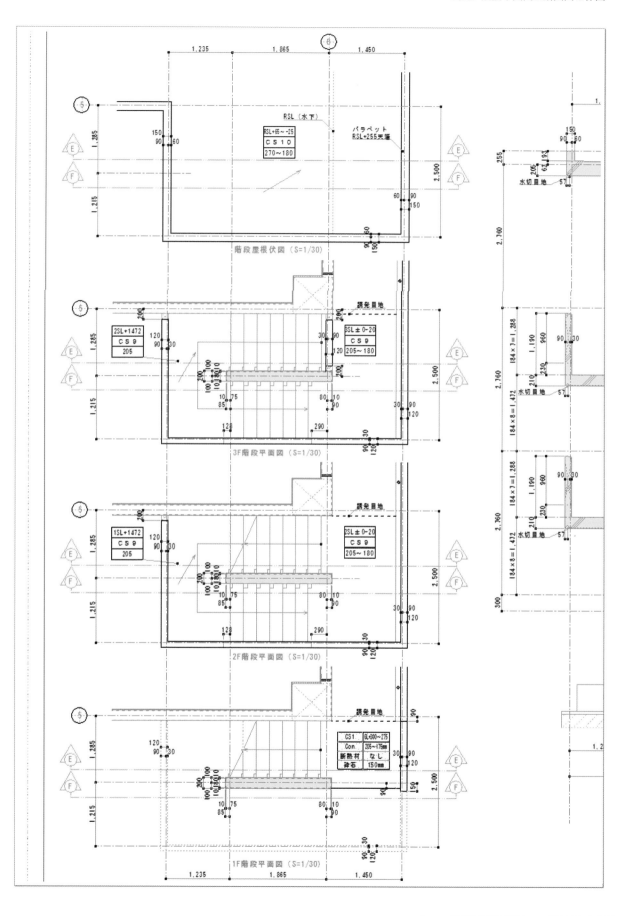

階段屋根伏図（S=1/30）

3F階段平面図（S=1/30）

2F階段平面図（S=1/30）

1F階段平面図（S=1/30）

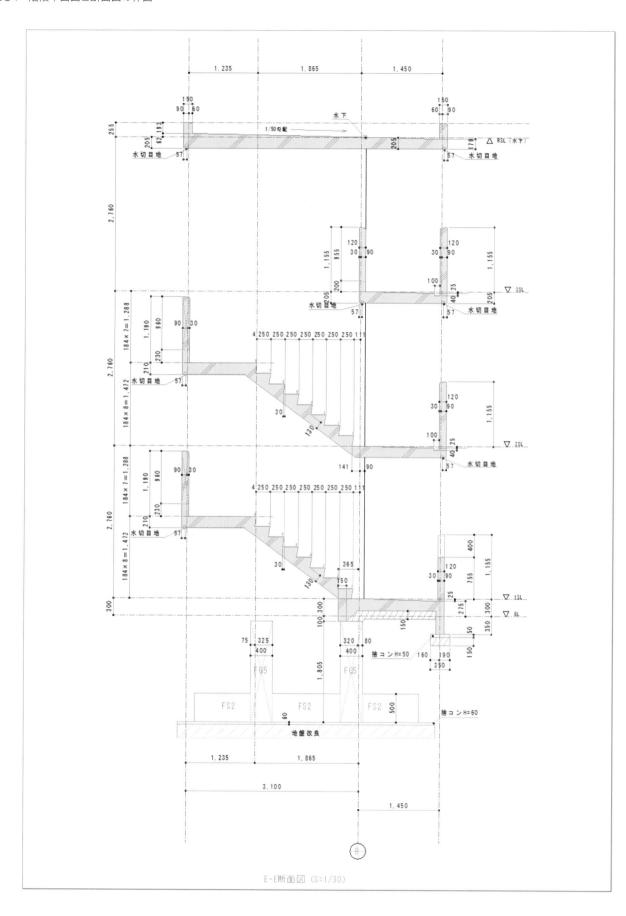

E-E断面図 (S=1/30)

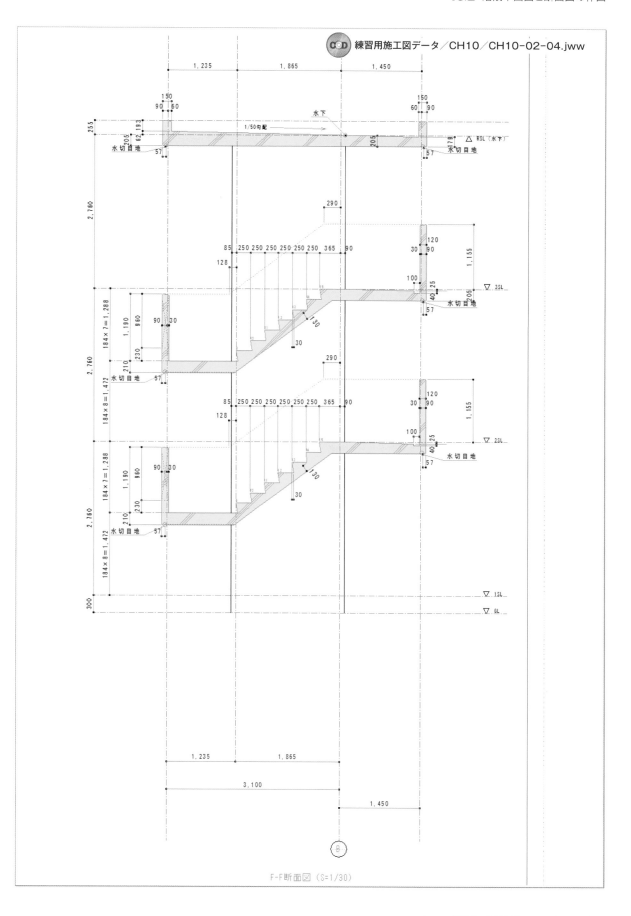

練習用施工図データ／CH10／CH10-02-04.jww

F-F断面図（S=1/30）

INDEX

Jw_cad 関連用語

建築関連用語

著者紹介

櫻井 良明（さくらい よしあき）

一級建築士、一級建築施工管理技士、一級土木施工管理技士。
1963年、大阪府生まれ。
1986年、福井大学工学部建設工学科卒業。
設計事務所、ゼネコン勤務、山梨県立甲府工業高等学校建築科教諭などを経て、現在、日本工学院
八王子専門学校テクノロジーカレッジ建築学科・建築設計科教員。
長年にわたりJw_cadによる建築製図指導を続けていて、全国のさまざまな建築設計コンペなどで
指導した生徒を多数入選に導いている。

著書

『Jw_cad 建築詳細図入門』（エクスナレッジ）
『いちばんわかる建築製図入門』（エクスナレッジ）
『これで完璧!! Jw_cad基本作図ドリル』（エクスナレッジ）
『高校生から始めるJw_cad建築製図入門[Jw_cad8対応版]』（エクスナレッジ）
『高校生から始めるSketchUp木造軸組入門』（エクスナレッジ）
『高校生から始めるJw_cad土木製図入門[Jw_cad8.10b対応]』（エクスナレッジ）
『Jw_cad で学ぶ建築製図の基本[Jw_cad8対応版]』（エクスナレッジ）
『高校生から始めるJw_cad建築製図入門[RC造編]』（エクスナレッジ）
『高校生から始めるJw_cad製図超入門[Jw_cad8対応版]』（エクスナレッジ）
『高校生から始めるJw_cad建築構造図入門』（エクスナレッジ）
『高校生から始めるJw_cad建築プレゼン入門[Jw_cad8対応版]』（エクスナレッジ）
『建築製図 基本の基本』（学芸出版社）
『図解 建築小辞典』（共著、オーム社）
『新版 建築実習1』（共著、実教出版）
『二級建築士120講 問題と説明』（共著、学芸出版社）
『直前突破 二級建築士』（共著、学芸出版社）

ホームページ ：「建築学習資料館」　　http://ags.gozaru.jp/
ブログ　　　 ：「建築のウンチク話」　http://agsgozaru.jugem.jp/

Jw_cad建築施工図入門［Jw_cad8 対応版］

2021年7月12日　初版第1刷発行

著　者　櫻井 良明

発行者　澤井 聖一
発行所　株式会社エクスナレッジ
　　　　〒106-0032　東京都港区六本木7-2-26
　　　　https://www.xknowledge.co.jp/

問合せ先
編集　p.8の「FAX質問シート」を参照してください。
販売　Tel 03-3403-1321 ／Fax 03-3403-1829